孕产育全程细节同步指南

10月胎教细节同步指南

主编 王　琪

编者 李月英　徐雪梅　孙晓静
王　娜　杜　峥　李春光
李春明　常雅姣　马举红
郭庆明　赵　雷　李月玲

天津出版传媒集团
天津科技翻译出版有限公司

图书在版编目（CIP）数据

10月胎教细节同步指南/王琪主编. —天津：天津科技翻译出版有限公司，2013.1

（孕产育全程细节同步指南）

ISBN 978-7-5433-3153-2

Ⅰ.①1… Ⅱ.①王… Ⅲ.①胎教-指南 Ⅳ.①G61-62

中国版本图书馆CIP数据核字（2012）第280954号

出　　版：天津科技翻译出版有限公司
出 版 人：刘 庆
地　　址：天津市南开区白堤路244号
邮政编码：300192
电　　话：022-87894896
传　　真：022-87895650
网　　址：www.tsttpc.com
印　　刷：天津泰宇印务有限公司
发　　行：全国新华书店
版本记录：700×960　16开本　22印张　410千字
2013年1月第1版　2013年1月第1次印刷
定价：29.80元

（如发现印装问题，可与出版社调换）

CONTENTS

目录

第一章 胎教预备级：胎教知识预先学

宝宝健康快乐
雪绒花

CONTENTS 目录

第二章 孕1月胎教细节方案：做好孕期胎教计划

CONTENTS 目录

CONTENTS 目录

第五章 孕4月胎教细节：进入胎教最佳时期

CONTENTS 目录

第六章 孕5月胎教细节：丰富胎教内容，不要错过胎教黄金期

CONTENTS 目录

CONTENTS 目录

第八章 孕7月胎教细节：音乐、语言胎教的最佳时期

CONTENTS 目录

CONTENTS 目录

第十章 孕9月胎教细节：即将分娩，胎教不懈怠

CONTENTS 目录

第十一章 孕10月胎教细节：出生后要继续巩固胎教成果

CONTENTS 目录

10月胎教细节同步指南

第一章　胎教预备级：胎教知识预先学

细节1 认识胎教的重要性

所谓胎教，就是给胎儿创造良好的孕育环境，通过母亲与胎儿正常的信息交换，使胎儿获得良好的宫内教育，促使胎儿的身心健康成长。胎教的内容包括孕妈妈的孕期保健、外界环境对孕妈妈的影响和孕妈妈情绪波动对胎儿的影响，其中母亲良好的精神生活尤为重要。

胎儿在子宫内可以学习、倾听、感觉和记忆。胎儿在16周时已经有触觉和味觉；到18周时，胎儿会有视觉和听觉；到30周时胎儿会有记忆。

胎教的真谛在于激发胎儿自身的潜力，胎教可以改变、强化胎儿素质。经过胎教的婴儿学走路、学说话早，反应灵敏，记忆力强。而且在智能、个性感情、能力等方面的发育都有突出的表现。

据研究，人的智力获得，50%在4岁以前，30%在4～8岁，20%在8岁以后完成。4岁以前的那50%就包括胎教在内。婴儿出生前形成的大脑旧皮质是出生后形成的大脑新皮质的基础，只有在大脑旧皮质良好的基础上才能使大脑新皮质得到更好的发育，以达到正常的智商水平，发挥其应有的才能。

脑细胞的特点是其增殖时“一次性完成”，错过这个实施胎教的大好时机就无法补偿了。美国费城一家生理研究所对200多名接受过胎教的4～7岁儿童进行了调查，结果发现：接受过胎教的儿童比没有接受胎教的对照组智商要高20%～45%。

胎儿有了发育良好的大脑，还要保护它不受到损伤，如外伤、产伤、中枢神经系统感染（无论是宫内感染还是产后感染）、高热等。

实施早期教育，尽快开发大脑潜力是造就聪明宝宝的重要一环。人在幼年期求知欲旺盛，好奇心、模仿力远胜于成年人，是接受教育的绝好时机，要使宝宝成材，就必须抓紧这个时期的教育。

细节2 科学认识胎教，避免胎教误区

胎教的目的不是教胎儿唱歌、说话、算算术，而是通过各种适当、合理的信息刺激，促进胎儿的各种感觉功能的发育成熟，为出生后的早期教育打下良好基础。

提倡胎教，并不是因为胎教可以培养神童，而是胎教可以尽早地发掘个体的素质潜能，让每一个胎儿的先天遗传素质获得最大程度的发挥。

胎儿的发育和能力为胎教提供了生理基础。狭义的胎教，就是根据胎儿各个感觉功能发育的实际情况，有针对性地、积极主动地给予适当、合理的刺激，使胎儿建立起条件反射，进而促进其大脑功能、躯体运动功能、感觉功能及神经系统功能的成熟，为出生后的早期教育奠定基础。

目前推荐的音乐、对话、拍打、抚摸等胎教方法都是有科学根据的。实验证明，声音可以传入子宫，胎儿可以听到声音，并对不同声音产生不同反应；触动腹壁可以引起胎儿四肢和躯体的活动；经过胎教训练后出生的孩子，生活和学习能力都较强。如果在出生后继续进行早期教育，每一个孩子的素质潜能都会得到充分开发。

有的人认为，通过胎教可以提高胎儿的智力，这是不正确也不科学的。因为，胎教不能改变胎儿智力遗传信息或提高胎儿基因表达水平，胎教受宫内环境的限制及胎儿没有语言的影响，也不能从社会文化教育上提高胎儿的智力。

所以，对于胎儿的教育应提倡母教式胎教，不要迷信智力胎教。母教式胎教提倡的是重视母亲的营养、生活环境、心理情绪调适，强调孕期要戒除烟酒、讲究卫生，注意孕期保健。

细节3 中国人历来重视胎教

我国是对胎教认识和实践较早的国家，有关胎教的理论已经流传了两千多年。

中国古代胎教理论

西汉时期的司马迁记载了关于胎教的事例：“太妊之性，端一诚庄，惟德能行。及其有娠，目不视恶色，耳不听淫声，口不出傲言。生文王而明圣，太任教之，以一识百。卒为周宗，君子谓，太妊为能胎教。”

唐代名医孙思邈在《千金要方·养胎》中提出，要想生出聪明健康的宝宝，就要“调心神，和情性，节嗜欲”，也就是说，孕妈妈要调理好自己的心情，改掉懒惰的习惯，节制各种欲望。

明代名医张景岳在《景岳全书》中谈到出现胎气不安现象的原因，“盖胎气不安，必有所因，有虚有实，或寒或热，皆能为胎之病”。也就是说，胎宝宝在母体内出现不安、躁动等现象，一般情况下都与孕妈妈饮食起居不当密切相关。因为孕妈妈营养不当，身体过虚或过实，都可能影响到胎宝宝。所以张景岳强调，孕妈妈一定要十分小心自己的饮食起居，要将饮食营养当做一种胎教贯穿整个孕期。

中国古代胎教内容

古代胎教的主要内容包括调情志、忌房事、节饮食、适劳逸等几个方面，强调在妊娠期间，要在精神、饮食、起居等方面采取有效措施，为胎宝宝创造一个良好的生长发育环境，以保证胎宝宝在母体内健康地成长。

一调　古人认为，凡有孕之妇，宜情志舒畅，遇事乐观，喜、狂、悲、思皆可使气血失和而影响胎宝宝。这就是说，孕妇在怀孕期间要保持舒畅的心情，及时消除烦恼，而不要大动肝火，因为这样会导致气不顺，气不顺则孕胎不安，若长久气不顺，孕胎必受影响。《傅青主女科》中也有“大怒小产”的论述。

二忌　忌是指忌房事。《产孕集》对此论述道：“怀孕之后，首忌交合。”孕妇在孕期的头3个月和7个月以后应忌房事，不仅能安胎养孕，还能防止流产、难产等。

三节　节是指节饮食。孕妇只有节饮食、多吃清淡平和的食物才有助于养胎。若饮食失节，饥饱无度，嗜食重味，则易导致消化功能失常，影响胎宝宝发育。

四适　适是指适劳逸。怀孕之后要有适宜的运动，使血液循环畅通。若好逸恶劳，好静恶动，贪卧养娇，使气血不畅，易致难产。正确的做法大致为5个月以前稍逸，5个月以后小劳。

五慎　慎是指慎寒温。女性怀孕以后，由于生理上发生了特殊变化，极易受风、寒、暑、温、燥、火的侵袭，尤其是遭受风寒侵袭之后极易感染疾病，重则危及胎宝宝的生命。

六戒　戒是指戒生冷。孕

妇若贪恋生冷，便会导致脾胃受伤，出现呕吐、腹泻、痢疾等病症，既伤孕妇之身，又伤胎宝宝，不可不慎。

细节4 胎教的科学性及可行性

古人认为，胎儿在母体中能够受孕妈妈言行的感化，所以，孕妈妈必须谨守礼仪，给胎儿以良好的影响，即所谓“胎教”。也就是说，胎教一方面是胎，一方面是教，它是胎与教相结合的学问。胎是受教育的实体，教是指胎儿在母体内能受到各方面的感化并接受教育、教养之意。孕妈妈在各方面有意识地、主动地采取一些相应的措施，对胎儿进行良好影响的方法就是胎教。

要了解胎教的科学依据，首先要明白，胎教不是向胎宝宝“灌输”某种东西，而是对胎宝宝的感觉进行良性刺激，促进其健康生长发育。那么胎宝宝能感觉到刺激吗?

在国内外胎儿医学和妇产科专家进行的临床检查中，在运用精密的科学仪器进行观察时，都发现胎宝宝在准妈妈腹中的状态完全出乎人们的意料。胎宝宝对于来自母体的各种信息具有特别敏锐的感知能力，并能将其转换为记忆。

而且，胎宝宝在母体中的10个月里，每时每刻都依靠胎盘从准妈妈血液中获得营养和氧气，准妈妈血液里的激素和其他化学成分的变化必然影响胎宝宝的生理、心理活动。

细节5 胎宝宝具备视觉感应

研究发现，从怀孕第4个月起，胎宝宝就对光线十分敏感。准妈妈进行日光浴时，胎宝宝就能够感觉到光线的强弱变化。胎宝宝在6个多月时就出现了开闭眼睑的动作，特别是在孕期的最后几周，胎宝宝已能够运用自己的感觉器官了。一束光照在准妈妈的腹部上时，睁开双眼的胎宝宝会将脸转向亮处，他看见的是一片红红的光晕，就像用手电筒照在手背时从手心所见到的红光一样。现代医学用超声波观察发现，光线一闪一灭照射准妈妈的腹部时，胎宝宝的心率会随其出现明显的变化。

这就说明，胎宝宝并不是看不见的，对其实施胎教能激发其视觉发育潜能。

细节6 胎宝宝已具备一定的听力

出生几天的新生儿哭闹是常有的事，如果新妈妈将婴儿抱在左胸前，婴儿很快就会安静下来。这是因为，胎宝宝在母体内时就已经习惯了倾听准妈妈心脏的跳动声及血流声。出生后，婴儿耳朵贴近准妈妈胸前，这种声音仿佛把婴儿带回到子宫中宁静的日子和安静的环境中，这种早已体验过的安全感是胎教可行的充分说明。

研究表明，4个月的胎宝宝就有了听觉，对准妈妈子宫血管里的血流声、肠道气体的咕噜声、外界猛烈的打雷声等都有反应，胎宝宝还特别爱听父母的说话声。6个月时，胎宝宝的听力几乎和成人相差不多。外界的声音都可以传到子宫里，但胎宝宝喜欢听节奏平缓、流畅、柔和的声音，讨厌强烈、节奏快的声音，更害怕各种难以忍受的噪声。所以，准妈妈一定要注意到这一点。

细节7 触觉从胎儿时期发育

胎宝宝的触觉发育较早，当胎动出现时，隔着母体触摸胎宝宝的身体，胎宝宝就会做出反应。也就是说，触觉发育早在胎儿时期就已经开始，而这一点也是对抚摸胎教有益胎宝宝触觉潜能开发的有力证据。

细节8 胎宝宝有一定的记忆力

胎儿有记忆力吗？这是一个有争议的问题。记忆是思维活动的一种形式，有人认为，从妊娠第4个月开始，胎儿的大脑中已经偶尔会出现记忆痕迹；也有人认为，8个月以前的胎儿有可能有记忆能力。目前科学界普遍认为，胎儿具有记忆能力，而且这种能力还将随着胎龄的增加而逐渐增强。国外有相关的研究结果表明，胎儿对外界有意识的激励行为的感知体验，将会长期保留在记忆中，并对其未来的个性以及体能和智能产生一定程度的影响。

对此，曾有几个有趣的例子：钢琴家鲁宾斯坦、小提琴家梅纽因及乐团指挥罗特等人对一些从未接触过的曲子皆“似曾相识”，即使不看乐谱，乐曲的旋律也不由自主地在脑海中源源不断涌现。究其原因，原来是他们的母亲在怀孕时曾经反复弹奏过这些乐曲。

胎儿既然有记忆能力，那么孕妈妈就应设法开发胎儿的记忆力，把良好、积极、健康，能传递真善美的信息及时传达给胎儿，让他“输入”到脑子里，受用一生。

细节9 胎宝宝具有一定的条件反射能力

医学研究表明，胎宝宝已具备逃避反射、防御反射、吸吮反射、刺激性呼吸反射等能力。例如，当准妈妈猛然饮水时，胎宝宝会有强烈的踢蹬运动；如准妈妈进入声光柔和的房间，胎宝宝也会十分安静，表示对此环境十分满意；而当准妈妈进入一个有噪声且阴冷的地方时，胎宝宝就会用激烈的胎动来表达自己的厌恶和不满情绪；准妈妈不安时，胎宝宝的血氧量就降低；准妈妈情绪激动时，胎宝宝也会有所反应。

大量科学研究已经证明，胎宝宝在子宫腔内是有感觉、有意识、能活动的一个小生命，既然胎宝宝有听力、视力，又有记忆力，进行胎教、促进胎宝宝发育就是完全可能的。

胎教就是根据这些理论基础，在孕期调节和控制母体的内外环境，有针对性地、主动地给予各种有益的信息刺激，通过这些良性刺激，来促进胎宝宝的身心健康和智力发育。

细节10 实施胎教对准妈妈的好处

提高准妈妈的个人修养

胎教强调胎宝宝会受到准妈妈言行的影响，甚至在胎儿时期，胎宝宝就会依据你的生活习惯而开始养成一些习惯。因此，胎教要求准妈妈调整或提高生活习惯、知识学习、修养爱好等，以便给胎宝宝一个良好的身教。从这层意义来讲，胎教可以潜移默化地帮助准妈妈成为一个知识丰富、品格高尚的女性。

为母子搭建亲子互动桥梁

在与孩子见面之前，经由胎教的实践，可培养准妈妈与胎宝宝之间爱的纽带，进而期待胎宝宝出生后能延续这份爱与关怀，给予胎宝宝最好的教育与照顾，为以后的亲子互动搭建桥梁。

充实准妈妈的生活

准妈妈常常有孤独的感觉，尤其是离开工作岗位，加上怀孕期间身体会有诸多不适，导致生活范围局限，除了在家里看电视、看书、种花、听音乐之外，基本没有什么其他的活动，使生活显得异常无趣，久而久之，人也会变得呆板僵化。倘若准妈妈将胎教融入到日常生活中，不仅能使生活变得丰富多彩，还可以使脑部时刻保持灵活的运作，心情保持舒畅，就连令人难以忍受的妊娠反应也会减轻不少，如此良性循环下去，胎宝宝也会感到外面的世界是如此多彩美丽，从而健康地生长发育。

细节11 实施胎教对胎宝宝的好处

胎教对胎宝宝的益处很大，它不仅可以激发胎宝宝的智力潜能，在准妈妈的良性影响下，胎宝宝还会养成良好的生活习惯以及优良的性格，这对孩子未来的发展具有非常大的帮助。以下就是受过胎教的宝宝出生后的一些特征：

受过胎教的宝宝出生后各方面能力都很强

- 受过胎教的婴儿非常喜欢听音乐，特别喜爱在腹中时父母给自己听过的音乐。他们往往对音乐敏感、音感准确，学习音乐、唱歌的能力强。新生儿在哭闹时听到胎教音乐很容易安静下来，若在睡前播放胎教音乐或准妈妈哼唱过的催眠曲，婴儿也能很快入睡。

- 受过胎教的婴儿学习兴趣高，喜欢听儿歌及故事，喜欢看书，不少孩子在还不会说话时，就拿书让妈妈教，学习汉字的能力惊人。智力也得到超常发展，容易接受新的知识。同时，婴儿的记忆力较同年龄的婴儿好，记忆的速度也较快。

- 受过胎教的婴儿对陌生环境的好奇心强。
- 受过胎教的婴儿情绪稳定易安慰，适应环境能力强，很少无故哭闹，容易养成良好规律的生活习惯。
- 受过胎教的婴儿开始说话的时间较早，语言能力较强，5～6个月时便可以发出声音表达意思，使妈妈照料起来更方便。
- 受过胎教的婴儿眼睛明亮，视听注意能力也比较强。
- 受过胎教的婴儿性格活泼，喜欢与他人接触，与未受过胎教的婴儿相比，较早学会笑，理解别人的表情和言语，并通过姿势的改变，表现出与人的互动。
- 受过胎教的婴儿运动与感觉系统发育较早，吸吮手指的能力、手的握力及四肢运动能力强，动作协调性好，扶起坐立时颈部肌肉张力较好。

总之，受过胎教的孩子将来学习识字、听课、唱歌、游戏、与人互动等能力都较强。因此，只要认真努力实施胎教，一定可以全面开发孩子的智力。但要注意，婴儿出生后必须继续进行教育，才能巩固成果。

细节12 胎教应适度进行

胎教虽然对宝宝的生理和心理发育都有很好的促进作用，但一定要注意适度。有的宝宝虽然聪明活泼，但精力过剩，总是不爱睡觉。问及具体胎教方法，得知准妈妈孕期工作较忙，又不愿放弃胎教的机会，所以每日抽空就将胎教器置于腹部。有时妈妈因疲劳很快入睡了，胎教器仍不断刺激着胎宝宝，很有可能干扰了胎宝宝的生物钟。所以，胎教再好也应该适度进行。

细节13 因材施教是胎教的主要准则

从胚胎形成到胎宝宝出生的这段时间里，胎宝宝发育到第4周时，就已经建立起神经系统；第8～11周时，胎宝宝有了触觉反应，这时可以通过轻轻拍打、抚摸母体腹部来促进胎宝宝感知系统的发育；第12～15周胎宝宝已有了自己的情感，能够同时感受准妈妈的喜怒哀乐等情感；第16～19周时，胎宝宝的听力形成，既能听到准妈妈唱歌的声音和准爸爸的低声细语，也能听到准妈妈心跳和血液流动的声音；第20周时，胎宝宝有了视觉感知，能对外界的光线做出反应，并能对自己喜恶的光线做出选择；胎宝宝的大脑在妊娠6个月时就已经具备了140亿个细胞，这是一生中所需的全部脑细胞数量，其后的任务则是如何提高脑细胞的质量。

因此，胎教要从胎儿期开始，而且要根据胎宝宝的发育状况有针对性地进行，才能使胎教达到最理想的效果，否则很可能适得其反。因此，在胎儿期实施合理且科学的胎教显得尤为重要。

细节14 制定胎教计划不要盲从

准备要孩子的父母时常感到困惑——社会上的“胎教方案”种类繁多，不断描述着照此法培养出的孩子如何“超常”、“早慧”，使年轻的父母们不忍心让自己的孩子落伍，也纷纷解囊参加培训或购买方案。其实这些“胎教方案”中有一些就是打着“科学”、“专家”的旗号在误导人们，有的指导思想就是遗传决定论，有的明显违背胎宝宝成长的自然过程。

因此，建议父母在准备要宝宝之前或怀孕以后，应从正规的专业单位或渠道学习一些有关儿童发展方面的知识，包括孕期心理、儿童心理与教育学及胎教早教的有关知识，这样能使你做到心中有数，不至于盲从。

细节15 最好和家人一起做胎教

胎教并不是准妈妈一个人的事情，需要全家人的共同参与和努力。

怀孕期间家人要特别注意准妈妈的情绪，照顾准妈妈的营养、饮食和休息，并协助准妈妈进行运动胎教、音乐胎教、语言胎教等。全家人在天气晴好的季节一起出游，让准妈妈心情舒畅、呼吸新鲜空气。也可以选择适合的歌曲，家人一起来唱，让准妈妈和胎宝宝共同感受来自家人的关爱，这样做有助于提高胎教效果，事半功倍。

细节16 选择自然分娩，有助于生出聪明宝宝

胎教过程也应延续到分娩阶段，由于自然分娩时，胎宝宝最先碰到准妈妈子宫和阴道的部位是头部，胎宝宝的大脑就是在这时受到激发的，所以这是非常重要的时刻，准妈妈千万不要轻易放弃这个激发孩子大脑的最佳时机。

细节17 直接胎教

直接胎教是指对准妈妈和胎宝宝的保健教育，是为了促进胎宝宝生理和心理健康成长，确保准妈妈能够顺利度过孕期，所采取的精神、饮食、环境等方面的保健措施。

在孕期，胎宝宝还没有定型，正处于器官形成和生长发育中，容易受外界影响。这里所说的受外界影响，主要是指受母体精神、饮食、寒温等方面的影响，即中医所说“形象始化，未有定仪，因感而变，外象而内感”。母体的身心是否健康，对胎宝宝的成长，包括智力与体质的发育，具有重要作用。

因此，直接胎教有利于准妈妈和胎宝宝身体健康和精神健康，有利于保胎、养胎和护胎等保健措施的实行。

细节18 间接胎教

间接胎教相对于直接胎教来说，更偏重于品德、精神、智力以及性情的培养、情操的陶冶，主要是通过采取一切措施与方法，让准妈妈置身于美好的事物、环境和氛围中，这样，不但会使准妈妈品德高尚、精神饱满、心情舒畅、头脑清醒、思维敏捷，而且由于“外象而内感”的作用，间接促进胎宝宝智慧、品质、智力等方面的良好发育。因此，间接胎教实际上是在直接胎教的基础上，对准妈妈和胎宝宝精神世界的优化和美化措施，在胎宝宝个性的形成、智力的发育和人格的完善方面，具有举足轻重的作用。

细节19 斯瑟蒂克胎教

认识斯瑟蒂克胎教

一对普通的夫妇通过对胎宝宝的教育，把四个女儿都培养成天才，根据这对夫妇的名字，将此胎教法称为斯瑟蒂克胎教法，斯瑟蒂克胎教法的主要特点是常跟胎宝宝说故事和利用卡片教她们认识字母和数字。本胎教法需要在你怀孕前制定一套完整的怀孕计划，并按阶段将其付诸实践。

实施斯瑟蒂克胎教的注意事项

■ 在实施斯瑟蒂克胎教法时应注意长期坚持。

■ 随时回应胎宝宝的一举一动，这样有助于跟胎宝宝建立信赖关系，使胎宝宝和母亲的联系更加紧密。

■ 要有健康的生活方式，这样准妈妈才能保持平稳的心情，有助于让胎宝宝安心。

■ 准父母在进行斯瑟蒂克胎教时，心中不能有一丝急功近利的思想，而应该怀着即将与胎宝宝相见的喜悦心情。

细节20 音乐胎教

认识音乐胎教

音乐胎教就是指通过对胎宝宝不断地传输优良的乐性声波，促使其脑神经元的轴突、树突及突触的发育，为优化后天的智力及发展音乐天赋奠定基础。

音乐胎教是古今中外各种学派在进行胎教时常用的方法。胎宝宝到了6个月的时候，就可以对音乐做出反应，甚至可以区分不同的乐器声音。生物学家认为，有节奏的音乐可以刺激生物体内细胞的分子发生共振，使原来过于静止的分子和谐地运动起来，以促进细胞的新陈代谢。

实施音乐胎教的意义

音乐是一种有节奏的空气压力波，对人的心理活动与生理活动都有着很大的影响。音乐的物质运动过程与人体的物质运动过程比较一致。音乐的节奏作用于准妈妈，也能影响胎宝宝的生理节奏，使胎宝宝从音乐当中受到更好的教育。

■ 音乐可成为母子间建立感情的渠道

音乐胎教的主要作用是要让准妈妈感受到平静与愉悦的情绪，并通过神经系统将此情绪传递给腹中的胎宝宝，使其深受感染，潜意识能记录到和谐、美好的讯息。科学研究发现，音乐由于速度、节拍、旋律的变化，能起到调节人体节律的作用。给胎宝宝“听”音乐，并给予适当的良性刺激，会使胎宝宝的心率随着音乐的节律而变化。经过音乐胎教训练的胎宝宝，出生后反应快、语言能力强、动作协调敏捷。

■ 音乐胎教对胎宝宝的右脑开发十分有益

音乐胎教的理论中假设胎宝宝能够感知声音，主要是强调通过对胎宝宝施以适当的音乐刺激，可以促使其脑部神经的发育，甚至反复用相同的声音刺激，可以在胎宝宝大脑中形成初浅的记忆。由于人的大脑半球有明确的分工，左半球的功能是语言、计算、理解等，主管逻辑思维；右半球是“情感半球”，主要功能是空间位置关系、艺术活动等，主管形象思维，因此音乐胎教有助于开发胎宝宝的右脑。

实施音乐胎教的注意事项

■ 并不是好听的音乐就适合做胎教，因为作为胎教音乐，要求在频率、节奏、力度和频响范围等方面，应尽可能与宫内胎音合拍，否则若频率过高会损害胎宝宝内耳螺旋器基底膜，使其出生后听不到高频声音；节奏过强、力度过大的音乐，可能会损伤胎儿的听力。

■ 应将音量控制60分贝为宜，这样相当于胎宝宝在腹中刚好能听到的声音。

■ 不要让胎宝宝长时间听音乐，最好一天1～2次为宜，每次不超过30分钟。

细节21　营养胎教

认识营养胎教

营养胎教是根据孕早、孕中、孕晚三个时期胎宝宝的发育特点，合理安排准妈妈摄取食物中各种营养素，以食补、食疗方法来缓解孕期不适，并保证胎宝宝的营养。

实施营养胎教的意义

■ 为胎宝宝发育提供充足的营养

人的生命是从受精卵开始的，从一个重为1.505微克的受精卵，到出生时约3000克的婴儿，这个成长发育过程全部依赖于母体提供的营养，这是因为胎宝宝为了完成自身的发育会吸收准妈妈体内储存的营养，久而久之，就会造成准妈妈营养不良，从而出现各种不良症状。所以说，准妈妈要注意补充营养，以供自身及胎宝宝的营养所需，避免出现营养不良等症状。

◆ 为分娩储备充足的能量

准妈妈及时补充营养能为分娩储存充足的能量，等到分娩时，能够让准妈妈更有力量将胎宝宝娩出。

◆ 为以后给宝宝哺乳打基础

产后母乳的多少，与孕期营养补充有直接的关系，为了以后能让宝宝喝到营养丰富并且充足的母乳，准妈妈一定要注意补充营养。

实施营养胎教的注意事项

◆ 应将少量营养价值高的食物，制成易消化的状态食用，不要吃生冷和腌渍的食物。

◆ 最好采取少食多餐的方式，一天分4～5次进餐。

◆ 最好不要吃有刺激性、有兴奋作用以及会破坏神经平衡的食物。

◆ 饭后可以休息10～30分钟，或是进行轻微活动。

细节22 环境胎教

认识环境胎教

环境胎教就是通过指导年轻夫妇在准备受孕前6个月就开始学习并应用环境卫生知识，以利于优境养胎。良好的环境基础与优生、优育和胎宝宝的健康发育有着非常密切的关系。正是由于环境胎教的影响重大，现代人对于环境因素也越来越重视。对于年轻夫妇来说，保证良好的受孕环境和养胎环境，学习孕前卫生保健知识是孕育健康胎宝宝的重要基础。

实施环境胎教的意义

正常情况下，从精子与卵子结合到胚胎形成，直至胎宝宝出生，大约需要280天的时间。在这孕育生命的280天里，胎宝宝能否健康成长不仅与父母的遗传基因、孕前准备、营养供给等因素有关，更与母体的内外环境有着非常重要的联系。只有使胎宝宝在优质的母体内环境和良好的外界环境中生长发育，才能保证胎宝宝出生后健康、聪明。尤其是在孕早期的2个月内，正是胎宝宝的内脏、大脑、四肢等形成的时期，如果不能保证优质的母体内外环境，则极易在此时导致胎宝宝畸形的发生。同时，这个时期的胎宝宝正处于发育很不成熟的阶段，且不具有解毒能力，因而此时环境对胎宝宝的影响更应重视。

实施环境胎教的注意事项

- 孕早期极易流产，为了确保稳定的内环境，防止流产，受精后三个月内应该停止性生活。

- 应谨慎用药，对一些外包装上有准妈妈禁服字样的药物，一定不要服用；而准妈妈慎用的，除非有非用不可的理由，否则也最好不要服用。

- 远离小动物，以免感染上动物体内寄生的弓形虫而导致流产或畸胎。

- 远离放射线，尤其是在孕早期，正是胚胎器官形成的时期，如接受到X线辐射，胎宝宝的畸形发生率就会增高。

- 远离受污染的环境，特别是有化学物质、重金属物质的环境一定要避免接触，平时出门应戴上口罩，并尽量少用电脑。

细节23 情绪胎教

认识情绪胎教

情绪胎教是指通过对准妈妈的情绪进行调节，排除一些对胎宝宝不好的负面情绪，使准妈妈忘掉烦恼和忧虑，创造清新的氛围及平和的心境，通过准妈妈的神经递质作用，促使胎宝宝的大脑得到良好的发育。

实施情绪胎教的意义

情绪胎教的概念其实在我国古代就已经有了，从那时候开始，医学家和教育家就已经认识到情绪胎教的重要性。早在公元前11世纪，就有医学家提出了准妈妈的心态会影响胎宝宝发育的说法。西汉时期的贾谊在其著作中指出，准妈妈不要口出狂言，不要过分兴奋，亦不要过度愤怒。他主张准妈妈应胸怀坦荡、乐观而积极，更要控制自己的喜怒哀乐等情绪。

我国传统医学经典《黄帝内经》中也提到，准妈妈“七情”（喜、怒、忧、思、悲、恐、惊）过激会致“胎病”的理论。现代医学研究也表明，情绪与全身器官功能的变化直接相关。不良情绪会扰乱神经系统，导致准妈妈内分泌，进而影响胚胎及胎宝宝的正常发育，甚至造成胎宝宝畸形。

实施情绪胎教的注意事项

- 妻子怀孕后会产生一系列生理、心理变化，做丈夫的应该理解妻子，做妻子有力的心理支柱，爱抚、安慰、体贴妻子，尽可能使妻子每天都感觉快乐。
- 准妈妈由于生理的原因而导致心理波动大，情绪反常，且易紧张、激动，容易导致情绪失控，因此，准妈妈此时应将母亲的修养和自我约束提到日程上来。当你情绪反常时不妨想想自己身为母亲的责任，尽量保持良好的情绪和积极的心态。
- 准妈妈平时不要看有恐怖、紧张、色情、斗殴情节的电视、电影和小说。
- 可在居室内放一些盆景或者在墙上悬挂一些山水画，把生活环境布置得整洁美观，赏心悦目，这样有利于保持心情愉悦。
- 平时可多想想孩子远大的前途和美好的未来，保持胸怀宽广、乐观舒畅、避免烦恼、惊恐和忧虑。

细节24 语言胎教

认识语言胎教

语言胎教的重点在于语言的应用。它是指准妈妈和准爸爸通过与胎宝宝进行语言沟通来促进父母与胎宝宝的感情，提高胎宝宝语言、智力发育，使胎宝宝出生后在语言及智力方面均更加优秀。

实施语言胎教的意义

- 有助于父母与孩子进行沟通

语言是人类的沟通工具，更是父母与孩子沟通的桥梁。正是因为语言的存在，孩子才能深刻体会到父母对自己的关心和爱护，父母也通过语言了解了孩子丰富的情感和内心世界。很多人都认为，与孩子进行交流沟通，必须等到孩子的语言发育到一定程度以后才能进行。事实上，即使是未出生的胎宝宝，与父母情感的沟通仍然需要语言作为媒介。

能够刺激胎宝宝的大脑发育

科学研究显示，人类之所以有别于其他动物，是因为人类的大脑皮质特别发达。大脑皮质是用来学习知识和进行精神活动的，据说人的一生（包括胎儿期）大脑可储存1000万亿个信息单位。准爸爸、准妈妈以及其他家人，通过动作和声音与腹中的胎宝宝对话，是一种积极有益的胎教手段，可以刺激胎宝宝大脑皮质充分发挥作用，为后天的学习打下基础，使胎宝宝变得更聪明。

能够加深母子感情

每一次与胎宝宝亲密的语言沟通都是一次增进感情的过程，更能通过胎宝宝对父母声音的习惯而形成一种对父母的依赖感和亲近感。实验表明，经常与腹中胎宝宝沟通的准妈妈能够明显感觉到胎宝宝出生后对自己的亲近，而且智力、语言能力的发育和性格的发展也比没受过语言胎教的胎宝宝强。

实施语言胎教的注意事项

应注意言行举止要得体

良好的语言胎教对胎宝宝确实具有良好的影响，反之，不良的语言环境就会对胎宝宝造成负面影响。准妈妈及准爸爸千万不要认为胎宝宝是个无知的小生命，并在其尚未出生的时候肆意而谈，不顾及胎宝宝的感受。胎宝宝在准妈妈腹中的所知、所感、所听对于他们出生后智力的发育和人格的形成有着非常重要的作用。言行粗暴的父母所生出的胎宝宝，成人后极易形成暴躁、缺乏耐心的性格。而言行举止礼貌、有修养的父母所孕育的胎宝宝，成人后往往比较通情达理、容易调教。

胎教时要专心

准妈妈及准爸爸对胎宝宝讲话时千万不能三心二意，必须集中精力，否则对胎宝宝的理解力、听力和想象力的培养都是没有好处的。

■ 要坚持每天进行

语言胎教是一项长期工作，需要通过日常生活中的积累，一点一滴地使胎宝宝增加对父母的依赖和对语言的感受能力。因此，在胎教的过程中，准妈妈和准爸爸要做好心理准备，一定要有耐心，坚持每天进行，不要半途而废。而且，在胎宝宝出生后还应继续坚持语言训练。

■ 要根据胎宝宝的反应进行胎教

进行语言胎教时，准妈妈及准爸爸必须随时观察胎宝宝的特殊反应，如果在讲述某件趣闻时，胎宝宝做出柔和的胎动，说明胎宝宝对所谈话题比较感兴趣，准妈妈或准爸爸可以继续讲下去，也可以适当地延长胎教时间。如果胎宝宝对所谈话题不感兴趣，同时产生了剧烈的胎动，准妈妈和准爸爸必须立即停止。所以，刚开始时准妈妈和准爸爸需每天选择不同的事情、不同的故事讲给胎宝宝听，这样就能够了解胎宝宝到底对哪类故事感兴趣，是否喜欢准爸爸或准妈妈的声音等。

细节25 运动胎教

认识运动胎教

有人也将运动胎教称为体育胎教，是指准妈妈通过一定的体育锻炼来使母子身体健康，促进分娩的一种胎教方法。

实施运动胎教的意义

■ 有助于心理健康

运动能愉悦准妈妈的心情，使准妈妈乐观、平静地度过孕期。另外，准妈妈如果能长期坚持锻炼，还能增强毅力，这对于正处于妊娠时期心理较为脆弱的女性来讲有非常好的调节作用，同时也能帮助准妈妈克服妊娠所带来的不良反应。

■ 有助于生理健康

运动能调节人体内分泌系统和血液循环系统的功能，增强心脏和肺部功能，能改善消化和代谢。同时，运动还能够促进腰部和下肢部的血液循环，有效改善准妈妈腰腿酸痛、下肢水肿等妊娠不适。体育锻炼还有助于腹肌、腰背肌、骨盆肌肉力量和弹性的增强，这不仅能有效缩短分娩时间，预防产道损伤和产后出血，更能够预防由于腹部肌肉松弛所导致的胎位异常或难产情况。

有助于胎宝宝健康成长

运动胎教对胎宝宝也有着非常重要的作用，要知道，当胎宝宝成长到第7周的时候就已经开始自发地运动了。胎宝宝早期的运动主要表现为眯眼睛、吞咽、抿嘴、搓手、握拳等。随着胎宝宝继续长大，还会出现上抬手臂、蹬腿、转身、翻跟头、游泳等自发性运动。一般当胎宝宝长到第18周的时候，准妈妈就能够非常明显地感觉到其在腹中的运动了。由此看来，准妈妈对胎宝宝进行运动胎教是非常有意义的。另外，科学研究还表明，受过运动胎教的胎宝宝往往在出生后身体健壮、四肢灵敏，且能够在智力、体育等方面全面发展。

实施运动胎教的注意事项

运动时应保护好腹部

准妈妈身体上最重要的部位就是腹部，那里是孕育胎宝宝的环境，平时要特别注意保护，否则一旦使腹部受伤，后果不堪设想。因此，准妈妈无论是进行体育锻炼，还是做家务劳动，或是在日常生活中，都应该时刻注意保护自己的腹部。

运动时应注意控制幅度和强度

虽说运动有益于母子健康，但这是在适度运动的前提下才能实现的。准妈妈的运动量以小为原则，也不要从事繁重的家务劳动、不要搬运重物、不要进行剧烈的活动，更不要登上爬下地打扫卫生。这些活动对于准妈妈来说都是相当危险的。另外，准妈妈不宜长时间做弯腰、下蹲的动作，这很可能导致腹部或盆腔充血。准妈妈也不宜长时间站立，否则会出现腰酸背痛的现象。对于有过流产史的准妈妈运动时更要注意以上几点。

运动时应正确应对不良反应

运动过程中如果感到身体不适，则应立即采取相应的措施，以保证安全。特别是在孕早期，如果妊娠反应比较严重，则应适当减少工作量和运动量，避免繁重的体力劳动，保证充分的休息。到了孕晚期，准妈妈在运动过程中如出现不适症状必须及时到医院检查，以确

定是否有分娩的可能。另外，有习惯性流产的准妈妈则更应注意运动量，要注意休息，在医生的指导和帮助下从事运动和工作，以保证孕期安全。

细节26 抚摸胎教

认识抚摸胎教

准妈妈喜欢抚摸自己的腹部，以感受胎宝宝的存在，这不是抚摸胎教。抚摸胎教是指有意识、有规律、有计划地抚摸胎宝宝，以促进其感觉系统发育。

实施抚摸胎教的意义

据科学研究，人体的皮肤上有丰富的神经末梢，这些神经末梢极其敏感，非常有利于人体对外界迅速做出反应。经常进行抚摸胎教，能促进胎宝宝接受外界刺激的敏感性。从胚胎发育来看，皮肤与神经系统同起源于外胚层，胎宝宝的皮肤在发育的同时神经系统也在发育。如果给胎宝宝以良好的抚摸刺激，那么胎宝宝的神经系统也就受到良好的刺激，能促使胎宝宝的心理健康发育。

实施抚摸胎教的注意事项

- 动作宜轻不宜重，抚摸及触压时一定要轻柔，以免用力过度引起意外。
- 有的准妈妈在怀孕中后期经常有一阵阵的腹壁变硬，可能是不规则的子宫收缩，此时不能进行抚摸胎教，以免引起早产。
- 抚摸时间及频率并不是越多越好，对胎宝宝的皮肤接触并没有益处，因为皮肤接触过多会使胎宝宝感觉很累，甚至会损伤胎宝宝机体。
- 开始抚摸的时候，有的胎宝宝能立即做出反应，有的则要过一阵才有反应。反复几天后，待胎宝宝对准妈妈的手法习惯了，再用手按压、抚摸，胎宝宝就会主动迎上去。

细节27 光照胎教

认识光照胎教

所谓光照胎教就是指给尚在腹中的胎宝宝以适当的光亮刺激，以促进胎宝宝视网膜光感细胞的功能尽早完善。

实施光照胎教的意义

光照胎教并不像其他常规胎教那样受人重视，这种胎教是在近些年才逐步引起人们注意的。实验表明，从妊娠4个月起，胎宝宝对光亮就有所觉察，有的会躲闪，也有的会做眨眼动作。这表明胎宝宝对光照有反应。用B超监测，当用手电光一闪一灭地照射准妈妈腹部时，胎宝宝心率会出现剧烈变化。这些事实都说明，光线照射准妈妈腹部会引起胎宝宝的各种反应。所以，在胎教中不可忽视光照胎教这种方式。

实施光照胎教的注意事项

避免用强光照射胎宝宝

实验表明，到了妊娠8个月，由于胎宝宝的视神经、视网膜还未完全成熟，光线太强会给其带来不舒服的感觉。所以在进行光照胎教时，准妈妈要注意光照的亮度，避免使用强光照射胎宝宝。

坚持每天进行

光照胎教也和其他胎教一样，不能半途而废，最好能每天坚持进行，每次的时间不宜过长。并且还要随时体会胎宝宝的感受，如果胎宝宝做出激烈的反抗动作要立即停止。

细节28 美育胎教

认识美育胎教

美育胎教是指根据胎宝宝意识的存在，通过准妈妈对美的事物的感受而将美的意识传递给胎宝宝的胎教方法。美育胎教也是胎教学的一个组成部分，它包括自然美育、感受美育等方面。

实施美育胎教的意义

美育胎教运用审美心理学的知识，强调胎教中准妈妈的审美感知、审美情操、审美想象、审美理解，从而达到优化和加强胎宝宝心理素质的目的。

实施美育胎教的注意事项

进行美育胎教时，准妈妈必须注意所选事物的优劣，尽可能欣赏美的东西，如美丽的大自然、动听的音乐等，这样能使胎教发挥积极作用。反之则使胎教失去了教育意义。

细节29 联想胎教

认识联想胎教

联想胎教其实就是意念胎教。准妈妈可以运用联想胎教将自己得到的美好信息传输给胎宝宝，在其身上发生作用。

实施联想胎教的意义

准妈妈联想美好的事物时，会对胎宝宝产生一定的“干预”性，使胎宝宝也受到美的熏陶。当然，如果准妈妈联想的内容不佳，则会对胎宝宝起到反面作用。

实施联想胎教的注意事项

在日常生活中，一部分准妈妈会因怀孕后的身体不适而责怪胎宝宝，对其产生怨恨的心理以及不好的联想，这时胎宝宝就会意识到准妈妈的这种不良感受，从而引起精神上的异常反应。专家认为，在这种情况下发育的胎宝宝出生后大多会有情感障碍，出现感觉迟钝、情绪不稳、易患胃肠疾病、体质差等现象。因此，准妈妈必须在妊娠期间排除不良的意识和联想，尽量多想些美好的事情。

准妈妈孕期胎教总表

胎教类型	运动胎教	语言胎教	抚摸胎教	光照胎教	环境胎教	营养胎教	情绪胎教	音乐胎教
核心内容	运动	对话	抚摸	光照	环境优美	一日三餐	心情舒畅	古今中外
有效性	☆☆☆☆	☆☆☆☆	☆☆☆	☆☆	☆☆	☆☆	☆☆☆	☆☆☆
实施难度	☆☆	☆	☆	☆☆	☆☆	☆☆☆	☆☆☆	☆☆☆☆
时间段	16～24周	整个孕期	胎动活跃时	胎动活跃时	整个孕期	整个孕期	整个孕期	整个孕期
频率（次/天）	2次	2～5次	1～2次	长期	长期	长期	长期	长期
时间长度	20～30分钟	2～5分钟	3～8分钟	长期	长期	长期	长期	15～30分钟
基本形式	散步	对话	抚摸腹部	手电光	无污染	合理膳食	放松稳定	播放音乐
高级形式	体操	讲故事	心心相通	专用电源	优美	营养均衡	愉快舒畅	现场演奏
备注	坚持	坚持	坚持	坚持	坚持	坚持	坚持	坚持

10月胎教细节同步指南

第二章　孕1月胎教细节方案：做好孕期胎教计划

本月生活建议

- 最好到医院做一次全面的检查，以确保胚胎健康。
- 确认自己过去是否患过麻疹。若无，表示你体内无麻疹抗体，需特别小心，切勿与感染麻疹病患者接触，以免传染，造成胎宝宝患先天性心脏病的危险。
- 如果你有泡澡的习惯，最好改用淋浴，以避免泌尿生殖系统感染。
- 从意识到怀孕起，就要时刻检视自己的生活习惯。
- 有怀孕的可能性时，即使身体状况不佳，也不可以擅自服用药物。
- 制定一张记录基础体温的表格，并做好记录。
- 如果你腿部容易抽筋，可以经常按摩抽筋部位，少穿高跟鞋。
- 服装方面，避免穿牛仔裤、紧身裤。
- 不要接受X线照射，以避免造成胎宝宝先天性畸形。
- 不宜用劣质陶瓷盘、碗、杯等器皿进食。
- 不用有机溶剂去污和洗手。
- 不要做大扫除或搬提重物，以减少发生流产的机会。
- 切勿憋尿不上厕所，以免引起膀胱炎或尿道炎。
- 应该戒烟或避免吸入二手烟，以免对胎宝宝造成伤害。

本月胎教重点提示

- 为了稳定情绪，应听一些抒情的音乐。
- 要制定详细的胎教计划。
- 经常和爱人聊些轻松愉快的话题，回忆你们儿时的趣事，计划有了宝宝以后的生活，找到两人都能接受的教育孩子的方式、方法。
- 可以多留心周围新生了宝宝的父母，从他们身上总结出你们以后可以用到的方法和经验。
- 怀孕早期保持健康而愉快的心情是这一时期胎教的要点。
- 睡前祈祷：感谢美好的大自然与生命，赐给我的一切恩典与磨炼。
- 新装修的房间不宜立即入住，居室应经常开窗通风。
- 胚胎着床时，宝宝就开始与妈妈保持着甜蜜的沟通。因此，在胎儿形成的时候，准妈妈和准爸爸就应开始给宝宝适宜的胎教。
- 调整生活习惯，戒掉烟酒，不喝咖啡等刺激性饮料，保证睡眠，做到营养均衡，进行适当运动，不要心存压力，放松情绪，以轻松的心情孕育小生命。

本月营养胎教贴心建议

- 怀孕后，为保持良好的身体状态，以确保受精卵安全着床，推荐食用能够调节呼吸和保持身心舒畅的芝麻粥。
- 食用茯苓粥和莲藕粥，以调养身心。
- 饮用姜、甘草、大枣泡的茶，以减少噪音、汽车尾气、农药、化肥和食品添加剂等外部刺激因素对胎宝宝成长的不利影响。
- 多吃有益肝脏的富含维生素和铁、钙、磷等矿物质的食物，如红小豆、燕麦、大麦、荞麦、柠檬、橙子、葡萄、苹果、葡萄干、韭菜、花生、芝麻、松子、苏子油等。
- 制定以天然食品为主的食谱。
- 少吃或不吃方便食品。
- 养成不偏食的习惯，均衡饮食，增加牛奶的饮用量，以平衡钙和磷的需求量。
- 严禁饮用含有咖啡因或酒精的饮料。

本月运动胎教重点提示

- 经常散步，避免繁重劳动和不良环境，丈夫应体贴照顾妻子主动承担家务，常陪妻子消遣，居室环境收拾干净，无吵闹现象，节制性生活。
- 严禁从事骑单车，打网球、羽毛球、篮球等激烈运动。

本月准爸爸胎教要点

- 和妻子一起做好详细的胎教计划和育婴计划。
- 和妻子一起进行胎教。
- 准爸爸要节制性生活，尤其是在孕早期，最好禁止性生活。
- 准爸爸要戒烟戒酒。

本月常有的不适症状

- 生理期延迟。
- 有微热或倦怠感。
- 有非生理性出血。
- 情绪不稳。

本月胎教戒律

夫妻双方都要认识到胎教的重要性，全家人更要统一意见，以便在孕期能共同做好胎教的各项工作，保证孕妈妈的情绪稳定。不能轻视和忽略胎教对胎宝宝生长发育的作用。

细节1 行为胎教：胎教的基础是有计划地怀孕

胎教并不是在怀孕之后才进行的，而应该从制定怀孕计划的时候就开始，这就是受孕胎教。为了生下健康、聪明的孩子，在怀孕之前，夫妇俩人做出周详的计划是必不可少的。夫妇俩应当一起确定怀孕的日期，在接受健康检查的同时，积极锻炼身体，并采取营养均衡的饮食方案，为胎儿的到来做好充分的准备。

如果有计划地怀孕，就能事先调整自己的身心，极大地减少对胎儿有危害的行为的发生概率。事实证明，有计划的怀孕可以大大降低生下畸形儿的概率。

细节2 行为胎教：不要错过生宝宝的最佳年龄

做妈妈不要超过35岁

受个人健康情况、生活环境和心理状态等多方面因素的影响，最佳生育年龄不是绝对的，但女性第一次生育最晚一般不应超过35岁。因为35岁以后卵细胞逐渐老化，卵子中染色体畸变增多，容易造成胎宝宝畸形、流产或死胎等异常情况。据有关资料统计：35岁以上女性分娩畸形儿的可能性比25～30岁的女性高2倍以上，而且这种概率会随着年龄增长而递增。35岁以上的高龄初产妇，怀孕期间还容易发生高血压和糖尿病等合并症，妊娠高血压综合征的发病率也比较高；子宫颈和阴道的弹性差，骨盆关节松弛性差，子宫收缩力弱，分娩时间会延长，更容易发生难产。有许多35岁以后才做妈妈的女性，她们明显感到，与年轻的妈妈相比，产后恢复得较慢，育儿过程中常常感到疲惫不堪。

爸爸年龄太大也不好

国内外多项研究显示，30～35岁的男性生育能力最强、精子质量最高。男性的精子质量在30岁时达到最高峰，然后持续5年，到35岁止，以后逐年下降。30～35岁的男性普遍已经成家立业、心理成熟，有稳定的收入和一定的经济基础，正是养育孩子的最佳时机。

很多小夫妻都想着要把物质条件创造好再要宝宝，比如说要有多少存款，买多大的房子，事业发展到什么程度，但常常物质条件成熟了，自己的年龄也太大了，想要的时候怎么也怀不上。要宝宝当然要有一定的物质基础，但物质条件不是最重要的，爸爸、妈妈的爱和稳定的家庭环境才是宝宝最需要的。

细节3 行为胎教：进行一次孕前体检

虽然很多单位每年都会组织员工进行体检，但怀孕前夫妻双方很有必要进行一次孕前检查。孕前检查除了一些常规项目外，很多项目是针对遗传和生育的专项检查，如常见遗传病和传染病的筛查、生殖及内分泌功能、免疫功能的检查等，可以帮助你在怀孕前发现异常，及时治疗和避免潜在的问题，在医生指导下有计划地怀孕，减少宝宝的出生缺陷，保证孕妈妈平安度过孕期并顺利分娩。

在孕前检查的时候医生会常规性地对夫妻双方的整个身体情况和家庭情况进行详细的询问，主要内容包括月经是否规律、最近的一次是什么时候、以前是否做过流产手术、有无流产史、有没有生产过畸形儿或者有遗传疾病的新生儿、以前得过哪些病、准备怀孕期间是否接触过有害物质以及婚姻史和家族史等。千万不要因为医生的这些问题涉及隐私，或者感到不好意思而拒绝回答，或提供不真实的答案。了解真实、正确的情况是医生做出正确诊断的重要前提，医生只是从医学优生的角度进行判断，并且会为就诊者保密。

孕前检查的主要内容包括妇科检查，以确定其是否适合妊娠、分娩；血常规检查，了解有无贫血、感染及其他血液系统疾病；尿常规检查，了解肾脏和全身营养情况，确认有无泌尿系统感染、肾脏疾病和糖尿病；肝、肾功能检查，了解有无肝脏、肾脏疾病；孕期致畸5项病毒（TORCH）检查，主要是检查是否有弓形虫、风疹病毒、巨细胞病毒、单纯疱疹病毒，体内是否有抗体。特别是对喜欢养宠物的生育期女性来说，这项检查意义重大。因为当孕妈妈感染以上病毒时，病原

体可经过胎盘引起母婴垂直传播，从而导致胎宝宝流产、死胎、早产、先天畸形等，甚至可影响到出生后婴幼儿的智力发育。

此外，还要进行抗感染筛查，了解夫妻双方是否患有感染性疾病，如乙肝、丙肝、梅毒、艾滋病等。如果检查出夫妻双方或者一方有传染病要暂缓怀孕计划，因为病原微生物也是一种重要的致畸因素，这些病原体会直接把自己的遗传信息整合到人类的染色体上，造成宝宝的DNA出现微小的异常。也许宝宝在出生时没有什么异常，但患癌症、代谢性疾病的危险可能比别的孩子高。另外，如果妻子感染了病毒，出现宫内感染，那胎宝宝畸形的可能性就更高了。而且，有很多治疗传染病的药物会对精子和卵子有影响。

细节4 行为胎教：只有准备充足的父亲才能孕育健康的宝宝

我们可以将准爸爸的胎教法分成两大类，也就是“受孕胎教”和“协助胎教”。

受孕胎教就是丈夫在让妻子怀孕时，努力地优化一切条件，在这以前要把自己的身体调整到最好状态，做任何事时都要有孕育杰出下一代的决心。在丈夫身体健康、心旷神怡时孕育的孩子，出生后身体结实、头脑发达的可能性相当高。

妻子怀孕后，丈夫所要做的协助胎教同样重要。丈夫的帮助与照顾会使妻子的心情变得安定，这是任何东西都不可代替的“灵丹妙药”。妻子安定的心情将给胎儿带来好的影响。

细节5 行为胎教：选择最适宜的怀孕季节

现代医学证明：孩子的健康不仅与后天的喂养和教育有关，而且与受孕时机和出生季节密切相关。

根据气候特点、营养、传染病流行情况等综合分析，医学界普遍认为在春末夏初受孕最理想。因为孕早期的各种反应容易让人紧张、忧郁，而春末夏初气候宜人，到户外活动散步能使人精神愉快；另外，春末夏初各种各样新鲜的水果、蔬菜大量上市，可以很好地满足孕妈妈对营养的需求。

春末夏初受孕，孕晚期就避开了酷暑和严寒。孕晚期，孕妈妈容易疲劳、多汗，如在酷暑季节，孕妈妈和新生儿会因天气炎热而生痱子；天气炎热还会使各类病毒繁殖和传播的机会增多，容易造成病毒感染与病毒流行。如果孕晚期是在寒冷的冬季，空气中二氧化硫的浓度高于其他季节，有害气体不断堆积，孕妈妈患病的机会就会增加。

细节6 行为胎教：远离有毒有害物质

当今，环境污染已经大肆蔓延，如果不加注意容易导致精子和卵子的突变、畸变。

新装修的居室不要马上入住

新建和新装修的房屋中含有多种有害物质，如甲醛、苯、甲苯、乙苯、氨等，而且新建房屋湿度较大，易使有害物质和粉尘微粒滞留于室内，在这样的环境中受孕，胎宝宝容易发生畸形。因此，装修时一定要注意选择有环保标识的产品，乔迁也不应操之过急。为了宝宝请多等一段时间，最好在新居装修完半年或一年后再入住，并且不要忘了提前2周～1个月将门窗打开通风透气。

离开有害的工作环境

最常见和严重的环境污染是工作环境的污染。据研究，男性长期在铅、镉、汞、麻醉气体、化学物质及有机溶剂的工作环境中，或者在噪声、振动、高温、射线、辐射、废气、废水、废渣排放较多的环境工作，其妻子自然流产的概率明显增加，未孕妈妈直接接触这些毒害物质的危害会更严重。如果工作中不得不接触污染物，至少要在准备怀孕的3个月之前转换工作环境，以确保下一代的健康。

远离食品添加剂

由于生活节奏的加快，快餐食品、半加工和加工食品越来越多地进入人们的餐桌。这些食品吃起来虽然方便，有的可能口味也不错，但大多含有食品添加剂，如酸度调节剂、甜味剂、着色剂、增稠剂、防腐剂等，这些东西不仅会降低人体的免疫力，而且含有一些有致畸作用的化学物质，如果摄入过多，会在人体内蓄积，通过母体影响胎宝宝的健康发育。因此，备孕夫妻应该多吃新鲜的天然食品，少吃加工食品，合理进行膳食搭配，减少食品添加剂的摄入。

细节7 行为胎教：丢弃不良生活习惯

吸烟

吸烟的女性在怀孕前和怀孕期间应戒烟。烟草中含有400余种对人体有害的化合物，燃烧后产生的气体有1/2对人体有害，其中主要为尼古丁。尼古丁可以使胎盘的血管收缩，减少胎宝宝的血液供应，对胎宝宝的发育会造成不良影响。孕妈妈如每日吸烟超过20支，所生婴儿围生期死亡率可增加35%左右。尼古丁还可能通过乳汁影响婴儿，引起呼吸系统疾病，甚至埋下肝癌的隐患，还可导致婴儿记忆力差或记忆障碍。

吸烟对男性而言，除危害身体健康外，还会影响精子的质量，削弱性功能，引起精子畸形、染色体异常等。同时，丈夫吸烟会造成妻子被动吸烟，也会影响胎宝宝的健康。因此，丈夫在妻子怀孕前3个月应戒烟。

喝酒

酒精可损伤胎宝宝的脑细胞，使脑细胞发育停止、数目减少，导致不同程度的智力低下、发育不良。无论男性还是女性，酗酒都会使发育中的精子和卵子发生畸变，这种畸变的生殖细胞相结合，就会把有病的遗传基因传给后代，引起胎宝宝酒精中毒综合征，表现为生长迟缓、中枢神经系统发育障碍、面容不正常、头小、前额突出、眼裂小、心脏及四肢畸形等。另外，喝酒的孕妈妈发生早产、流产及死产的概率都高于不喝酒的孕妈妈。妈妈饮酒，酒精可以通过乳汁排泄，对婴儿造成不良影响。

用水温度过高

洗个热水澡舒适又解乏，然而，热水在汽化时会产生一种叫氯仿的致癌物质，并随蒸汽被身体部分吸收，会影响未来胎宝宝的健康。因此，未准爸爸在洗澡、用热水时尽量不要用温度过高的热水，34℃左右为宜。另外，精子的适宜温度是35.5℃～36℃，比体温低1℃～1.5℃，温度过高会影响睾丸的精子质量，特别是桑拿浴，会造成死精。因此，准备要孩子的男性应从准备要宝宝前3个月停洗桑拿浴。

穿紧身裤

时尚的紧身裤几乎人人都爱，但对于女性而言，其包裹在臀部，使阴道分泌物不能挥发，适宜细菌滋生繁殖，易引起阴道炎；而男性穿紧身牛仔裤不但压迫生殖器官，影响睾丸正常发育，还因不透气、不散热而不利于精子的生存。为了将来的宝宝，应选择宽松、纯棉、透气的裤子。

细节8 行为胎教：生活细节不可忽视

避开热闹的聚会

为了孕育优秀宝宝，不建议孕妈妈参加聚会，因为聚会上往往烟雾缭绕，空气不新鲜，在这种环境中孕妈妈比较容易感染呼吸道疾病。而此时的胎宝宝正处在器官的分化时期，一旦受到不良刺激就可能造成不可弥补的影响。如果孕妈妈必须出席一些应酬场合，也要不喝酒，不吃大鱼大肉及有刺激性的食物，尽量缩短应酬时间，以免对胎宝宝造成负面影响。

不要使用电吹风

经过有关专家多年的追踪研究发现，孕早期，尤其是怀孕的第一个月内，孕妈妈用电吹风吹头发对胎宝宝和自己的健康不利。电吹风吹出的热风含有可致畸的石棉纤维微粒，这些石棉纤维微粒被孕妈妈的呼吸道及皮肤吸收进入血液后，又会通过血液循环和胎盘进入胎宝宝体内，从而导致胎宝宝发育畸形。

远离噪声

噪声与装修材料一样，都会威胁胎宝宝的健康。妊娠期间，理想的声音环境是10～30分贝。一旦超出这个范围，可能会给孕妈妈和胎宝宝造成非常不利的影响：孕妈妈的妊娠反应会加重，情况严重时会导致胃溃疡；胎宝宝可能早产，或出现出生后体重过低等情况；孕妈妈会变得烦躁不安、焦躁、紧张、易怒，种种不安的情绪会增加母体内有害化学成分及肾上腺素的分泌，从而影响胎宝宝上颌骨的融合，甚至出现腭裂；孕妈妈长期处在噪声中，会出现耳鸣、失眠、头痛、脑胀及全身乏力等症状。另外，胎宝宝受到噪声影响，会变得非常不稳定，容易流产。久受噪声影响，会阻碍宝宝的听觉发育，影响脑神经发育。

起居要有规律

从这个月起，孕妈妈要安排好自己的起居。起床时间、午休时间、晚上睡觉的时间应固定下来，使生活比较有规律，并潜移默化地影响胎宝宝的生物钟。孕妈妈应适当增加休息和睡眠的时间，避免过度劳累，每日要有适宜的活动。一般夜间睡眠不少于8小时，有条件的应增加午睡。睡前要认真做好个人卫生，最好用温热水泡泡脚，缓解疲劳的同时也能舒畅心情。如果有失眠情况发生，可咨询医生，找到原因给予解决。

细节9 行为胎教：向古代圣贤学习胎教知识

准妈妈可以向古代圣贤学习胎教知识。按古文的记载，要“寝不侧”，就是准妈妈睡觉姿势要端正，不能随便睡；“坐不边”就是坐的姿势要端正，不要坐一侧或坐歪了；“立不跛”，就是站立时要站好，用我们现代话来讲，就是准妈妈的言行举止、行动坐卧都要有礼貌，都不可以随便。此外，准妈妈在孕期还要做到所谓“三勿”：“非礼勿视，非礼勿听，非礼勿言。”即从身、语、意三方面要保持内心的清静，做到对胎宝宝的良好胎教。

非礼勿视

非礼勿视，是指凡是不好的，不应该看的，作为一个准妈妈就不能看。现在电视、网络等传播媒体非常的普遍，里面难免会有许多血腥、暴力、淫秽或是其他不健康的画面，而这些镜头极其容易影响准妈妈的情绪，如果母亲的情绪不稳定，那么，当然会影响到腹中的胎宝宝，所以，这些不好的画面准妈妈是不能看的。

非礼勿听

费力无所，是指耳朵所听到的都是好的、善良的、优美的。对于不好的、不堪入耳的，包括不良的音乐都不可以听到。

非礼勿言

非礼勿言，是指自己讲话时，好的才讲，不好的不讲。作为一个准妈妈，对于自己的言语标准和内心的心理活动都要非常注意。因为这些都会影响自己胎宝宝将来的性情。胎宝宝的性情会受母亲怀胎时候的情绪影响，母亲的情绪安稳，胎宝宝就安定，反之则会给胎宝宝带来不好的影响。

细节10 情绪胎教：做好要宝宝的心理准备

从二人世界到三口之家，怀孕、分娩、育儿的过程既充满幸福与甜蜜，也会有辛劳和矛盾，夫妻双方都要做好充分的心理准备。事实证明，有心理准备的夫妻与没有心理准备的夫妻相比，前者的孕期生活要顺利从容得多，孕妈妈的早孕反应也轻得多，家庭充满幸福、安宁和温馨，胎宝宝在这样的环境中会发育成长得更健康、更聪明。

接受孕妈妈身体和心理的变化

从怀孕到分娩，甚至是产后较长的一段时间，孕妈妈的身体和心理会发生巨大的变化，包括体形的变化、饮食和生活习惯的变化、情绪的变化，孕妈妈会对准爸爸更加依赖。夫妻双方要慢慢适应这种变化，尤其是准爸爸，要多给妻子心理上的支持和生活上的关爱。

接受未来生活空间的变化

新生命的诞生在给小家庭带来喜悦和幸福感的同时，也会增加许多繁杂的家务，使夫妻双方感觉生活空间和自由度变小了，往往会感到一时难以适应。如果没有充分的心理准备，双方不能互相体谅，养育孩子的最初两三年往往会成为家庭矛盾频发的时期，有的家庭甚至走向了解体。

接受未来情感的变化

无论夫妻哪一方，在孩子出生后都会自觉或不自觉地将自己情感的一部分转移到孩子身上，从而使另一方感到情感缺乏或不被重视。夫妻双方都要有意识地调整自己的心态，不要用生育前二人世界的思维方式来要求对方，要看到自己的爱人爱孩子其实就是爱自己、爱这个家。如果在情感上还像以前一样要求对方，不仅会增加自己的烦恼，而且会使对方感到无所适从，不利于夫妻感情的维护和家庭的稳定。

接受家庭责任与应尽义务的变化

怀孕的妻子需要丈夫的理解与体贴，尤其平时妻子可以做的家务，在孕期大部分都会转移到丈夫身上；孩子出生后，夫妻双方对孩子的责任和对家庭的义务都在随着时间的推移而增加。双方要合理安排家庭事务，各自承担起应尽的责任和义务。比如说，妻子怀孕后家庭的经济重担由谁来承担，孩子出生后是自己带，还是请保姆或老人带等。

总而言之，只有做好充分的心理准备，夫妻俩才能以平和、自然的心情和愉快、积极的态度顺利完成为人父母这一社会角色和家庭角色的转换。

细节11 情绪胎教：夫妻恩爱宝宝聪明

专家在性实验室里发现，男方在双方都达到性高潮时射精，精子的活力旺盛，精液中的营养物质及激素充足，有利于精子及早抵达卵子的所在地，可减少阴道酸性环境的杀伤；而女性处于性高潮时，体内激素分泌旺盛，卵子生命力强，宫颈由于性的兴奋而分泌大量的碱性分泌液，可中和阴道的酸性浓度以降低对精子的杀伤力，同时也使精子在通过子宫颈时得到碱性液的保驾护航，到达子宫腔后又获得能量，提高运行力，并使其穿入卵子的能力更强。女性在性高潮时出现阴道及子宫的收缩和宫腔内的负压现象，有帮助精液或精子向前推进的作用，使精子爬行的时间及路程大大缩短。平时坚硬闭锁的子宫颈口也松弛张开，使精子容易进入。数千万个精子经过激烈竞争，强壮而优秀的精子与卵子结合，从而孕育出高素质的后代。

感情融洽是幸福家庭的前提，也是优生和胎教的重要因素。在幸福和谐的家庭中，胎宝宝愉快地生长发育，出生后孩子往往健康聪明。反之，如果夫妻不和睦，孕妈妈长期紧张、忧愁、抑郁，那么大脑皮质的高级神经中枢活动就会受到障碍，并直接影响胎宝宝。

准爸妈激烈争吵时，母体受刺激后内分泌发生变化，随之分泌出一些有害激素，通过生理传递途径被胎宝宝接受。同时，孕妈妈的盛怒可以导致血管收缩，血流加快、加强，其物理振动传到子宫也会殃及胎宝宝。因此，妊娠期间夫妻双方应互相尊重，互相理解，耐心倾听对方的意见，理智、心平气和地对待彼此间的分歧。

细节12 情绪胎教：宝宝性格爸妈定

性格是儿童心理发展的一个重要组成部分，它在人生的历程中起着举足轻重的作用。我们知道，人的性格是先天遗传因素和后天成长环境共同作用的结果。环境对性格的影响从胎宝宝期就开始了，“人之初”的心理体验对日后的性格形成影响深远。因此，在怀孕期间注重胎宝宝性格方面的培养就显得非常重要。

孕妈妈的子宫是胎宝宝的第一个环境，许多研究表明孕妇的精神状态、情感、行为、意识等也同样可以引起激素分泌的异常改变，而影响到胎宝宝的性格形成。如果这里充满爱、和谐、温暖、慈爱的气氛，那么胎宝宝幼小的心灵将受到同化，意识到等待自己的那个世界是美好的，进而逐步形成了热爱生活、果断自信、活泼外向等优良性格的基础；反之，倘若夫妻生活不和谐，不美满，经常吵架，甚至充满了敌意和怨恨；或是爸爸妈妈有一方不欢迎宝宝，从心理上排斥、厌烦，那么胎宝宝就会痛苦地体验到这种冷漠、仇视的氛围，随之形成孤寂、自卑、多疑、怯弱、内向等性格的基础，这显然对胎宝宝今后的人生会产生极为不利的影响。

瑞典曾有这样一个案例，一个名叫克里斯蒂娜的女婴，出生后很健壮，一切正常却不愿吸吮妈妈的奶。妈妈把乳头对着她，她会把头转过去，甚至情愿去吸别人的乳汁或奶瓶的奶。后来经过调查后才知道，这位婴儿的妈妈在怀孕时打算流产，但因其丈夫执意不肯才勉强生下了她。克里斯蒂娜在妈妈的腹中已经感到妈妈不希望生下自己，因此拒绝吃妈妈的奶，对妈妈仍存有戒心。

细节13 环境胎教：优化胎宝宝的生长环境

胎宝宝的生长是从精卵结合开始。从受精卵形成的那一刻起，环境因素就对胎宝宝产生极大影响。影响胎宝宝的环境因素分为化学环境和物理环境。

化学环境：母体的营养、疾病、服用的药物，以及孕妇情绪变化所产生的内分泌改变都构成了新机体生长的化学环境。

物理环境：子宫内的温度、压力，母体的身体姿势和运动，以及体内外的声音等构成了胎宝宝生长的物理环境。

这两种环境直接和间接的刺激都会对胎宝宝的生理、心理发育产生有利或有害的影响。因此，孕妈妈孕期应摄取足够的营养，加强锻炼、预防疾病，有病时绝不能滥用药物，时刻保持良好的情绪，这样做会为胎宝宝的健康成长奠定坚实的基础。

还要重视胎宝宝生长发育的另外一个环境——子宫外的环境，即孕妈妈所处的环境，包括工作环境、居住环境等。良好的外环境，能使胎宝宝受到良好的刺激，外界的色彩、音响和声乐，乃至无限美好的大自然景色等，不仅使孕妇得到了美与欢快的感受，同时也会影响她腹中的胎宝宝。

胎教小百科：遗传、优生、胎教之间的关系

遗传既是优生的基础，又是胎教的先决条件。只有继承了父母双方良好遗传基因的健康胎宝宝，才有可能达到优生，也才谈得上胎教。我们知道，胎教就是对胎宝宝的感觉器官进行刺激，前提是胎宝宝必须具备健全的感觉器官、神经系统及全身各器官。

每个人都有一个范围相当广阔的智力潜力，这个范围的上限和下限是由遗传决定的。一个拥有良好遗传基因的孩子，如果他后天生活环境差，无良好教育，个人努力也差，他的智力发育就会受到限制，智商就较低；相反，如果一个孩子遗传基因一般，但他得到良好的教育，个人又勤奋努力，他的智力就会得到充分发育，智商较高。因此，专家将先天的遗传因素，后天的环境、教育条件（包括胎教），个人的主观努力程度称之为决定人们智力差异的三要素。

细节14 环境胎教：安排好家中的宠物

如今有不少人喜欢饲养小动物，如小猫、小狗之类的宠物，甚至与宠物同睡一张床，常常将它们抱在怀中亲昵，这是很不卫生的习惯。猫、狗等会传播狂犬病这已经是众人皆知的了，猫、狗身上潜藏的病毒、细菌、弓形虫等感染孕妈妈后，可经血液循环到达胎盘，破坏胎盘的绒毛膜结构，造成母体与胎宝宝之间的物质交换障碍，使氧气及营养物质供应缺乏，胎宝宝的代谢产物不能及时经胎盘排泄，导致胚胎死亡而发生流产，或因慢性缺氧而导致胎宝宝宫内发育迟缓或死胎。

弓形虫病是一种人畜共患疾病，猫是传染弓形虫病的罪魁祸首，受到感染的猫排出的大量弓形虫卵囊能够长期存活，食用沾上这些卵囊的食物可使人的眼、耳、喉、内脏等多种器官发病，对孕妈妈的危害尤其大。弓形虫感染会造成人类最严重的先天畸形，如弱智、癫痫、精神异常及眼睛畸形等。一般来说，孕早、中期感染弓形虫病多数会引起流产及胎宝宝畸形，而孕晚期感染则多易导致早产、死产或新生儿死亡。此外，猫、狗等宠物身上还易长跳蚤，跳蚤也是传播疾病的媒介，若与宠物过分亲近很容易被传染上疾病。因此，怀孕前应妥善安排家中所养的猫、狗等宠物，不要和猫、狗等宠物居住在一起，并彻底清除它们的排泄物。

怀孕后一定不要吃半熟肉或生肉，及被污染的家畜，如牛、羊、鸡的肉。孕妇在怀孕的早、中、晚期要注意检测血清，看是否有弓形虫抗体。如果孕妇感染了弓形虫，怀孕早期在积极治疗的同时应尽早终止妊娠；在怀孕中晚期，要在医生的指导下口服乙酰螺旋霉素。患有弓形虫病的孕妇分娩的新生儿，即使外观正常，也要口服乙酰螺旋霉素进行治疗。

细节15 环境胎教：远离电磁辐射

电子产品工作时会发出电磁波，也称电磁辐射。资源与环境学教授指出，电磁辐射已成为继水源污染、空气污染后的第三大“隐形杀手”。研究发现，除了环境的化学因素外，物理因素也是影响生殖健康的重要因素之一，电磁辐射污染就属物理因素范畴。

近年来，我国每年出生的2000万儿童中，有35万为缺陷儿，其中25万为智力残缺，有专家认为，电磁辐射是影响因素之一。孕早期的3个月正是胎宝宝器官开始形成的时期，此时最容易受到电磁辐射的危害。因此，为了胎宝宝的健康发育，避免其受到任何伤害，在孕早期孕妈妈一定要远离任何辐射源。

少用电脑

孕早期，许多职场孕妈妈依然坚守在工作岗位上，不得不长时间面对电脑屏幕，这样对身体有无影响？会不会给胎宝宝造成危害呢？研究证明，与从事办公室其他工作的女性相比，每周在电脑前工作20小时以上的妊娠女性，比一般妊娠女性流产率高2倍。日本计算机劳动保护调查委员会对担任计算机操作员的孕妈妈进行抽样调查后发现，她们之中患妊娠高血压综合征者为7%，流产者14%，出现早产、死胎及其他异常者为27%。美国对计算机操作人员的调查表明，孕妈妈出现不良反应者超过90%。以上数据都说明了一个共同的问题：怀孕后的女性应该尽量远离电脑，更不能长期在电脑前工作。

正确使用微波炉

微波炉是家居常备的烹调用具，在其工作时会发出一些辐射。孕妈妈要掌握微波炉的正确使用方法：首先，把食物放入微波炉，打开启动程序后立即远离微波炉。微波炉刚刚启动时只会泄漏极微量的微波，完全可以忽略不计；但在微波炉完全启动之后，微波的辐射变大，此时孕妈妈若仍然站在微波炉的前方，就有些危险了。等食物热完，微波炉停止工作的提示音响过后，辐射再次减少，这时候开启炉门取放食物就是安全的了。这里建议孕妈妈，为了安全着想最好将使用微波炉的工作交给准爸爸。

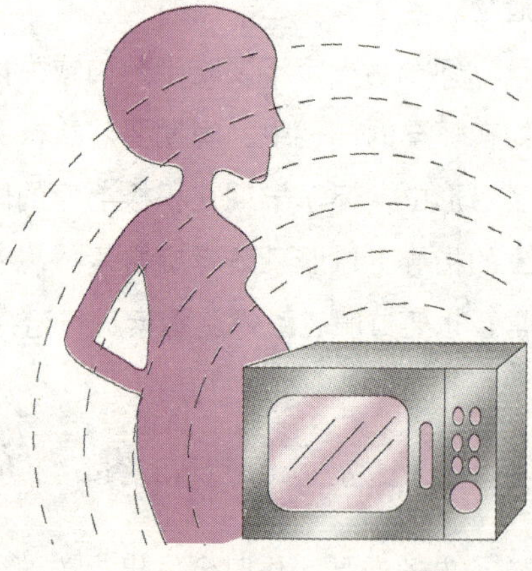

尽量不用手机

手机在工作状态时会向发射基站传送无线电波，而任何一种无线电波或多或少都会被人体吸收，从而改变人体组织，有可能对人体健康带来影响。手机虽然辐射不是很高，但是跟人的关系非常密切，是孕妈妈们不离手的常用设备，使用不当会导致不良后果。手机信号刚接通时，处在最大输出功率状态，辐射最大，所以在接通瞬间应将手机远离头部，信号不好时，辐射也会增加。所以，孕妈妈们在怀孕期间应尽量避免长时间使用手机，或者使用专用耳机和麦克风接听电话，减少通话时间，提倡使用座机。

细节16 环境胎教：精心布置一个温馨的居室

精心布置一个温馨的居室很重要，如以轻松、温柔的色调为主，对居室进行绿化装饰，无论盆花、插花装饰均以小型为佳。孕妈妈在装饰得温馨、雅致的房间里会有舒适轻松的感觉，有利于消除疲劳、增添情趣。

在居室的墙壁上还可以悬挂一些活泼可爱的婴儿图画或照片，他们可爱的形象会使孕妈妈产生许多美好的遐想，减轻刚刚成为孕妈妈时产生的不安情绪。除此之外，还可以在居室悬挂一些隽永的书法作品，时时欣赏，以陶冶性情。书法作品的内容常常是令人深思的名句，从中不仅能欣赏字体的美，更能给人以鼓舞和力量。

孕妈妈应该居住在阳面的房间里，房间的光照时间应该比较长。阳光对孕妈妈和胎宝宝来说都很重要，如果房子过于阴暗，孕妈妈及胎宝宝就无法得到充足的阳光照射，会影响体内钙的吸收，最终影响胎宝宝骨骼的发育。另外，没有阳光照射的居室一般比较潮湿，而本阶段的孕妈妈又多在室内休息，体质较孕前又有所下降，难免出现关节炎等疾病。

专家提示

不宜在孕妈妈卧室摆放的植物：

有些花草不宜在孕妈妈的居室里摆放，否则会对孕妇产生不良影响。如茉莉花、丁香、水仙、木兰等花卉，其浓烈的香味会使孕妇的食欲和嗅觉减退，甚至引起头痛、恶心和呕吐；又如万年青、仙人掌、五彩球、洋绣球、报春花等花卉，能引起皮肤过敏反应，不小心接触后会发生皮肤瘙痒、皮疹等过敏现象。此外，孕妇新陈代谢旺盛，居室需要充分的氧气，而有些花卉如夜来香、丁香等，吸进新鲜氧气，呼出二氧化碳，会夺走居室内的部分氧气，对孕妇及胎宝宝的健康十分不利。

需要注意的是，孕妈妈的居室里不宜铺地毯。因为地毯虽然美观松软，富有弹性，但它容易蓄污。有专家曾经做过检测，地毯上残留有人们从室外带到屋内的铅、镉等有毒物质，孕妈妈长期接触可致胎宝宝畸形，甚至造成流产。螨虫也比较喜欢寄生在温暖舒适的房间中，地毯则是它们栖身的不二选择。螨虫的排泄物也容易被人吸入体内，尤其是孕妈妈吸入后更会给胎宝宝造成伤害。

细节17 营养胎教：未准妈妈在性生活中的营养需求

选择具有特殊功效的饮食可以达到补肾强身的目的。

优质蛋白质具有提高性功能和消除疲劳的作用。未准妈妈宜多吃一些含有丰富蛋白质的黄豆、牛奶和瘦肉制品，以满足机体对蛋白质的需要。肉类、鱼类、禽蛋类中含有较多的胆固醇，适量摄入有利于性激素的合成。锌是维持夫妻性生活和谐的微量元素。锌可增加血中性激素的合成，促进性腺的分泌。缺锌的未准妈妈容易出现闭经，缺锌孕妇的胎宝宝易出现畸形。B族维生素参与人体的代谢，缺乏B族维生素的未准妈妈可出现外阴瘙痒、性生活障碍。乳类、蛋类、动物肝及鳝鱼中B族维生素含量丰富。维生素E也叫“生育酚”，与性发育、生精、排卵、怀孕关系密切。它可促进卵泡和黄体增大，抑制黄体酮氧化，从而增加黄体酮的作用，促使女性怀孕。维生素E含量丰富的食物有芝麻及其制品、花生油、菜籽油以及动物肝、瘦肉、花生、红枣、核桃、桂圆、莴笋等。维生素C可促进铁、钙的吸收，抗菌解毒，增强免疫功能，减少精子粘集。当20%的精子粘集，就不能使女方怀孕。新鲜的蔬菜、水果中含维生素C最多。

细节18 营养胎教：注意纠正营养失衡

未孕妈妈过胖或过瘦对怀孕均有不利影响。过胖的孕妈妈有患妊娠高血压综合征、妊娠糖尿病的危险，并且可能使宝宝成为巨大儿，产后的体重会更加难以恢复；体重过轻虽然看上去很苗条，但是成功受孕的可能性会比较小，还会影响胚胎的早期发育，易导致早产、婴儿出生体重过轻。所以，在孕前保持适当的体脂比例，达到标准体重非常重要。

衡量体重的标准有很多种，差异也比较大。目前医生一般采用体重指数（BMI）法来判断体重是否正常。体重指数（BMI）的计算方法：BMI=体重（千克）÷身高^2（平方米）。

BMI在18～24之间属于正常体重。

BMI在25～30之间属于超重。

BMI在30～35之间属于轻度肥胖。

BMI在35～40之间属于中度肥胖。

BMI＞40属于重度肥胖。

BMI在15～18之间属于体重过轻。

BMI＜15属于严重营养不良。

对于体重已经达标的未孕妈妈，如果曾有过节食或药物减肥、限制脂肪和动物性食物摄入、不吃或限制主食摄入的经历；或者曾有贫血症状；或者即便体重合格，但体内脂肪堆积过多、橘皮组织丰富，都说明营养失衡，需要及时纠正一些错误的饮食习惯，否则会造成某些营养素的短缺或超标，使优生计划夭折。

首先，作为营养金字塔根基的粮谷类食物，特别是各种杂粮（玉米、黑米、大麦、燕麦、莜麦、薏米等）、杂豆（大豆、黑豆、绿豆等）是每顿正餐中不可缺少的，因为能量、糖分和维生素B_1、维生素B_2摄入少会导致精力不足，是无法孕育出聪明宝宝的。玉米、小米、土豆等所含的维生素和蛋白质比大米、白面高，同时还含有微量元素，是胎宝宝发育的必要原料。

其次，备孕的夫妻双方都应适量增加鱼虾、瘦肉、肝、奶类、大豆制品、核桃、杏仁、芝麻等食物的摄入，因为足够的优质蛋白质、钙、铁、锌、硒是保障精子和卵子质量和活力的重要营养素。

餐桌上还要有各种蔬菜、菌藻类食物，特别是一些含锌、维生素C、胡萝卜素的食物，如胡萝卜、韭菜、蒜薹、油菜、西兰花、洋葱、南瓜、山药、海带、黑木耳、银耳等；富含维生素C及番茄红素的水果，如西瓜、橙子、木瓜等，有足够的抗氧化、清除毒素和杀菌能力，还能促进精子和卵子的形成并保障其质量。

细节19 营养胎教：补充营养叶酸先行

叶酸又称“蝶酰谷氨酸”，是人体必需的水溶性B族维生素之一。因为最早是从菠菜叶子中提取出来的，故而得名“叶酸”。孕早期是胎宝宝细胞分化的关键时期，而叶酸是胎宝宝脑神经发育必需的营养成分，一旦摄取不足就可能影响胎宝宝中枢神经系统的发育，引起神经管畸形。神经管畸形的发生率在各种出生缺陷中是最高的，会造成脊柱裂（椎骨未能融合）、无脑畸形（脑或颅顶缺失）等中枢神经系统发育异常，是造成围产儿死亡的主要原因之一。

如果在孕前或者孕早期补充叶酸，能够有效预防神经管畸形的发生，减少比例约为70%。如果是计划怀孕，自受孕前1个月起直至孕早期3个月，每天应该额外摄入400～1000微克的叶酸。如果是计划外怀孕，从怀疑已怀孕的那一刻起就要立即补充叶酸或孕妇用的多种维生素。补充叶酸可以多吃以下食物：动物肝、红苋菜、菠菜、生菜、芦笋、龙须菜、豆类、苹果、柑橘、橙汁。大多数的复合维生素制剂均包含日剂量为400微克的叶酸。

最新研究证明，叶酸对于准爸爸来说也非常重要。当男性体内叶酸含量不足时，精液的浓度会降低，精子的活动能力会减弱，使卵子受孕就会比较困难。另外，叶酸在人体内还能与其他物质合成叶酸盐，它对于孕育优质宝宝也起着关键作用。如果男性体内的叶酸盐不足或缺乏，就可能增加发生染色体缺陷的概率，增大孩子长大后患严重疾病的危险性。

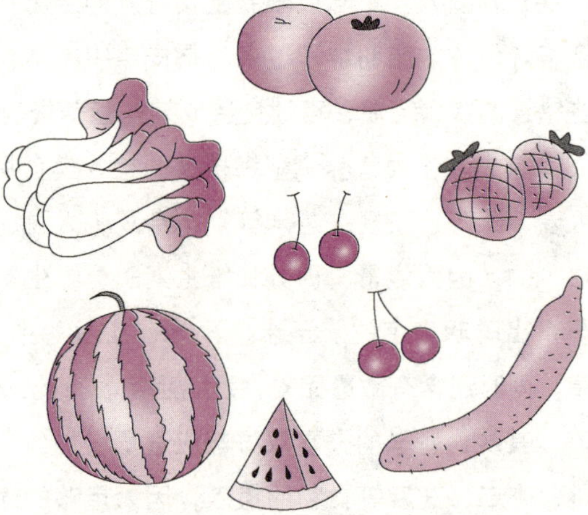

细节20 营养胎教：孕早期要多吃主食

怀孕第1个月，膳食均衡摄入是保证营养必不可少的条件。有贫血、节食、限制脂肪和动物性食物经历或体内脂肪堆积较多的准妈妈，可在怀孕前进行一次营养状况检查，以便此时有目的地调整一下饮食结构，尽量使体内的营养达到平衡状态。

在妊娠第1个月里，胚胎的体积会增加7000倍之多。细胞的快速分裂过程需要大量携带有父母遗传基因的脱氧核糖核酸，脱氧核糖核酸的生成需要大量的叶酸参与。怀孕后的女性每天叶酸的摄取量应达到1毫克左右。若孕妇缺乏叶酸，便会引起胚胎细胞分裂障碍，导致胚胎细胞分裂异常、胚胎细胞发育畸形，特别是由于神经管发育畸形，导致胎儿出现“无脑儿”或“脊柱裂”。

在补充叶酸的同时，也要注意加强多种微量元素的摄入。这是为了避免缺乏微量元素对胚胎造成的神经系统发育障碍，因为微量元素锌、铜等同样参与了胚胎最早期的中枢神经系统的发育，尤其是锌的需求量大大增加。你可以适当吃些富含锌的食物，如香蕉、动物内脏，还有瓜子、花生、松子等坚果类食品。无论生活习惯还是营养保健都不能掉以轻心，要知道这接下来的5周可是胎儿生长发育最关键的时期。

山楂、樱桃之类的新鲜水果味道可口又富含叶酸，但是空腹食用过量山楂容易引起宫缩，所以一次不要吃太多。同样容易引起宫缩的食物还有蟹爪、薏米仁、马齿苋等。

细节21 营养胎教：让十字花科蔬菜成为餐桌主角

十字花科蔬菜包括白菜类、甘蓝类、萝卜等，具体而言，我们常吃的胡萝卜、西兰花、芥蓝、卷心菜、甘蓝、菜花等都是十字花科蔬菜。这些蔬菜是我们餐桌上的常客，在孕早期准妈妈的食谱中也占据着举足轻重的作用。

萝卜的品种很多，常见的有胡萝卜、青萝卜、白萝卜、水萝卜和“心里美”等。萝卜的维生素C含量是梨的8～10倍；萝卜中的B族维生素和钾、镁等无机盐可促进肠蠕动，有助于准妈妈体内废物的排出及血管的软化，增加食欲，预防妊娠高血压综合征和孕期食欲不振等不适。

大白菜、小白菜、卷心菜、油菜、娃娃菜等，都属于十字花科蔬菜。在孕早期，准妈妈吃白菜既可补充大量的维生素，又可清热除烦、解渴利尿、通利肠胃，且这类菜含大量的吲哚类衍生物，可起到一定的抗癌作用。

细节22 音乐胎教：可以增强胎宝宝想象力和集中力

有实例证明，在孕妈妈的腹部子宫位置放音乐给胎宝宝听，5分钟后发现，胎宝宝的心跳加快，而且会对音乐的高调和低调有不同的反应。根据胎宝宝的反应速度、规律，可以得出结论，胎宝宝喜欢低缓、委婉的音乐，不喜欢尖、高、细的音乐。有人给6个月的胎宝宝听欢畅、轻柔的丝竹演奏的音乐时，胎宝宝会安详、舒适地蠕动。出生后每次听到同类的音乐会高兴地笑，并且手舞足蹈。由此，心理学家的结论是，孕妈妈经常听一些优美的音乐能提高胎宝宝对音乐的感受力。

孕妈妈在听音乐时，要集中注意力，根据节奏想象音乐要表达的内容，把韵律画面化，并将音乐编织的画面用语言讲述给胎宝宝听，集中精力听5分钟比泛泛听30分钟的效果还要好，胎宝宝由此感受的东西会更加明确，信息刺激强烈有力，这样也有助于增强胎宝宝的想象力和注意力。宝宝出生后的动手能力、语言能力、身体协调能力、平衡力、记忆力等各个方面都会有超出同龄宝宝的出色表现。

细节23 音乐胎教：适合孕早期听的音乐

音乐胎教应该是贯穿整个孕期始终的一种胎教方法。音乐的曲调、旋律、节奏和响度不同，对孕妇和胎宝宝产生的情感和共鸣也不同，轻松悠扬、节奏明朗、优美动听的乐曲有舒心愉快的作用，优美细腻、韵律柔和、带有诗情画意的乐曲有镇静作用。适合怀孕初期听的音乐有：莫扎特的《第14钢琴奏鸣曲》，海顿的交响曲《四季》，莫扎特的《第21钢琴协奏曲第二乐章》、《土耳其进行曲》，亨德尔的《竖琴协奏曲》第一乐章，舒曼的《童年情景》中的第一首《陌生的国家和人民》，《第二交响曲》第三乐章。另外，还推荐曲目《布谷》、《春》和《仲夏夜之梦》，这几首乐曲旋律优美，可以释放你沉重的精神压力，感受那份轻松而喜悦的心境。

细节24 音乐胎教：与胎宝宝共享名曲《小白船》

"蓝蓝的天空银河里，有只小白船，船上有棵桂花树，白兔在游玩，浆儿浆儿看不见，船上也没帆，飘呀飘呀飘向西天。渡过那条银河水，走向云彩国，走过那个云彩国……"听到这熟悉的旋律，身为孕妈妈的你，是否会想到小时候妈妈的温柔歌声？是否已深深沉浸在这美妙的歌声当中了？

如果你觉得自己已进入了美丽的"云彩国"，那么就将这份美与胎宝宝一同分享吧！相信胎宝宝在这美的熏陶下会更加快乐、健康地成长。而孕妈妈也会在这优美动听的歌声中得到心灵的释放，从而摆脱不良情绪，让自己生活在轻松的氛围中，与胎宝宝一起享受快乐。

细节25 运动胎教：运动有利于受孕

女性长期久坐容易造成血液循环不顺畅，月经前及月经期常有剧烈疼痛；有的则因久坐导致经血逆流入输卵管、卵巢，引起下腹痛、腰痛，甚者伴有严重的痛经，此即所谓巧克力囊肿。此外，气滞血淤也易导致淋巴或血行性的栓塞，使输卵管不通；更有因久坐及体质等原因，使子宫内膜组织因气滞血淤而增生至子宫以外，形成子宫内膜异位症，这些都是比较明显的不孕原因。如果你的工作几乎都离不开座位，那么每40分钟后休息10分钟，做做伸展动作，或下班后多散步、游泳、练瑜伽，都能有效改善因久坐造成的循环障碍。

运动可以增加机体的免疫力，使精子和卵子更有活力，更有利于受孕。科学的锻炼可使全身肌肉更有力量，可以减轻日后分娩时的困难和痛苦，而且运动还可以使心情愉悦。但是一定要注意运动不要过于激烈，避免对身体造成不必要的损伤。

细节26 语言胎教：开始收集一些童话

如果希望胎儿通过与母亲的情感沟通渐渐成长为充满勇气、情感丰富的孩子，可以采取童话胎教。从胎儿的听觉还未开始发育的怀孕初期起着手为童话胎教做准备，到怀孕中期积极实施，怀孕后期时更深入地推进，孩子的感性持续性地受到良性刺激，就会变得一天比一天聪明。读童话的时间以每天持续30分钟左右为宜，要选择安静的时间，确保内心处于平静状态。如果坚持每天在固定的时间阅读童话，会使即将出生的孩子养成有规律的生活习惯。怀孕初期，最好选择绘图较多，能够激发妈妈想象力的童话书。

在内容上，宜选择充满爱、幸福、勇气和智慧的美丽故事，而不要去选择善恶极端对立或悲伤的故事。准妈妈通过阅读童话向孩子传递“这个世界值得去体验”的信息。此时胎儿无法听到妈妈的声音，因此妈妈不要刻意认为这是在为孩子念童话，就当做是为自己念童话吧!在平静的心态下，或追忆过去有趣的往事，或对未来展开美好的憧憬，不论是对孩子还是对妈妈，都将是获益匪浅的。

细节27 语言胎教：经典童话故事《萤火虫和小星星》

天上，白云边，一颗小星星在一闪一闪。地上，小河边，一群萤火虫在一亮一亮。

“喂，上来吧，我们来玩藏猫猫儿好吗？”天上的小星星把半个脸躲进白云里，向地上的萤火虫眨着眼睛。

“好啊，你等着吧！”地上的萤火虫忙起来了，提着盏小灯笼，在草丛里走来走去。“你在干什么？”天上的小星星从白云后面走出来，把眼睛睁得大大的。

“在找针线呢。”萤火虫回答说，头也不抬。

“找针线干什么？”小星星又问。

“缝航天衣。”“缝航天衣干什么？”

“咦，你不是邀请我到天上去玩儿吗？”

“那好，我帮你一起来找吧。”小星星“呼”的一下，从天上落下来，帮萤火虫找针线。

小妹妹在院子里，听到了小星星和萤火虫的谈话，出来一看，只见草丛里、瓜棚下，到处一闪一闪的。小星星呢？它和萤火虫在一起飞来飞去，怎么也认不出来。小妹妹想：天上多美啊。第二天晚上，小妹妹来到小河边，可再也看不见萤火虫了。原来，萤火虫找到了针线，缝好了航天衣，穿在身上，跟着小星星一起飞上天去了。它们在天上眨着眼睛，哪是萤火虫，哪是小星星，小妹妹看来看去分不清。

细节28 学习胎教的成功案例——斯瑟蒂克胎教法

斯瑟蒂克在《斯瑟蒂克胎教法》中写道：我有四个孩子，她们的智商都在160以上，均被列入占全美人口5%的高智商人群行列。大女儿10岁时以接近满分的成绩成为全美最年轻的大学生。四个天才儿童诞生于同一个家庭，其概率要用天文数字来表示，而我认为这一切都是进行胎教的结果。

大女儿苏珊出生后两个星期就能说单词，第三个月就能讲句子，1岁6个月的时候，就能读高中的教科书。我们从小就不把她当成什么也不懂的婴儿而对她讲那些婴儿语言，总是像对成人一样对她讲话，而她也完全能理解我们所讲的内容。5岁时，她接受了加利福尼亚SOI研究所的玛丽·米克博士主持的智力测试，智商达到170以上，阅读力、运算力、理解力、记忆力、判断力、表达力都在标准之上。此外，她在情绪方面的各种测验成绩也很优秀。

这样，苏珊一下子从幼儿园就升到了初中三年级。10岁时，她接受了大学的SAT入学资格考试，取得了接近满分690分的成绩，成为全美最年轻的大学生。14岁便获得学士学位，16岁时已是芝加哥伊利诺斯大学医学院二年级的学生了。

苏珊的三个妹妹，也都是在出生后两至三个星期开始讲话的，也具有和姐姐相似的能力。苏珊16岁时，13岁的斯蒂茜在芝加哥的曼达雷茵大学读二年级，11岁的斯蒂芬妮上高中三年级，最小的吉安娜9岁，也上初中三年级了。

四个孩子都是天才儿童这种情况，用遗传来解释是根本不可能的。以上奇迹是因为孩子在胎内时就被施加了某种因素，即进行胎教的结果。

细节29 斯瑟蒂克胎教教程：制订孕期胎教总课程

根据斯瑟蒂克养育四个孩子的经验，我们认为准妈妈和胎宝宝是“一心同体”的，准妈妈的生活如果没有规律，胎宝宝当然不会有很自然的生活节奏。因此，制订一个妊娠期胎教的总课程是非常必要的。

斯瑟蒂克夫妇把10个月的孕期分为前期和后期，从受孕到怀孕4个月为前期，从怀孕第5个月到分娩为后期。再根据不同时期的特点制订有针对性的胎教计划。一旦制订好了胎教计划，最好不要改变。这个“一成不变”是很重要的，因为这是让胎宝宝对准妈妈产生信赖的唯一方法，这种信赖关系一旦确立，胎宝宝什么时候想听故事，什么时候高兴得动弹，什么时候休息，都能通过身体感觉得到。

斯瑟蒂克以前有喝咖啡的习惯，为了避免给胎宝宝带来伤害，斯瑟蒂克家的冰箱里总是放着含原汁100%的橘子水，以代替咖啡，而且每喝一杯橘子水总要放1/4茶匙的维生素C颗粒。维生素C无论对胎宝宝的发育，还是对准妈妈的身体健康都十分有好处。

当然蔬菜是早、中、晚三餐不可缺少的。同时，因为罐装食品含有很多盐分，所以斯瑟蒂克全部改吃新鲜蔬菜，原来在蔬菜旁边总是放着一大盘丈夫约瑟夫喜欢吃的肉类，而这时他也为配合斯瑟蒂克而改吃瘦肉和用酱酒调过味的鱼。要想改变以往的习惯，若能得到亲人的协助是十分有效的。

细节30 “四二一家庭”式胎教，科学实施才有效

现在很多家庭都是“四二一家庭”，即爷爷奶奶、外公外婆四个老人，一对夫妻，一个孩子。胎教是当今社会广为接受的胎儿早期教育理念之一，胎教更是牵动着家中爷爷奶奶、外公外婆的心。那么，年轻的小夫妻与家中老人们又该如何配合呢？现在就为你提供一些适合“四二一家庭”式胎教的建议。

统一认识

年轻的夫妻容易接触很多新潮的胎教理论，而同时，“四二一式家庭”中的老人们由于对于新生事物的胎教理论并不了解，大都认为胎宝宝需要的是营养而非是“虚无飘渺”的胎教。

新老两代的思想观念差异，不可避免将造成胎教实施的认识错位。在此情况下，老人们和年轻的小夫妻都需要在胎教这一育儿理论认知上达成共识，以便更

好地实施胎教。因而，无论是老人还是年轻的小夫妻都应该调整观念，正确理解胎教的科学内涵，以确保科学胎教的有效进行。

勿多方发言

在“四二一式家庭”中，有一种常见的现象是，爷爷奶奶、外公外婆、小夫妻们都想在胎教实施过程中占据主导地位，都想让全家顺着自己的思路来实施胎教。这种多方发言的现象实为科学胎教之大忌。专家研究认为，胎教最重要的是尊重科学，多方发言只会造成多头指挥，盲目施教，从而影响胎教效果。

忌盲目尝试

“四二一家庭”中，由于小宝宝的特殊地位，爷爷奶奶、外公外婆们难免会经常利用各种渠道了解多家胎教机构，而父母们为达到更好的胎教效果而到多家胎教机构去学习和培训。如此一来，只会让正常的胎教变成漫无目的的多方实验，不仅浪费钱，亦对胎宝宝的健康成长无所帮助。爷爷奶奶、外公外婆们应在胎教培训机构的选择上统一意见，慎重选择。

多注重日常生活细节

胎教并非是准爸爸、准妈妈听听轻音乐、读读优美或有趣的文章这些简单的内容，它更是一个系统的工程，需要所有家庭成员的密切配合。

在进行胎教的过程中，温馨、和谐、快乐的家庭环境是确保胎教成效的重要因素。爷爷奶奶、外公外婆们要主动配合，为胎宝宝创造一个温馨、和谐、快乐的家庭环境。只有如此，才能确保胎教的有效进行。

10月胎教细节同步指南

第三章　孕2月胎教细节：遭遇妊娠反应，胎教不宜操之过急

如果月经没有如期而至，许多未准妈妈会意识到自己可能怀孕了。早孕的症状开始明显，但腹部还看不出什么变化。虽然胎宝宝还只有几毫米长，但许多重要器官都开始分化形成。这一阶段十分敏感，即使是最轻微的偏离计划的异常都会导致未来宝宝要承受一辈子的损害或畸形。

本月生活建议

- 一定要去医院确认怀孕，并寻找一个适合做定期检查的医院。
- 活动时留意腹中的胎宝宝，不要手提重物，行走要缓慢，切忌急速奔跑，避免剧烈运动。
- 不宜做长途旅行，以免外环境的改变和情绪的过度兴奋而影响到胎宝宝的发育。
- 妊娠反应严重时可去妇产科就诊，由医师进行治疗，切忌擅自服用止吐药物。
- 把宠物寄养在别处，以免感染弓形虫，造成胎宝宝畸形。
- 注意流产征兆，如出现不适应及时就医。
- 充分注意生活细节，避免下半身受凉。
- 有不安或疑问应请教医生。
- 注意预防流行性感冒和荨麻疹。
- 在这个阶段，夫妻最好不要行房，要尽量节制，以防流产。
- 这段时间是最容易流产的时间，应禁止剧烈的体育运动、体力劳动、旅行等。勿从事打高尔夫、日光浴、泡温泉、桑拿、针灸、按摩、搬家、搬晒厚重棉被、长途开车等活动。
- 日常生活中避免强烈噪音，保持环境安静。
- 不要因为家事或工作而长时间站立，中途需坐下休息。

本月胎教重点提示

- 勇敢面对害喜症状并设法改善。
- 注意生理卫生，身体保持清洁。
- 订立一个胎教时间表。
- 每天保证8小时以上的睡眠时间，养成午睡的好习惯。

本月情绪胎教要点

- 为了稳定情绪，减少妊娠反应，可听一些抒情的音乐。
- 制怒节哀，无忧无虑，保持健康而愉快的心情，在思想感情上确立母子同安的观念，以便在精神和饮食营养上很好地保护胎宝宝。
- 睡前坚持潜意识祈祷：感谢美好的大自然，赐给我一个善良、健康、灵秀的孩子。他有如天使般，带给我们全家无比的欢乐与幸福，他将成为我们生命的新起点！

本月运动胎教重点提示

- 去公园散步，并呼吸新鲜空气。
- 避免剧烈运动，可做一做孕妇体操。
- 抚摸腹部，感受一下胎宝宝。
- 可以做一做手脚操，缓解身体的疲劳感。

本月营养胎教贴心建议

- 如果有“晨吐”，可在每天起床时食用苏打饼干，切勿食用油炸类或刺激性食物。
- 多吃富含碳水化合物的食物，有助于消除疲劳。
- 出现呕吐时，要少食多餐，并注意均衡饮食，宜多吃高纤维、高维生素、高矿物质类食物，并摄取充足的水分。
- 可多吃黄绿色蔬菜、荞麦、大枣、菠菜、菜花、紫菜、炒南瓜子、大酱等食物，因为这些食物富含维生素B_6和维生素B_{12}，有助于缓解呕吐、头痛和失眠等症。
- 如果呕吐剧烈，甚至都无法喝水，将会导致缺水及电解质不平衡，此时需要赶快就医，严重时需住院治疗。
- 注意清洗水果和蔬菜上残留的农药，以免食用后引起胎宝宝中毒。

本月准爸爸胎教重点

- 对于妻子的怀孕，要非常重视。
- 妻子害喜症状严重时要关心妻子，让她勇敢地面对妊娠反应带来的不适，并在生活中细心照顾妻子。
- 帮助妻子进行营养调配，关心妻子饮食状况，及时为其配制可口的饭菜。
- 给妻子选择合适的胎教音乐，陪妻子去公园散步。

职场准妈妈胎教要点

- 注意因经常在外就餐造成的营养不良。
- 告诉公司同事自己怀孕的事情，维持好与同事或主管间的关系，可以请同事帮助做一些自己不能做的事情。
- 工作一小时就要站起来活动一下，多开窗通风。

本月常见不适

- 阴道少量出血。
- 下腹部疼痛。
- 严重的妊娠反应。

细节1 行为胎教：孕早期不要泡热水澡

孕妈妈在怀孕的前3个月是绝对禁止泡热水澡的，也要杜绝接触其他的高温环境，比如冬季使用电热毯等。因为高温环境可能造成胎宝宝无脑或脑神经缺陷。所以，建议孕妈妈采用其他方法替代泡热水澡，比如冲澡、泡脚等。冬季，最好利用空调或暖气来调节室内温度。

在冲澡的时候，要注意冲澡前后的温差不要过大，否则很容易刺激孕妈妈的子宫收缩，造成早产、流产等现象。尤其是夏冬两季，冬天气温低，孕妈妈不宜马上进入高温的浴室中洗澡，应及早进入浴室，慢慢适应浴室内逐渐升高的温度；夏天气温高，孕妈妈不能求凉快而洗冷水澡，洗澡的水温应适中，不宜过冷也不宜过热。

冲澡时间不能太长，以10～20分钟为宜，因为冲澡时间过长，不仅皮肤表面的角质层易被水软化，导致病毒和细菌的侵入，而且孕妈妈容易产生头昏的现象。另外，冲澡频率，应根据个人的习惯和季节而定。

孕妈妈冲澡时还要注意室内的通风，避免晕厥，最好不要锁门，以防万一晕倒、摔倒可得到及时救护。此外，建议孕妈妈把冲澡当成一种享受，可以一边听音乐，一边冲，会使孕妈妈轻松、快乐。

细节2 行为胎教：孕妈妈是胎教的主角

孕妈妈是胎教的主体。一方面，孕妈妈的身体为胎宝宝的生长发育提供了一切必要的条件，孕妈妈的身体素质和营养状况直接关系到胎宝宝的身体状况；另一方面，孕妈妈的文化修养、心理健康情况又不可避免地影响到胎宝宝幼小的心灵，对胎宝宝出生后的精神世界产生巨大的影响。

一般情况下，从发现自己怀孕的时候起，多数孕妈妈便意识到要保护和培养这一幼小生命，自然而然地开始了和小生命的“对话”，进行着亲切而又温暖的交流。

当然，由于每一位孕妈妈的家庭环境、文化素养、道德修养等方面的差异，造成了胎教的不同结局。有些孕妈妈觉得自己的文化水平不高，认为这样就教不好胎儿。其实，在胎教过程中最为关键的莫过于孕妈妈的爱心。只要你把培养孩子作为生活的中心，付出一切可能的精力和时间，倾注全部的爱心，那么你未来的孩子就一定会令人满意。

细节3 行为胎教：准爸爸是胎教好配角

既然孕妈妈是胎教的主角，那么准爸爸就是胎教中最重要的配角。在整个胎教过程中，准爸爸的位置举足轻重，在创造良好的胎教环境、调节孕妈妈的胎教情绪等方面发挥着重要作用。更为主要的是，准爸爸在与胎宝宝对话、给胎宝宝唱歌等胎教手段的实施过程中，将发挥无可比拟的作用。

准爸爸应倍加关心爱护体贴孕妈妈，主动承担家务活，保证孕妈妈有充足的休息和睡眠时间；尽量给孕妈妈创造安静、舒适、整洁的环境；切忌惹孕妈妈生气，更不要发生争吵，避免孕妈妈有不良情绪的刺激；不要吸烟，要节制性生活；经常陪伴孕妈妈散步，使孕妈妈心情欢快，情绪稳定地度过孕期。

要把父爱带给腹中的胎宝宝。胎宝宝很喜欢爸爸的声音和爸爸的爱抚。当准妈妈怀孕后，准爸爸可隔着肚皮经常轻轻抚摸胎宝宝，跟胎宝宝说话，胎宝宝对准爸爸手掌的移位动作能做出积极反应。也许是因为男性特有的低沉、宽厚、粗犷的声音更适合胎宝宝的听觉功能。这一点是孕妈妈无法取代的。

细节4 行为胎教：依据胎宝宝的生物钟进行胎教

胎宝宝的睡眠普遍要保持在18个小时以上，当胎宝宝处于熟睡状态时，无论进行多么积极的胎教，都只能事倍功半。因此，了解胎宝宝的生物钟，并按照胎宝宝的生物钟实施胎教计划，将会达到事半功倍的效果。

了解胎宝宝的生物钟

要在胎宝宝醒着的时候进行胎教，准妈妈就要了解胎宝宝的生物钟了。“生物钟”如钟表一般安排着人体的时间规律，人们会根据自己的生物钟对生活规律进行相应的调整。准妈妈也应根据胎宝宝的生物钟来进行胎教，这样才能收到更好的胎教效果。

依照生物钟制定胎教计划

胎宝宝的胎教应该充分运用人体生物钟的规律，下面的“生物钟胎教计划”可给准妈妈和准爸爸们一个参考：

7：00 体温上升，脉搏增加。准妈妈可以自我感受下身体状况。

10：00～11：00 这个时间段内人体可以最大限度地承受各种疼痛，应付不安情绪。准妈妈可以在这个时间段内做一些繁琐的家务事。

12：00人们的视力处于最佳状态。此时，准妈妈为了腹中的胎宝宝可以欣赏一些优美的绘画作品来给胎宝宝做胎教。

13：00～14：00记忆力有所减弱。准妈妈在这个时间段小睡片刻，保证每天大约30分钟左右的午休。

15：00各种功能处于最高运作阶段。如果要去妇产科检查，准妈妈可以选择这个时间段出门。

16：00人体运动细胞处于最活跃的状态。准妈妈可选择离家近的公园或其他幽静的地方进行散步。

17：00食欲最旺盛的时间。如果准妈妈想吃东西的话，可适当地吃一些点心或其他喜欢吃的食物。

20：00～23：00这个时间是听觉神经最敏感的时间，也是最佳胎教时间。准爸爸、准妈妈可以共同进行胎教。

次日1：00这个时候是准妈妈最容易感受到阵痛的时间。若准妈妈处于妊娠最后一个月，准爸爸和家人必须在这个时间段保持高度的警惕。

细节5 行为胎教：饮食起居处处皆胎教

胎宝宝在出生前就与孕妈妈之间存在着神秘的“感通”。孕妈妈的起居规律本身也是一种胎教。

饮食：饮食要规律，别挑食，保证一日三餐，营养均衡，定时定量。怀孕后，有些孕妈妈常常到了用餐时间会觉得没胃口；而另外一些胃口却出奇的好；还有的孕妈妈孕期会对一些有特别气味的食物难以接受，比如不喜欢吃芹菜、茼蒿等蔬菜。其实，孕期这种“不喜欢”，都有可能直接传递给宝宝，在宝宝出生长大以后，会逐一反映到他的日常饮食中，或饮食不规律，又或者喜欢挑食等等。

睡眠：睡眠要有规律。不知道你有没有注意到：宝宝生下来可以分为两种类型：一种是易养型，这种类型的宝宝生活极规律，早上6点半醒来，晚上10点左右睡觉，白天很少哭闹，饮食、睡眠都要按时进行。而另外一种宝宝则白天比谁都睡得多，晚上比谁都有精神，饮食也是想吃就吃。瑞典的育儿专家认为新生儿的睡眠类型是怀胎十月后由孕妈妈决定的。

心情：保持好心情，别乱发脾气。“易养型”的宝宝，对新刺激的反应温和，看到生人爱笑，容易接受新事物。他们的妈妈在怀孕时多半心态平和，日常作息正常而有规律。而那些“麻烦型”的宝宝，容易哭闹，发脾气，他们的妈妈在怀孕期可能工作环境很吵闹，又或者自己情绪起伏比较大，经常担心分娩和宝宝，处于一种焦虑的状态中。

细节6 情绪胎教：孕妈妈不要有恐惧心理

有的孕妈妈，对怀孕后会发生的一切都是陌生的，于是对将要发生的事有担心和恐惧的心理。担心孩子有缺陷，担心自己过去接触过有毒物质对胎儿产生不良影响，担心自己服过的药会影响到胎儿的发育，特别是有高血压、心脏病的孕妈妈担心怀孕会加重自身的病情，同时影响到胎儿的健康成长，高龄的孕妈妈则担心会生个畸形儿，同时又担心分娩时会难产。诸如此类的担心，常使孕妈妈处于不良的心理状态中。

由于担心、恐惧、忧虑都会使肾上腺素的分泌增加，如果长期担惊受怕，精神持续处于高度紧张之中，通过神经内分泌机制的调节，肾脏会分泌大量肾上腺素，肾上腺素堆积过多，会直接影响到胎儿的生长发育。

孕妈妈要及时消除担心和恐惧。这主要得依靠科学手段，分析症结，及时解决。有遗传病史的高龄孕妈妈要随时查看胎儿的发育情况，以便发现问题尽快处理。如果孕妈妈患有高血压、心脏病等疾病，应按时到医院就诊，随时听取医生的建议，以保证孕妈妈和胎儿的健康。对于一些不必要的担心，孕妈妈可以咨询医生，以减少自己的困惑。

细节7 环境胎教：调整好自己的工作环境

工作环境中的人际关系好坏，也会极大地影响孕妇和胎儿的身心。有人的地方就会有矛盾、有明争暗斗，孕妇如不小心已经卷入人际矛盾不可挣脱，唯一的办法是进行自我调节，把一切想开。怀孕期间万事应该抛开，切不可一点小事就耿耿于怀、气急败坏、心胸狭窄，否则对胎儿的身心会十分不利。古人认为孕妇郁火盛，孩子就会得胎毒、长痘疹、得癫痫，或变得“暴狠”、“诈戾”。工作中人际关系的好与坏，其实还是能靠自己来调节的，遇事想得开、多让一步、吃点亏不在意，就没什么大烦恼了。要努力为自己创造一个气氛舒畅的工作环境，调理好人际关系，不受琐事烦扰。

细节8 环境胎教：检查居家环境

居室环境对孕妇能否安度妊娠期是有一定影响的，其室内的布局要与孕妇的身体变化相适宜。居室中最好保持一定的温度，即20℃～22℃。温度太高，使人头昏脑胀，精神不振，昏昏欲睡，或烦躁不安。温度太低，使人身体发冷，容易感冒。空气湿度应为30%～40%。

把孕妇的日常用品、衣服、书籍放在孕妇随手可得之处，不需孕妇爬高爬低。家中的设施安置要便于孕妇从事家务劳动，如厨具、熨衣具、晾衣具等的高度要适当，以孕妇站立操作时不弯腰、不屈膝、不踮脚为宜。

适合孕妇的装饰色彩应属于绿色系列。绿色有着优秀的视觉稳定效果，对于平稳情绪具有卓越效果。尤其是淡绿色，充分融合了绿色和明黄色系的优点。可以用明亮的淡绿色来装饰客厅的地面。另外，如果家中挂有与白色相得益彰的淡绿色窗帘，便可激活房间的整体氛围，起到稳定情绪的作用。

大多数家庭常会用樟脑丸这类东西，它所含的气体分子很容易通过鼻孔、嘴巴、皮肤等进入人体内，一般情况下不会给人造成危害。但女性在怀孕后如果继续使用樟脑丸就不安全了，因为这些分子会通过胎盘屏障进入羊膜腔内，作用于胎宝宝，严重时会引起流产，导致胎宝宝死亡。所以，这里要提醒孕妈妈：千万要远离这类物品。其实，从妊娠前开始，准爸爸就应该清除家里所有的樟脑丸，并注意提醒孕妈妈少接触这些东西，避免对胎宝宝造成不良影响。

细节9 营养胎教：孕2月准妈妈的营养需求

这个月的营养保健十分重要，由于胎宝宝增重缓慢，准妈妈的饮食可比孕前略增。但由于准妈妈有妊娠反应，主要是恶心、没有食欲、空腹时想吐等，妊娠反应极大地影响了准妈妈对营养物质的消化与吸收，且由于孕早期胎宝宝发育所需的氨基酸全部由母体供给，如果摄入不足，可引起胎宝宝发育迟缓、身体过小等。所以，此时，准妈妈要应对好早孕反应，坚持进食，但不可滥补营养剂。能吃的时候就吃，能吃多少就吃多少，不想吃的时候也选择适口的东西尽量吃一些。每次不可吃得太饱，可少吃多餐；这个时候不必介意是否营养平衡，只要多吃些就好。

经过一个月的蛋白质摄入，此时准妈妈体内的蛋白质已经有了一定的储存。不喜欢吃动物性蛋白质的准妈妈，不妨选择豆制品、干果、花生酱等食物替代，换换口味。由于准妈妈出现的早孕反应会影响饮食的摄入，应多吃些苹果、石榴、红豆、禽蛋等具有健脾开胃的食物。有偏食习惯的准妈妈不要过于偏食，也不要被早孕反应吓倒而过于关注它。

细节10 营养胎教：孕2月要预防营养不足

怀孕2个月是胎宝宝器官形成的关键时期，胎宝宝最原始的大脑已经建立，为确保营养胎教的实施，孕妈妈应注意摄入含有适量的蛋白质、脂肪、钙、铁、锌、磷、维生素（A、B、C、D、E）和叶酸（预防神经管畸形）等的食物，满足胎宝宝的营养需求，也是确保胎宝宝正常生长发育的必备条件。

这个时期营养供给不足，容易使孕妈妈发生流产、死胎或胎宝宝畸形。这时，孕妈妈还应注意主食及动物脂肪不宜摄入过多，因为摄入过多的脂肪会产生巨大儿，造成分娩困难。

在平时，要多吃含蛋白质的食物，多吃蔬菜、水果、海产品、谷物，多喝牛奶等。良好充足的营养，可以促进胎宝宝的大脑发育，是积极开展胎教的物质基础。只有丰富、均衡、恰当的营养，才能适应孕妈妈在怀孕期间各个阶段生理上的变化，也才能使母子健康。

细节11 营养胎教：准妈妈多吃西兰花好处多

孕早期，准妈妈每周宜吃3次西兰花，每次吃200毫克，对胎宝宝的心脏可以起到很好的保护作用。

西兰花之所以具有这样的功效，是因为其中含有一种叫做异硫氰酸酯的物质，这种物质具有稳定准妈妈的血压、缓解焦虑情绪的作用。

西兰花中的维生素C含量几乎是西红柿的4倍，对于增强准妈妈的免疫力，保证胎宝宝不受病菌感染，促进铁质的吸收等功不可没。因此，孕早期的准妈妈宜常吃西兰花。

细节12 营养胎教：苦味蔬菜对母子均有益

有一些蔬菜对健康非常有益，例如：芹菜和苦瓜等，但是它们特殊的苦涩味道往往令不少宝宝十分抗拒。其实宝宝天生就不喜欢苦味的食物，原因可以追溯到人类漫长的进化过程。苦味通常由植物毒素里面所含的生物碱造成，这些毒素是植物为了防止自己被吃掉而分泌出来的。在进化过程中，人类渐渐对这种苦涩的味道产生本能的抗拒，因此宝宝天生会抗拒这种苦味。

但是这些苦味的蔬菜对于宝宝的身体健康的确很有益处，与其在后天的教育中，告诉宝宝应多吃这些食物，还不如让他在胎宝宝时期就喜欢上这些食物。孕妈妈在怀孕期要对胎宝宝进行营养胎教，刻意多吃这些水果蔬菜，将会使胎宝宝在妈妈肚子里就开始适应这些蔬菜的味道。能帮助宝宝培养出对这些食物口味的终生喜好。

羊水和母乳能够传递孕妈妈所吃的食品的味道。如果孕妈妈定期吃特定的食物，胎宝宝慢慢就会习惯和爱上这些食物。

细节13 营养胎教：孕2月饮食禁忌

1.不宜食用油腻、油炸、辛辣等不易消化和刺激性强的食物，以防止因消化不良或便秘而造成先兆流产。

2.进食时，最好将固体食物与液体食物分开食用，正餐完毕后隔一段时间再喝水或喝汤。

3.白天尽量不要空腹。空腹时心情往往不好，容易恶心、呕吐，所以要常备一些点心。

4.呕吐易使体内液体流失而疲倦，所以需要及时补充水分。呕吐严重的孕妈妈，要及时去医院就诊，通过输液补充营养。

如果你希望日后少为宝宝的饮食问题操心，建议你从现在开始就培养良好的饮食习惯。要三餐定时、定量，以未加工食物为主，做到营养均衡。

细节14 音乐胎教：让音乐为你带来好心境

在这个月，孕妈妈最好听一些轻松愉快、诙谐有趣、优美动听的音乐。力求将孕妈妈的忧郁和疲乏消除在音乐之中。

胎宝宝喜欢听与子宫内胎音合拍的音乐，如优美的西欧古典音乐。莫扎特的音乐就是个不错的选择。在他的乐曲中，蕴藏着和人类生命节律相通的部分，那是一种犹如河水潺潺流动样的周期波声音，与大脑中的阿尔发波和心跳波动的图形相似，很容易被胎宝宝和孕妈妈接受。

听音乐时，孕妈妈要全身放松，半躺或半卧在一个舒适的地方或摇椅上，忘却眼前的事情，静静地随着音乐放松心灵；最好本月每天听的乐曲固定，音量以60分贝为宜，每天听2次，每次进行10~20分钟。

胎教小百科：胎教音乐的分类

胎教音乐可分为孕妇音乐和胎儿音乐两类。

孕妇音乐是供孕妇欣赏的，应以宁静为原则。孕妇通过欣赏音乐，可以调节情绪，产生宁静、舒适的感觉，使胎儿很快安静下来。同时，声波还可直接通过母亲腹壁传导给胎儿的听觉系统，促进胎儿的智力发育。

胎儿音乐轻松活泼，可以激发胎儿对声波的良好反应。适合于胎儿听的胎教音乐主要有《我将来到人间》、《秋夜》等。胎儿喜欢听与子宫内胎音合拍的音乐，如优美的西欧古典音乐等，不喜欢听尖、细、高调的音乐。

细节15 音乐胎教：孕妇音乐推荐

特点	曲名
催眠	二胡曲《二泉映月》 舒伯特的《摇篮曲》、《圣母玛利亚》、《田野的蔷薇》 贝多芬的《致爱丽丝》、《月光小夜曲》 勃拉姆斯的《摇篮曲》
镇静	管弦乐《春江花月夜》、琴曲《平沙落雁》

特点	曲名
舒心	民乐《江南好》、《春风得意》、贝多芬《钢琴音乐》《喜洋洋》
解除忧郁	《春天来了》
消除疲劳	《假日的海滩》、《锦上添花》
振奋精神	《娱乐升平》、柴可夫斯基的《小行板》舒伯特的《牧羊人合唱》
促进食欲	《花好月圆》、《欢乐舞曲》、肖邦的《即兴幻想曲》

细节16 音乐胎教：胎儿音乐推荐

作者	曲名	音乐类型
巴赫	钢琴曲《b小调弥撒曲》	音色优美悦耳、节奏平和柔缓、令人想象无边的乐曲
舒伯特	小提琴曲《小夜曲》	旋律轻盈明快，酣畅安详，可使心绪稳定的乐曲
勃拉姆斯	钢琴曲《摇篮曲》	主题充满温和安详的情绪，表现了母爱真挚的情感
贝多芬	钢琴奏鸣曲《月光》第一乐章、宫殿独奏曲	奏鸣曲形式幻想性的、即兴的、柔和的抒情曲
维瓦尔第	大提琴协奏曲《四季》中的《春》	旋律柔美活泼、明朗清新，有助于消除疲惫的乐曲
门德尔松	管弦乐序曲《仲夏夜之梦》	旋律轻柔安详，引人进入梦境的乐曲

作者	曲名	音乐类型
大岛清·巴哈	夏康舞曲	适合思考的背景音乐
舒曼	《儿时情景》	从成年人回忆童年情景的角度，深入儿童心灵。乐曲形象幽默、神态逼真而富有情趣
德彪西	《月光曲》	委婉的旋律，缓缓起伏，流动的琶琶音，如同月光荡漾，流畅而舒展
德彪西	交响诗《大海》	整部乐曲充满强烈的色彩感、线条感、形状感和动感
韩德尔	快乐的铁匠	提高记忆力的背景音乐
柴可夫斯基	弦乐四重奏第二章《如歌的行板》	乐曲主题来自小亚细亚淳朴优美而又婉转凄恻的民谣曲调，感人至深
海顿	小喇叭协奏曲、交响曲第100号《军队》	消除压力的背景音乐
普罗高菲夫	组曲《彼得与狼》	作曲家运用乐器来刻画人物和动物的性格、动作和神情，音乐技巧成熟，形式新颖活泼，旋律通俗易懂
西贝柳斯	芬兰颂	
法雅	芭蕾组曲《三角帽子》	是第一部包含真正西班牙民间舞蹈的芭蕾舞剧，曲调浪漫、热烈
莫扎特	交响曲第41号《丘比特》第四乐章	令人充满信心的背景音乐

细节17 音乐胎教：胎儿音乐的运作和实施

项目	要求	说明
实施时间	从怀孕第5个月开始	
实施方式	1.音响直接播放，孕妇应距离音箱1.5～2米 2.直接将胎教传声器放在孕妇的腹壁与胎头相应的部位 3.用小单放机放在距孕妇腹壁旁2厘米处播放	不可离音箱太近
播放音量	1.音响直接播放时，音响的强度可在55～65分贝 2.用胎教传声器时，音量的大小可根据成人隔着手掌听到的传声器中的音响强度，就相当于胎儿在腹内听到的音响强度 3.小单放机的音响强度可在50分贝左右	腹壁厚的孕妇音量可以稍大一些 腹部薄的孕妇音量应适当小一些
播放次数	每天2次，每次10～20分钟	播放音乐时要求孕妇感觉有胎动，推测胎儿处在“清醒”的状态时进行
播放时间	一般固定在晚上临睡前较好	每天听的乐曲最好相对固定，每段乐曲重复播放10天左右
姿势要求	听音乐时孕妈妈要全身放松，半坐半卧在摇椅上或一个舒适的地方，把手放在腹部注意胎宝宝的活动	欣赏音乐时可以加入自己的感情色彩。诗情画意，浮想联翩，在脑海中形成各种生动感人的具体形象
曲目要求	轻松活泼，节奏感较强	怀孕8个月后重复播放一首固定的乐曲，可为出生后的孩子培养对音乐的爱好，并为开发孩子的想象力打下基础

细节18 音乐胎教：静心聆听《爱之梦》

李斯特的《爱之梦》为三部曲式，甜美的旋律贯穿始终。先是配合分解和弦的间奏，显得深沉、委婉，带有梦幻般的意境；中段流动的琶琶音衬托热情而激动的音调，像是爱的表白，再现段主题旋律高八度，感情流露更为真切；最后，乐曲在宁静、幸福的气氛中结束。优美的和弦烘托出浪漫的气氛，和谐的旋律巧妙地隐藏于和弦之中，给人梦幻般的感觉。乐曲用钢琴演奏，那平缓而婉转的音调把难以用语言表达的情感展现在人们面前，这就是音乐胜过语言的地方。

研究证实，胎宝宝不仅喜欢妈妈的声音，也很喜欢准爸爸的声音。因此，准爸爸也要积极地参与到胎教中来。有时间的话，最好和孕妈妈一起跟胎宝宝说说话或者给宝宝唱首歌。当然最好是准爸爸独自为胎宝宝唱一曲。在这样的氛围中，可以使胎宝宝与未见面的父母有了感情沟通，从而缩短心灵的距离，使彼此之间的关系更和谐、更融洽。

细节19 音乐胎教：感受巴洛克音乐

有研究显示，胎宝宝可以听到低频的声音，而巴洛克的音乐属于低频的频率，很适合胎宝宝的聆听，而且这个时期听也有利于孕妈妈保持好心情。

“巴洛克”作为一种独特的艺术风格，是由于它在艺术精神和手法上与文艺复兴时期有着明显的区别。和巴洛克美术一样，巴洛克音乐也起源于意大利。和文艺复兴时期的音乐相比，巴洛克音乐节奏强烈、跳跃，采用多旋律、复音音乐的复调法，比较强调起伏，所以很看重力度、速度的变化。

孕妈妈可有意识地多听巴洛克音乐，也许会对胎宝宝的音乐天赋有所帮助。

巴洛克音乐曲目浏览

音乐家	作品
贝多芬	《钢琴和管弦乐队降B大调第5号协奏曲》
韦瓦弟	《长笛与室内交响乐协奏曲》5首

音乐家	作品
莫扎特	《D大调交响乐“海夫纳”》、《D大调交响乐“普拉格”》、《A大调交响乐第79号》、《小提琴和管弦乐队A大调第5号协奏曲》、《G小调交响曲第40号》
亨德尔	《降B大调风琴和管弦乐队》作品第7号第6首
海顿	《G大调小提琴和管弦乐队协奏曲》第1号、第2号、《G大调交响乐101号》、《G大调交响乐第94号》
巴赫	《G大调教义赞美诗序曲》、《G大调风琴幻想曲》、《C小调幻想曲》
科莱里	《大协奏曲》作品第6号4首、10首、11首、12首
勃拉姆斯	《小提琴和管弦乐队D大调协奏曲》77号
拉莫	为古钢琴所作《古钢琴作品》第1号、第5号

专家提示

电视音乐不是胎教音乐

有些孕妈妈认为看电视听电视里的音乐也是一种胎教，其实电视里播放的歌曲和专业的胎教音乐是有很大的区别的，而且孕妇也不宜多看电视。以下是孕妈妈看电视的注意事项：

1.不要长时间看电视。连续看电视超过2小时，每1小时应起来活动5～10分钟。长时间不活动会加重下肢水肿。连续看电视引起用眼过度，会感到头痛眼胀、乏力疲惫。应在室内开一盏3～8W的小灯，以减轻眼睛疲劳。

2.不要饭后立即看电视。饭后看电视会造成供给胃肠的血液减少，影响消化吸收。

3.不要看惊险恐怖的节目。看惊险恐怖的节目会使孕妈妈心跳加快，神经系统处于高度紧张状态，容易导致胎宝宝唇裂等危险。看电视时应观看一些情节舒缓、内容轻松的节目。

细节20 美育胎教：欣赏电影《小鬼当家》

许多孕妈妈会觉得怀孕时枯燥乏味、缺乏乐趣，为你推荐一部著名影片《小鬼当家》。本片是导演克里斯·哥伦布1990年推出的假日强档影片。它不仅为广大电影爱好者带来了无限快乐，也使此片成了美国电影史上总票房排名第九的影片，是美国有史以来拍得最好的喜剧片之一。

影片讲述的是：8岁的凯文一夜之间成为一家之主，原因是举家度圣诞节时匆忙之中将他留在了家中。凯文对这一突发事件非常惬意，他把家里变成了他理想中的乐园。两个刚刚越狱出来的窃贼，想利用圣诞无人之际入室盗窃，而8岁的小凯文，竟然用自己的聪明才智，与两人周旋，“好好”招待了这两位不速之客。结果，二位盗贼在此被警察抓捕归案。

细节21 美育胎教：年画欣赏《莲生贵子》、《年年有余》

“莲生贵子”即“连生贵子”。画面中一个男宝宝光头梳一顶辫，坐地，双手抱笙，吹奏乐曲，身略斜，似随乐曲旋律，身不由己而晃动。脚边有荷花怒绽，旁边有莲蓬两个，寓意多子有福，这是娃娃画中最佳最妙之一幅。“莲”与“连”同音。旧时人们认为生了孩子是有了后代，有养儿防老之说，添人口也称添丁，大富也。

年画是中国农村老百姓喜闻乐见的艺术形式，大都用于新年时张贴，含有祝福新年、吉祥喜庆之意，故名“年画”。中国年画中最常见的就是“年年有余”，鲤鱼活蹦乱跳、胖娃娃嬉笑玩闹给人们一种热闹欢庆的感觉，“鱼”和“余”字是谐音，表示丰盛、富足的意思，反映了人们希望年年丰收、生活富裕的美好愿望与美好憧憬。

细节22 美育胎教：欣赏丰子恺《闲庭春画》

对孕妈妈而言，多看一些以儿童为题材的画，对孕育非常有益。它不仅可令孕妈妈的母爱大增，改善孕期的不良情绪，还可以提高孕妈妈的欣赏能力，并将这种审美能力通过信息的方式传递给腹中的胎宝宝，让胎宝宝在腹中接受美育教育。所以，今天我们就和孕妈妈一起来欣赏丰子恺的著名儿童画《闲庭春画》。

丰子恺是我国现代著名画家、文学家、美术和音乐教育家，是一位在多方面有卓有成就的文艺大师。他擅长以儿童为题材，以简约的方式表达实际生活，在《闲庭春画》中，作者以清晰的笔调绘制出了一幅童趣十足的场景，画中3个可爱的小孩子正在一棵大树下嬉戏。其中一个小孩子正趴在水缸旁边欣赏玩具帆船，画家着重刻画了小孩子的面部表情，她正充满好奇地看着帆船，似乎在畅想帆船在大海中航行时的场景，又似乎在畅想自己坐在帆船上航游时的快乐，给人留下了无限遐想；另外一个小孩子，手里牵着小飞机的线，可小飞机竟然落到了树枝上，作者并没有画出小孩子的面部表情，这给人们留下了无限的想象空间；画中还有一个小孩子手拉着小车，但目光却定焦在悬在树上的小飞机上，这充分体现了孩子的好奇心。

细节23 美育胎教：欣赏电影《当幸福来敲门》

美国电影《当幸福来敲门》（The Pursuit of Happiness）改编自美国著名黑人投资专家克里斯·加德纳的同名自传，这是一个典型的美国式励志故事。作为一名单身父亲，加德纳一度面临连自己的温饱也无法解决的困境。在最困难的时期，他只能将自己仅有的财产背在背上，一手提着尿布，一手推着婴儿车，与儿子一起前往无家可归者收容所。实在无处容身时，父子俩只能到公园、地铁卫生间这样的地方过夜。

为了养活儿子，穷困潦倒、无家可归的他从最底层的推销员做起，最后成为全美知名的金融投资家。回忆起自己的这段过去，克里斯·加德纳表示："在我二十几岁的时候，我经历了人们可以想象到的各种艰难、黑暗、恐惧的时刻，不过我从来没有放弃过。这本自传还有一层深意，那就是即使在最最艰难的时刻，父亲与儿子也是不可分离的。"

细节24 美育胎教：准妈妈读书时间《爱的教育》

《爱的教育》以一个意大利小学生记日记的形式，记录了发生在他小学四年级期间的一个个小故事。这本书里，洋溢着父母子女间的亲情、老师学生间的深情、同学朋友间的友谊、小小少年的爱国之心。

《爱的教育》由三部分组成：一部分是主人公恩里科的日记；一部分是主人公的爸爸、妈妈、姐姐写给主人公的信；还有一部分是老师交给学生抄写的"每月故事"。后两部分交叉在前一部分当中。

日记部分记述了主人公在学校、家庭和社会上的所见所闻，时间从头一年10月开学到次年7月放假，共10个月。日记刻画了学校的男女老师、同学以及同学的家长。他们属于不同的社会阶层，具有不同的性格。几位同学的性格具有象征意义，如班里学习最好的德罗西象征善良，加罗内象征慷慨，斯塔尔迪象征执著，沃蒂尼象征嫉妒，诺比斯象征傲慢。父亲、母亲和姐姐写给主人公的"信"，都是直接的道德说教，有劝导，也有责备，但都娓娓道来，动之以情。"每月故事"这部分，是书中最具有文学性的部分，以故事的形式传达作者的理想道德。每篇故事的主人公都是孩子，分别来自意大利不同的地区，以自己的行为表现出热爱祖国、热爱家庭、自我牺牲等优良品质。

细节25 运动胎教：适当运动能减轻妊娠反应

运动与健康的关系，已为人们所公认。孕妈妈也不例外，尽管随着怀孕期的进展，生理上有了很大变化，但适当的运动和工作仍不可少。例如：坚持做孕妈妈体操，经常外出散步等。孕期适当进行健身活动，对孕妈妈和胎宝宝双方都有好处。

我们知道，适当运动能加速身体新陈代谢，促进血液循环，增强神经和内分泌等系统的功能。适当运动能促进食物的消化和吸收，从而增进食欲，提高身体的抗病能力，有利于胎宝宝正常生长。

怀孕早期所出现的呕吐等妊娠反应，往往与精神因素有关，如果总想着要呕吐，呕吐就真的会加剧。因此，在身体许可前提下，照常工作，做些轻便的家务活，另外，要经常做适量运动，它能使紧张的心理状态松弛，呕吐就会减轻。

在孕早期，孕妈妈锻炼身体要注意运动量，以轻微的活动为宜，避免劳累。因为这时胚胎在子宫里还没有牢固地“扎下营盘”，运动失当可能会导致流产。

细节26 运动胎教：散步是孕早期最适宜的活动

散步是孕早期最适宜孕妈妈的活动。散步不仅可以帮助孕妈妈呼吸到室外的新鲜空气，调节自己的情绪，还可以提高孕妈妈的神经系统和心、肺功能，促进全身血液循环，增强新陈代谢和肌肉活动。

散步地点：散步最好选择在绿树成荫，花草茂盛的地方进行。这些地方空气清新，氧气浓度高，尘土和噪音都比较少。在这样的公园里散步，孕妈妈置身在宁静的环境里是增强孕妈妈和胎宝宝健康的有效运动方式，无疑对母、子的身心都起到极好的调节作用。

散步时间：早上一般选择日出之后，因为日出前空气中的有害物质较多，晚上一般选择7点以后，此时路上车辆相对较少。

如果孕妈妈怀孕前就不喜欢运动，那么大可不必在当了孕妈妈后勉强自己参加过多的运动，散步是个不错的选择。在选择散步地点时，切记不可为了图方便，胡乱找个地方走走，这样不仅起不到锻炼身体的目的，相反还会对身体有害。

细节27 运动胎教：办公室的运动体操

孕妇体操运动项目是多种多样的，适合怀孕第2个月的体操主要有坐的练习、足尖运动、踝关节运动，这些动作在办公室做就可以。

坐的练习：在孕期尽量坐在有靠背的椅子上，这样可以减轻上半身对盆腔的压力。坐之前，把两脚并拢，把左脚向后挪一点，然后轻轻地坐在椅垫的中部。坐稳后，再向后挪动臀部把后背靠在椅子上，深呼吸，使脊背伸展放松。这虽然不能算作一节操，但在孕早期应练习学会“坐”。

踝关节运动：孕妈妈端坐在椅子上，一条腿搁在另一条腿上，下面的脚平踏地面，上面腿的足尖伸直，踝关节以上不动，缓缓上下活动踝关节数次，然后将足背向下伸直，使膝盖、踝关节和足背成一直线。两腿交替做上述动作。

足尖运动：孕妈妈端坐在椅子上，两足平踏于地，尽力上翘两足尖，翘起后再放下，反复多次，注意足尖上翘时，脚掌不要离开地面。

孕妈妈做孕妇体操运动，除有利于解除疲劳、增强肌力外，也可使胎宝宝的身心得到良好的发育。孕妇体操在国外已经成为孕妈妈必修课，而目前在我国还是新项目。

细节28 运动胎教：练习孕早期手脚操

孕早期，由于胎宝宝尚未稳定，孕妈妈运动时要特别注意，幅度不宜过大，频率不宜过高，除了前面为孕妈妈推荐的运动方法，孕妈妈还可以适当做些手操与脚操，以缓解手、脚的不适。

1.孕妈妈手操

运动功效：疏通手部经络，促进血液循环。

操作步骤：

- 双手向前伸出，任意晃动10次。
- 接着握拳、张开，进行10次。

注意事项：孕妈妈可以站着做，也可以坐在椅子上或健身球上做。

2.做一做脚操

运动功效：促进脚部血液循环，预防静脉曲张及下肢水肿。

操作步骤：

- 孕妈妈仰身躺下，让两脚跟着地。
- 两脚脚尖向内弯两脚脚心相向。
- 两脚脚尖向外侧打开。

注意事项：在做脚操之前最好用温水泡一下脚，以加快脚部的血液循环。

细节29 运动胎教：全身放松一下

1.锻炼骨盆底部肌肉

运动功效：松弛腰关节，锻炼骨盆底部肌肉。

练习步骤：孕妈妈站立在桌子旁边，双脚分开与肩同宽，双手向下用力支撑在桌面上，背部轻轻弯曲，用力收紧肛门肌肉，保持该动作10秒，然后放松，反复练习10次。

注意事项：练习该项运动时动作不宜太大。

2.背部放松

运动功效：伸展背部肌肉，缓解背部僵硬。

练习步骤：孕妈妈坐在地板上，双腿弯曲，双脚掌贴地，双手置于胸前，十指交叉，然后向前缓缓伸出；上身微微前倾，头部下垂至双臂之间，保持10秒，反复练习5次。

注意事项：注意保持身体平衡，避免身体后仰造成伤害。

3.全身抖动

运动功效：疏通全身经络，增加血液的含氧量，减少胎宝宝发生宫内缺氧的概率。

练习步骤：晚上上床后或清晨起床前可抖动四肢，一边抖动一边数1、2、3、4，如果觉得困难的话，可以在心里默数。坚持练习1分钟。

注意事项：数数时注意保持呼吸顺畅，避免屏气。

专家提示

"孕"动可以增加顺产的概率

孕期中保持科学合理的运动量，对孕妈妈和胎宝宝来说都很重要。多方面的研究证明，适当的运动不仅不会造成流产，长期坚持下去，对于顺利分娩非常有利。专家指出，孕妈妈每天最少也要运动10~20分钟。

细节30 语言胎教：怀孕初期的童话胎教

这一时期，腹中胎儿依然无法听到妈妈的声音，而对于爸爸妈妈来说，这是真切感受到一个新生命降临到自己的面前，继而逐渐接受这一事实的时期。从此时起，夫妇二人就应该制订出怀孕期间的生活计划，着手写孕期日记，并开始实施童话胎教。

读童话的时间以每天30分钟左右为宜，要选择安静的时间，确保内心处于平静状态。如果每天在固定的时间段阅读童话，会使即将出生的宝宝养成有规律的生活习惯。

细节31 语言胎教：给胎宝宝讲《龟兔赛跑》

这个月可以给腹中的胎宝宝讲一讲《龟兔赛跑》的故事，故事里小白兔和小乌龟活泼可爱的形象，与童趣十足的对话，一定会让胎宝宝感到有趣极了。这里提醒孕妈妈，不要只将故事的表面内容讲给胎宝宝听，要透过现象看本质，将故事中小白兔和小乌龟各自的性格分析一下，告诉胎宝宝一些做人的道理，这对胎宝宝性格的培养与长大后的为人处世都有着非常好的教育意义。

从前，乌龟与兔子之间发生了争论，它们都说自己跑得比对方快。于是它们决定通过比赛来一决雌雄。确定了路线之后它们就开始跑了起来。

兔子一个箭步冲到了前面，并且一路领先。看到乌龟被远远抛在了后面，兔子觉得，自己应该先在树下休息一会儿，然后再继续比赛。

于是，它在树下坐了下来，并且很快睡着了。乌龟慢慢地超过了它，并且完成了整个赛程，无可争辩地当上了冠军。兔子醒了过来，发现自己输了。

兔子因为输掉了比赛而感到失望，它做了一些失利原因的分析。兔子发现，自己失败只是因为过于自信而导致粗心大意、疏于防范。如果它不那么自以为是，乌龟根本没有获胜的可能。于是兔子向乌龟提出挑战：再比一次。

乌龟同意了。于是在这一次比赛中，兔子全力以赴，毫不停歇地从起点跑到了终点。它把乌龟甩在几公里之后。

细节32 语言胎教：为胎宝宝朗诵《家》

这是泰戈尔诗集《新月集》中的一首小诗，这个“孩子的天使”怀着初探世界的神秘和期待，以纯粹的儿童眼光，为我们串起了一个更为浪漫、理想的诗之世界。大声朗读出来，宝宝会与你一同高唱的。

家

我独自在田野间的小路上走着，
夕阳像吝啬的财主，正收藏起它最后一点金黄。
日光渐渐地沉入深深的黑暗之中，
那收割后的田地孤寂沉默地躺着。
突然，一个男孩尖锐的声音划破了天际，
穿越了黑暗，留下他的歌声在静谧的黄昏里回荡。
他的家就在荒地边缘的村落里，
穿过甘蔗园，隐约在香蕉和直直的槟榔树，
以及椰子树和什绿色榴莲的浓荫里。
星光下我在独自行走的途中停留片刻，
看着在我面前展开的幽暗大地，
正用双臂拥抱着无数的家庭，
那里有摇篮和床铺，有妈妈们的心和夜晚的灯光，
还有那年幼的生命自然而愉悦，
全然不知这样的欢愉对于世界的价值。

专家提示

泰戈尔，印度诗人、哲学家和印度民族主义者，1913年他获得诺贝尔文学奖，是第一位获得诺贝尔文学奖的亚洲人。在他的诗中含有深刻的宗教和哲学的见解。对泰戈尔来说，他的诗是他奉献给神的礼物，而他本人是神的求婚者。他的诗在印度享有史诗的地位，代表作有《吉檀迦利》、《飞鸟集》等。

细节33 语言胎教：准妈妈必会的儿歌

数字歌

一二三，爬大山，
四五六，翻筋斗，
七八九，拍皮球，
伸出两只手，十个手指头。

小青蛙

小青蛙，呱呱呱，
哭着哭着找妈妈。
燕子哄，蜻蜓劝，
一起说着悄悄话：
你的妈，我的妈，
田间捉虫护庄稼，
我们一起玩，长大学妈妈。

小老鼠上灯台

小老鼠，上灯台，
偷油吃，下不来，
叫妈妈，妈不在，
叽里咕噜滚下来。

猫咪的胡子

我笑猫咪不像话，
生来就想当爸爸。
猫咪趴到我耳边，
跟我说句悄悄话。
没有胡子像娃娃，
老鼠见了不害怕！

细节34 语言胎教：经典胎教故事《不怕冷的大衣》

屋外刮起了大风，小白兔躲在被窝里睡懒觉。兔妈妈叫小白兔起床，小白兔怎么也不肯起来。兔妈妈想了想就自言自语起来："天真冷，要穿上姥姥家那件不怕冷的大衣，那就太好了，冻不着，还冒汗呢。"小白兔听了觉得奇怪，就从被窝里伸出小脑袋："真的呀？姥姥家真有这么件不怕冷的大衣，您穿过吗？"

"没有，没有，姥姥说不怕冷的大衣是给她的小外孙做的。"

"姥姥的小外孙就是我呀，是给我做的，是给我做的，妈妈，妈妈，你快到姥姥家去，把大衣拿回来。"

"那可不行，姥姥说过的，不怕冷的大衣呀，谁来拿都不给，只有小外孙来才能给呢！"

小白兔一蹦就从被窝里蹦出来了，“稀里哗啦”穿上小棉袄，套上小棉裤，围上小围巾，戴上小绒帽，就要往姥姥家去。

“不行，不行，你去怎么成呢？外面风那么大，你不怕冻坏吗？”

“不要紧，姥姥给了我不怕冷的大衣，我就冻不坏了。”

小白兔说完就往外跑，风刮在脸上就像刀子割似的，那么疼。为了早一点拿到大衣，它也不管了。跑啊，跑啊，怎么脖子热烘烘的，它就把围巾拿下来。再跑啊，跑啊，又怎么了，头顶上热乎乎的，它把帽子拿下来了。跑啊，跑啊，跑到姥姥家，额头上都冒汗了。

兔姥姥看见小白兔，心里可高兴了，捡了一个挺大的胡萝卜给它吃。

“我不要吃萝卜，我要穿大衣，不怕冷的大衣。”

“嗯？哈哈，哪有什么不怕冷的大衣呀！”

“妈妈说的，您给我做了一件不怕冷的大衣呀！穿上它冻不着，还冒汗呢！”

“哈哈，小乖乖，你看你的头上汗渍渍的，不怕冷的大衣呀，不就穿在你的身上吗？”

“啊，哈哈哈哈。”小白兔想了想，明白了。小朋友，不怕冷的大衣是什么，你们明白了吗？

细节35 联想胎教：构想胎宝宝的形象

孕妈妈与胎宝宝具有心理与生理上的相通性。同时孕妈妈在为胎宝宝形象的构想中，会使情绪达到最佳的状态，而促进体内具有美容作用的激素增多，使胎宝宝面部器官的结构组合及皮肤的发育良好，从而塑造出自己理想中的胎宝宝。

怀孕期如果经常设想宝宝的形象，在某种程度上来说，这种形象相似于将要出生的宝宝。孕妈妈可以在自己家墙壁上悬挂一些自己喜欢的漂亮的婴幼儿

专家提示

孕妈妈在妊娠期间的所想所闻，乃至梦中的感觉，都可以转变为内环境的变化信息，在不知不觉中传给胎宝宝。而恶劣的情绪必然会给胎宝宝带来不良影响。只有情绪稳定的孕妈妈，才有可能生育一个聪明而又漂亮的小宝宝。

照片，天天看上几回，必然会心情舒畅，进而使胎宝宝受到良好刺激。

孕妈妈可以把自己的想象通过语言、动作等方式传达给腹中的胎宝宝，告诉他，他长得什么样，性格怎么样等等。并且要坚持下去，还可以和准爸爸一起描绘自己所希望的宝宝的模样，这样可以保持愉快的心情，通过体内的化学变化影响胎宝宝。

细节36 斯瑟蒂克胎教教程：关注孕期生活规律

有一项研究认为，在胎宝宝出生前几个月，母子的生活节奏和反应都是相互吻合的。一项报告记录了这样一个调查结果：将早睡早起的准妈妈和晚睡晚起准妈妈分成两组，观察出生后孩子的睡眠情况，结果发现，早睡早起的准妈妈生的孩子也同样早睡早起。这不但证明了孩子出生前母子的纽带关系已经形成，而且还告诉我们这种关系对孩子出生后仍有影响。

应该注意的是，生活规律是不能强制的。当斯瑟蒂克心情焦躁，感到不愉快或生气的时候，即使到了规定的时间，也不硬性坚持对孩子进行胎教。每当这个时候，她就耐心地等待着，一直等到自己的心情恢复得如同黎明前的湖面一样平静。在此之前，她会到院子里摘花、放自己喜欢听的唱片或是给知心朋友打电话等，来冲淡心中不快。

为了沟通母子间的心灵，使母子尽情地在美好的世界里畅游，需要一个安静和令人舒畅的环境。斯瑟蒂克把家中为将来孩子准备的房间收拾布置起来，以作为向胎宝宝进行胎教的场所。一般孩子的房间通常从窗帘、墙壁到桌子、地板都采用鲜艳、活泼、热闹的装饰，而斯瑟蒂克则认为，理想的孩子房间应是朴素和平静的浅色调，可能的话，最好是自然色，因为这样做能使人的注意力不至于分散，有利于胎教的顺利进行。

晚饭后1～1.5小时，父亲约瑟夫盘腿坐在她面前的地毯上和胎宝宝对话，由于讲话的对象是妈妈和胎宝宝两个人，所以不能离得很远，最好在50厘米左右的距离。对话时，一下子发出很大的声音是不行的，这样会使胎宝宝受到惊吓，所以应以平静的、亲切的、柔和的语调开始，随着对话内容的展开再逐渐提高，尽量使胎宝宝对声音产生安全和信赖感。

10月胎教细节同步指南

第四章　孕3月胎教细节：保持自信和乐观情绪

本月生活建议

- 到妇幼保健站领取母子健康手册，并随身携带健康手册。
- 阴道出血或分泌物不正常时应尽快去医院检查。
- 通过超声波检查确认预产期。
- 不要穿紧身裤，可选择较宽松、透气的衣服，或将已有的衣服修改为较宽松的样式，还可以尝试着穿一下老公的衣服。
- 选择穿低跟及防滑的鞋子，以避免滑倒。
- 怀孕3个月以内是胎宝宝对致畸因素十分敏感的时期，这时在精神、饮食、工作、生活等各方面均应特别谨慎，尽力避免不良因素影响准妈妈和胎宝宝。
- 不宜拿过重的东西，也不要长时间站立。
- 避免攀高取重物或提担过重、过大的物品。
- 禁止性生活。

本月胎教重点提示

- 通过感觉的刺激，发展胎宝宝的视觉。
- 发展宝宝的听觉，以培养其对事物反应的敏感性。
- 发展胎宝宝的动作，以使其出生后的动作协调、反应敏捷、心灵手巧。
- 这一时期胎儿的听力开始发育，应当尽量让孩子多听到妈妈的笑声。

本月情绪胎教要点

- 这个时期准妈妈情绪暴躁、易怒、容易激动，宜进行适度的户外运动或参加自己感兴趣的文艺活动，以调适心境。
- 应注重仪表，让自己保持自信、乐观、心情舒畅，这样也会使腹中的胎宝宝很开心。
- 发生孕吐时要注意及时转换情绪，不要把不健康的情绪带给腹中的胎宝宝。

本月运动胎教重点提示

- 早晚平躺在床上，腹部放松，手指轻按腹部后拿起，每次5～10分钟即可。
- 这段时间是容易发生流产的时期，应停止剧烈的体育运动、体力劳动、旅行等。日常生活中避免劳动过度，注意安静修养。

- 选择做轻松的家务活，一次不要做太多，以免劳累。
- 散步是最佳的运动之一，还可预防便秘的发生，所以每天都要坚持散步。
- 通过做体操来维持身体的平衡能力。

本月营养胎教贴心建议

- 饮食调理防止便秘或腹泻，多食用一些富含脂肪酸、DHA、牛磺酸等有助于胎宝宝脑部发育的食物。
- 多摄取镁元素，同时多摄取有助于铁元素吸收的维生素C。
- 多摄取蔬菜、水果，补充足够水分及均衡营养，切勿暴饮暴食。
- 从现在开始，胎宝宝的骨骼细胞发育加快，肢体慢慢变长，此时胎宝宝会从准妈妈体内摄取大量的钙，因此，准妈妈这个月补钙很重要。

本月准爸爸胎教要点

- 平时常打电话回家，减少应酬，并尽量早点回家。
- 常与妻子进行交流，要多关心妻子、安慰妻子，多承担家务。
- 为胎宝宝讲故事、读儿歌。
- 要激发妻子的爱子之情，引导妻子爱护、关心、期盼胎宝宝的情感。

职场准妈妈胎教要点

- 要穿一些低跟鞋和舒适的职业装，不要穿紧身的套装和高跟鞋。
- 中午在公司可以午睡一会儿，在休息时间或空闲时间把腿抬高放松。
- 发型的修剪原则应以整齐、便于打理为主。
- 服装应以棉质为主，样式略呈A字型更好看。

本月常见不适

- 阴道出血或下腹部产生疼痛。
- 孕吐症状严重。

细节1 行为胎教：腹痛和出血要警惕

孕早期的有些腹痛是怀孕后的正常生理反应，比如子宫迅速增大引起的腹痛，但这种腹痛一般是隐隐发作的，不明显。如果出现小腹阵痛或腰痛，并伴有阴道出血，可能预示着流产等危险的发生，应及时到医院就诊。

妊娠前3个月的自然流产多由胚胎原因引起，主要是染色体异常造成的。引起自然流产的另一个重要原因是淋病，有关统计资料表明，在自然流产的准妈妈中，淋病导致的流产约占32%。育龄期女性的淋病几乎100%是通过性交感染的，从这一点来说，孕早期应避免性交。

阴道流血、腹痛下坠是宫外孕的典型表现。什么是宫外孕？在正常的妊娠中，精子和卵子相遇并完成受精，受精卵经过输卵管后在子宫内膜上着床。但是，也会出现受精卵不在子宫内部，而是在其他部位着床的情形，这就是宫外孕。90%的宫外孕属于受精卵在输卵管上着床的输卵管妊娠，如果这种状态持续下去，将导致输卵管破裂或流产，引起大出血，若不及时进行处理会危及孕妈妈的生命。阴道流血、腹痛下坠是宫外孕的典型表现，如果孕妈妈下腹疼痛加剧，伴有恶心，呕吐、头晕、出汗、面色苍白，是危险之兆。此时孕妈妈应保持头低、脚高的体位，安静，保温，寻求急救，如拨打急救中心电话等。

葡萄胎患者在孕早期大多会出现间断性阴道出血、子宫异常增大、腹痛、恶心、呕吐症状重且持续时间长等现象。什么是葡萄胎？葡萄胎是指实际上没有形成胎宝宝，胎盘发育不正常的情形。因胎盘底部的微细绒毛产生异常，子宫内形成葡萄形状的水泡，并充满子宫。葡萄胎的发生概率为0.5%，但如果不消除产生的葡萄胎，有可能发展为癌症。葡萄胎患者在孕早期大多会出现间断性阴道出血、子宫异常增大、腹痛、恶心、呕吐症状重且持续时间长等现象。如果有上述现象，孕妈妈一定要及时就医，以便明确诊断。

被确诊为葡萄胎后要及时住院吸宫，常需清宫2～3次，清除物一定要送病理检查，根据病理检查结果决定是否需要进行预防性化疗及子

宫切除手术。有15%左右的葡萄胎可转为恶性，手术后一定要定期到医院检查，间隔为1个月、3个月、半年、1年，直到2年。按医生的要求进行随诊，同时严格实施避孕措施，2年后完全没有问题了才可以考虑是否再次妊娠。

细节2 行为胎教：养成睡午觉的好习惯

易疲劳、犯困是本阶段孕妈妈保持身体健康的大敌，所以，孕妈妈要养成睡午觉的习惯，以通过适当的睡眠来解除疲劳，使体力与脑力得到恢复。

如果睡眠不足，可能会引起疲劳过度、食欲下降、营养不足、身体抵抗力下降，这些因素都可增加孕妈妈和胎宝宝感染疾病的概率。孕妈妈的睡眠时间应比平常多一些，如平常习惯睡8小时，现在可以睡到9小时左右，但也不要睡太多。

午睡时间长短可因人而异，半个小时到1个小时，甚至再长一点都可以，总之以休息好为主。平常劳累时也可以躺下休息一会儿。午睡时要脱下鞋子，把双脚架在一个坐垫上，抬高双腿，睡觉时在双腿间可夹一个软垫，然后全身放松。记住，千万不要趴在桌子上睡觉。

细节3 情绪胎教：写好孕期日记

这个月该写些什么内容了呢？可以记录一下早孕反应开始的日期。早孕反应一般在孕2月的时候出现，这是由于母体受到绒毛膜促性腺激素的刺激引起的。还可以记录一下妊娠反应的强弱，都有什么样的反应。通常情况下，妊娠反应会出现厌食、偏食、食欲不振等症状；清晨起床后会感到恶心、呕吐等，但这些都属于正常情况，如果孕妈妈还伴随有其他严重症状出现，就应到

医院就医。前往医院时可随身携带自己的日记本，将自己记录下的一些数据提供给医生，以便于医生作出正确的判断。

下面是一位孕妈妈的怀孕日记：

2010年5月30日晴

怀孕第7周第4天：

早晨8：00　到单位没过多久，恶心的不行。

中午12：00　菜吃了一点点，不过，半个玉米强忍着全吃了下去。

下午17：00　一直到下班就滴水未进了，连喝水都恶心。

晚上19：00　回到家吃了点就睡觉了，一直堵到心口。

细节4　情绪胎教：孕妈妈也应该容光焕发

在怀孕期间，孕妇也可以打扮得很漂亮。事实上，美容、穿衣也是一种胎教。美丽是每一位女性所追求的，娇好的容颜会给你带来许多欢乐。怀孕了就更应精心打扮，这一方面是自娱的一种方式，对自己容颜、服装的关心会使你忘掉妊娠中不快的反应；另一方面，会使你显得气色很好，别人看了称许几句，你也一定会很高兴的。可见，装扮自己会使你保持自信、乐观的心态。怀孕虽然使以前的体态美消失了，却换来了另一种美。

仪容美的关键在于整洁，不在于是否化妆。怀孕后最好不要化妆和涂指甲油，因为有研究表明，化妆品中的有毒物质可能会伤害胎宝宝。目前，市场上销售的化妆品多是以硝化

专家提示

清凉油在日常生活中应用广泛，具有爽神止痒和轻度的消炎退肿作用，但清凉油含有的樟脑可穿过胎盘影响胎儿的正常发育，严重的可以导致畸胎、死胎或流产。因此，准妈妈不宜涂用清凉油、万金油、风油精等，尤其是孕早期应绝对禁止使用。

纤维为基料，配以丙酮、乙醇、苯二甲酸等化学溶剂和各色染料制成的，对人体或多或少有一些毒副作用。成年人的身体已经建立了完善的抗毒和解毒系统，合格的化妆品进入人体通常不会对使用者造成伤害。但胎宝宝尚未建立完善的解毒功能，即使是少量的毒素也会有敏感反应。如果毒素由皮肤吸收或经口进入孕妈妈体内，就会通过胎盘和血液进入胎宝宝体内，日积月累会影响胎宝宝的正常发育。

细节5 情绪胎教：慢慢适应孕妈妈这个新角色

孕1~3个月是孕妈妈从为人妻到即将为人母的一个重要转变阶段，有些孕妈妈因为之前没有妊娠计划，还不能正视这个上天赐给她的小生命，再加上早孕反应及对分娩的害怕心理，常常情绪不稳定。这就需要家人与准爸爸的关心和劝慰了。此时准爸爸可以带着她去外面散散步，也可以选一些孕妈妈喜欢听的笑话讲给她听，帮助其转换心情。孕妈妈自身也要学会调整情绪，尽量多想一些令人愉快的事情，多看一些与胎宝宝及新生儿有关的书籍，这会帮助你逐渐适应孕妈妈的角色。

在许多人眼里，女人怀孕生孩子是一件顺理成章、水到渠成的事情，家里人要以孕妈妈为中心，其他的事情都不重要。这样想是不对的，在产前，准爸爸所表现出的精神问题、心理问题也会对胎宝宝产生很大的影响。研究结果表明，女性在怀孕后，其配偶的压力会较孕前增大许多。孕妈妈和准爸爸的压力都是中度，但准爸爸的压力高于孕妈妈。由此可以看出，准爸爸也需要调整心态，和孕妈妈一起完成角色转变。

细节6 情绪胎教：微笑有益于身心健康

这时，正是胎宝宝各器官形成的重要时期，如孕妈妈长期情绪波动很大，就可能造成胎宝宝畸形。所以，孕妈妈最好每天都开开心心，不要吝啬你的微笑。

每天清晨，对着镜子，先给自己一个微笑，让你这一天都充满朝气与活力，还可以把这种美好的情绪传达给胎宝宝。

微笑是孕妈妈的一种心理保健，在遇到烦心事的时候，控制各种过激情绪，提醒自己：腹中的胎宝宝虽然看不见孕妈妈的表情，却能感受到孕妈妈的喜怒哀乐。然后微笑地去面对，始终保持开朗、乐观的心情。

孕妈妈愉悦的情绪可促使大脑皮层兴奋，使孕妈妈血压、脉搏、呼吸、消化液的分泌均处于相互平稳、相互协调状态，有利于孕妈妈身心健康。同时有利于改善胎盘供血量，促进胎宝宝健康发育。

细节7 情绪胎教：孕妇装DIY

现在的孕妈妈们，都希望在不影响宝宝发育的情况下，把自己打扮得漂亮一些。孕妇装的特点，使得它几乎是一次性的产品，尤其在奉行独生子女政策的现在，大部分人一生只会用到一次，所以如果能够自己动手做两套合适的孕妇装，不但省钱，也增加了孕育的乐趣。特别是在夏季，孕妇装都比较简单，用旧裙子等都能很容易改造成孕妇装。

孕妇装要求一是宽松合体，特别是大腿及腰部不能太紧，二是在选择布料时，要选择透气性好的布料为主。

比较适合夏季改成孕妇装的，首选常见的太阳裙，只需要把裙子两边拆开，再用颜色合适的两块布接起来，这样可以根据腰围的变化随时增加，并且在产后，只要用一根腰带一束，就完全看不出是孕妇装了。

做孕妇装，可以调节孕妈妈的情绪，利于胎宝宝的生长发育。此外，孕妈妈动手做的过程其实也是一种胎教。

细节8 情绪胎教：买束花回家

孕妈妈在怀孕期间，心情愉快是最重要的，今天可能不是节日，但在买菜的中途，你可以为自己买一束喜欢的鲜花。当你欣然接过这束鲜花时，也接过一份明丽的心情，带给宝宝一份欣喜与愉悦。

鲜花犹如一位美丽的情感使者，不论你愉快或失意，它都迎着阳光在小屋的一角灿烂开放，给孕期生活平添一份亮丽，将你的忧郁悄悄化去。它鲜活的生命充满了青春活力，在平淡的日子里点缀一份心动，令你感受它无时不在的笑语。

鲜花是一支无声的歌，是一支优雅深情的舞。它对生命没有苛求，只要些许清水，便会蓬勃轻快地展示它美丽的生命。孕妈妈完全可以用鲜花般的眼睛、心灵去看待其实很美好的世界，为了自己，也为腹中的可爱宝宝。

细节9 环境胎教：调离不适宜的工作岗位

怀孕以后应该暂时调离一些工作岗位以保护自己和胎宝宝的健康，如高度紧张的工作，不能休息的工作，长时间站立的工作，震动波及腹部的工作，频繁上下楼梯的工作，过重的体力劳动，经常接触动物的工作，接触各种病毒和病人的工作，接触刺激性或有毒的化学物品的工作，接触电磁辐射的工作，需独自在野外的工作等。

办公室或公共场所的电话是最容易传播疾病的物品之一，如果打电话的人双手不干净、正患感冒等疾病，可能会遗留细菌或病毒在话筒上，将疾病传播给接着用电话的孕妈妈。因此，建议孕妈妈尽量不要用公共场所的电话。办公室的电话如果是多个人共同使用，可以经常用酒精消毒。

复印机在启动时会释放出一些有毒气体，有静电作用，会产生臭氧，不利于孕妈妈的健康，可能会使人头痛、眩晕，引发咳嗽、哮喘等。建议孕妈妈尽量不用或少用复印机，与复印机保持一定的距离或避免在同一房间，将复印机摆放于空气流畅、无阳光直射的地方。

专家提示

如果你的工作压力太大，可以和主管申请减少一些工作，减少加班的时间。如果自己的工作量太大，也可以请同事帮一下忙。

细节10 营养胎教：不要迷信补药、补品

许多孕妈妈都知道，此时的胎宝宝仍然不稳定，一不小心就有可能流产，于是，便产生了进补安胎的想法，还有些孕妈妈想通过吃补药、补品让胎宝宝长得更快、更好，但这样往往适得其反，甚至对胎宝宝造成不良影响。比如人参，虽属老少皆宜的大补元气之品，但孕妈妈久服或过量服用会阴耗气盛，阴虚则火旺。有关专家曾对100多名服人参1个月以上的人进行观察，发现大多数人会出现激动、烦躁失眠、咽喉干痛、刺激感强烈和血压升高等不良反应，这些不良反应其实就是阴虚火旺的表现。而且服用人参过多会产生抗利尿作用，易引起水肿。由此可见，孕妈妈如果滥用人参，易加重妊娠呕吐、水肿和高血压等现象，也会促使阴道出血而导致流产。而且胎宝宝对人参的耐受性很低，所以孕妈妈还是不吃人参为好。

除了不可滥用人参外，其他补药如鹿茸、鹿胎胶、鹿角胶、核桃肉等也不宜服用，因为都是温补助阳之品。如果病情需要，应在医师指导下服用。

细节11 营养胎教：孕期不宜吃榴莲

榴莲的滋补功效广为人知，民间素有“一只榴莲三只鸡”的说法，过去常用它给体质虚弱的人和产妇补养身体。那么，榴莲是否适用于孕妈妈进补呢?

榴莲的营养价值的确比较高，有“水果之王”之称，其含有丰富的蛋白质、脂类、维生素C以及钙、铁、磷等多种微量元素，营养相当丰富，对机体有很好的补养作用。虽然其独特的味道颇有争议，但对喜欢吃的人来说，特殊的香气有开胃、促进食欲的功效，其中的膳食纤维还能促进肠蠕动。

因此，一般能耐受榴莲特殊气味的健康人都可食用，但对于孕妈妈而言，却不宜多吃榴莲。因为榴莲所含的热量及糖分较高，500克就含有500千卡的热量，如果孕妈妈经常把榴莲当成补品食用，会导致血糖升高，胎宝宝就会过重，使日后分娩出巨大胎儿的概率增大。另外，虽然榴莲富含纤维素，但它在肠胃中会吸水膨胀，过多食用反而会阻塞肠道，引起便秘，对本来就容易出现便秘的孕妈妈来说，会加重胃肠负担，特别是原来就患有便秘和痔疮的孕妈妈更不宜食用榴莲。再者，榴莲性温，吃多了容易上火，出现喉咙疼痛、烦躁失眠等症状，引发胎热，损害新生儿健康。孕妈妈饮食要营养丰富，易于消化，口味以清淡为主，肥甘厚味并不适宜。像榴莲这样温燥甜腻的补品，孕妈妈最好少食用。

细节12 营养胎教：孕3月准妈妈营养需求

处于孕早期的孕妈妈大多受孕期反应困扰，会出现恶心、呕吐、食欲不振等妊娠反应，吃什么都不香，这种状况下，营养的摄入怎样能得以保证呢?

这个阶段，孕妈妈并不用刻意让自己多吃些什么，与其每天对着鸡鸭鱼肉发愁，不如多选择自己喜欢的食物，以增进食欲。对于油腻、抑制食欲的食物，大可不必勉强吃下去。

孕早期孕妈妈的饮食以清淡、易消化吸收为宜。应当尽可能选择自己喜欢的食物。要保证蛋白质的摄入量，孕妈妈可适当吃些奶类、蛋类、豆类、硬果类食物。

在这一时期仍然要注意摄入叶酸，因为叶酸关系到胎宝宝的神经系统发育。若怀孕时缺乏叶酸，容易造成胎宝宝神经管的缺陷，如无脑儿或脊柱裂，并且发生兔唇、腭裂的概率也更大。许多天然食物中含有丰富的叶酸，各种绿色蔬菜及动物肝肾、豆类、水果、奶制品等都富含叶酸。

维生素的供给也要充足。如果孕妈妈的孕期反应严重影响了正常进食，可在医生建议下适当补充综合维生素片。

总之，在这个月，孕妈妈要根据自己的胃口进食，不必刻意多吃或少吃什么。少吃多餐，能吃就吃，是这段时期孕妈妈饮食的主要方针。如果这一时期饮食的爱好有所改变也不必忌讳，吃些酸的食品还会增进食欲。

怀孕期间理想体重增加以12千克左右为宜，过重者最好减少米饭、面等淀粉类食物和甜食的摄取量。

细节13 营养胎教：注意补脑食品

这一个月，胎宝宝的脑在快速发育，应该补充大量有益于脑健康的食品了，因为胎儿早期的补脑很重要，这会直接关系到将来宝宝的智力发展，要给予足够的重视。

下面介绍几种补脑食品：如粮谷类的小米、玉米、糙米等；干果类的核桃仁、芝麻、花生、莲子、瓜子、栗子等；蔬菜类的黄花菜、冬菇、竹笋、香菇等；水产类的鱼、海螺、牡蛎、虾、海带、紫菜等；家禽类的鸡肉、鸭肉、鹌鹑肉等。

此外，脂肪是合成髓鞘的要素，不饱和脂肪酸是脑神经元发育及髓鞘形成过程中的必要品。脂肪可促进小脑的发育，是脑细胞的重要成分。

细节14 营养胎教：喝水也要讲究方法

孕期血容量会扩增40%～50%，对水分的需求增加。除了饮食每天至少要喝6～8杯水。如果呕吐严重，更要酌情补水。早晨起床后应空腹喝一杯新鲜的凉开水，能使血液稀释、血管扩张，从而加快血液循环，补充细胞夜间丢失的水分。有研究表明，早饭前30分钟喝200毫升25℃～30℃的新鲜开水，可以温润胃肠，促进消化液的分泌，刺激肠蠕动，有利于定时排便和防止痔疮、便秘。不要等感觉口渴了才喝水，因为口渴说明体内水分已经失衡，脑细胞脱水已经到了一定的程度，建议孕妈妈每隔2小时饮水1次，每日8次。

不是所有的水都能喝，久沸或反复煮沸的开水最好不要喝。因为水反复沸腾后，水中的亚硝酸银、亚硝酸根离子以及砷等有害物质的浓度会相对增加，容易引起血液中毒。另外，在热水瓶中贮存超过24小时的开水也不要喝。

细节15 营养胎教：孕3月禁忌食品

孕妈妈在孕早期注意营养摄入的同时，也该注意到有些饮食会对自己或者胎宝宝产生不良影响。在此，给孕妈妈列举五类不宜吃的食物。

芦荟：孕妈妈如饮用芦荟汁，严重者会导致骨盆出血，甚至造成流产。对于产后的妈妈，芦荟的成分混入乳汁，会刺激宝宝，引起下痢。芦荟本身就含有一定的毒素，有些孕妈妈可能会在食用后8～12小时内出现剧烈腹痛、腹泻、恶心、呕吐、出血性胃炎等中毒反应。

螃蟹：它味道鲜美，但它本性偏寒凉，有活血祛淤之功，孕妈妈不宜吃，尤其是蟹爪，有明显的堕胎作用。

甲鱼：虽然它具有滋阴益肾的功效，但是甲鱼本性味咸寒，有着较强的通脉络、散淤血作用，因而有可能引起堕胎，尤其是鳖甲的堕胎之力比鳖肉更强。

薏米：可用于药膳，但薏仁对子宫平滑肌有兴奋作用，可促使子宫收缩，因而可能诱发流产。

马齿苋：它既可做菜，又是一种草药，马齿苋汁对于子宫有明显的兴奋作用，使子宫收缩次数增多、强度增大，很容易造成孕妈妈流产。

这个时期，如果孕妈妈胃口好转，可适当加重饭菜滋味，但仍需忌辛辣、过咸、过冷的食物，以清淡、营养的食物为主。

细节16 营养胎教：孕期要少吃腌菜和酸菜

怀孕后部分妇女变得爱吃酸食，于是经常大量食用各种腌菜、泡菜。其实孕妈妈们少量食用腌菜、泡菜是可以的，但摄入过多对自己和胎儿的健康与发育并没有好处。

腌菜和酸菜中含有亚硝基化合物，这类物质有较强的致癌性，可以诱发各种组织器官的肿瘤。值得注意的是，有的亚硝基化合物可以通过胎盘使子宫发生肿瘤和诱发胎儿畸形。但也并非不能吃酸味的食物，毕竟酸味能刺激胃液分泌，提高消化酶的活性，促进胃蠕动，有利于食物的消化和各种营养素的吸收。所以，怀孕后爱吃酸味的食物是有利于胎儿和母体健康的，但是必须挑着吃。

从怀孕2～3个月后，胎儿的骨骼开始形成，酸性物质可促进钙的吸收和骨骼成长，还有助于铁的吸收，促进造血。但并不是说只要是酸味就一定是好的食物，这里所说的营养酸味食物包括新鲜水果和酸奶等营养食品。很多新鲜的瓜果含酸味，这类食物含有丰富的维生素C，维生素C可以增强母体的抵抗力，促进胎儿正常生长发育。因此喜吃酸味食物的孕妈妈最好选用一些带酸味的新鲜瓜果，如西红柿、青苹果、橘子、草莓、葡萄、酸枣、话梅等，也可在食物中放少量的醋、西红柿酱，增加一些酸味。而人工腌制的酸菜、泡菜等，几乎不含任何营养成分，却含有致癌物质亚硝酸盐，不适宜孕妈妈食用。酸奶不但营养价值高，而且对厌食症状有一定的治疗作用。另外，酸奶富含钙、优质蛋白质、多种维生素和碳水化合物，还能帮助人体吸收营养，排泄有毒物质。

细节17 营养胎教：吃对水果，孕妈妈更健康

众所周知，多吃水果对孕妇和胎宝宝有好处，但你可知道，孕妇吃水果是很有讲究的，有些水果可以多吃，有些水果尽量不要吃。虽然没有某种水果是绝对禁忌的，但如果吃得不当也有造成不良反应的可能。

水果不能代替正餐

在妊娠反应仍然存在的孕3月，很多孕妈妈都吃不下什么东西，都想用水果代替正餐。水果虽然含有丰富的维生素，但是它所含的蛋白质和脂肪却远远不能满足孕妈妈子宫、胎盘及乳房发育的需要，因此孕妈妈不能以水果代替正餐。

水果要吃，蔬菜也要吃

水果中维生素的含量没有蔬菜高，如果完全用水果代替蔬菜，会直接导致孕妈妈维生素摄入量不足。所以水果要吃蔬菜也要吃，两者同样重要。

不要过量食用含糖量高的水果

孕妈妈应该首选含糖量较低的水果，比如西瓜、苹果、梨、橘子、桃、葡萄等，每天吃水果别超过500克。妊娠期糖代谢异常或是患有妊娠糖尿病的孕妈妈则要减半，最好等血糖控制平稳后再吃水果。如果喜欢吃香蕉、菠萝、荔枝、柿子之类含糖量较高的水果就一定要减量。吃水果的时间最好选在两餐之间，这样既不会使血糖太高，又能防止低血糖的发生。

吃完水果最好漱口

孕妈妈在吃水果后要记得漱口，因为水果一般都含有发酵类能量物质，对牙齿有较强的腐蚀作用。因此吃完水果后最好漱口。不然残留在口腔中的水果残渣会造成龋齿。

有些水果孕妈妈最好少吃

山楂可活血、化淤、通经，对子宫有一定的收缩作用，所以在怀孕早期应该少吃。有流产史、或者有流产征兆的孕妈妈更应该忌吃，即使是山楂制品也不例外。

从中医角度来说，女性怀孕之后体质一般偏热，阴血往往不足，此时一些热性的水果，比如荔枝、桂圆等应该适量食用，否则容易产生便秘、口舌生疮等上火症状。尤其是有先兆性流产的孕妈妈更要谨慎，因为热性水果容易引起胎动不安。

适量吃西瓜可以利尿，但吃太多容易造成脱水等症状，特别是胎动不安和胎漏下血（有早产症状者）的孕妈妈更要忌吃。

过量食用柑橘容易引起燥热、上火，发生口腔炎、牙周炎、咽喉炎等。孕妈妈每天吃柑橘不宜超过3个，总重量应该控制在250克以内。

柿子有涩味，吃多了会感到口涩舌麻，收敛作用很强，容易引起大便干燥；遇酸则容易凝集成块，与蛋白质结合后产生沉淀。因此，吃柿子应该适可而止，最好一次只吃1个，不可以多吃。

猕猴桃性寒，所以脾胃虚寒的孕妈妈要慎食，经常性腹泻和尿频的孕妈妈也不宜吃。饭后1～3个小时吃较为合适，不宜空腹吃。有先兆性流产现象的孕妈妈千万别吃猕猴桃。

细节18 音乐胎教：胎教中的哼歌谐振法

孕妈妈在宁静的心态下，用柔和的声调唱轻松的歌曲，同时想象胎宝宝正在静听，从而达到爱子心音的谐振，称为哼歌谐振法。

孕妈妈只要有时间，就可以哼唱几首儿歌或轻松欢快的曲子，让胎宝宝不断地听到孕妈妈的宜人歌声。这样既传递了爱的信息，又有意识地播下艺术的种子。哼歌时，声音不宜太大，以小声说话的音量为标准；不能大声地高唱，以免影响胎宝宝。

尽量选唱一些简单、轻快愉悦的歌曲，例如《小燕子》：边唱边联想燕子飞舞的动作，亦可说唱结合，用童话般的语言，把春天的景象描述给胎宝宝听。《歌声与微笑》：边唱边浮想联翩，在脑海里构想一幅幅春花遍山野的美丽画面，想象胎宝宝在一个个美丽的地方开心的玩耍。《早操歌》：早晨散步时，随着春、夏、秋、冬四季的变化，把大自然的美好景色告诉给胎宝宝，鼓励胎宝宝在子宫中健康发育，出生后立志成才。《小宝宝快睡觉》：一首催眠曲，共同入梦乡。如果孕妈妈自己会演奏乐器，也不失为哼歌谐振的好办法。

细节19 音乐胎教：给胎儿唱《两只老虎》

两只老虎，两只老虎，
跑得快，跑得快，
一只没有眼睛，一只没有耳朵，
真奇怪，真奇怪。

在怀孕初期，应该多听一些欢快的、优美动听的音乐或者活泼有趣的儿歌童谣，并且随着轻轻哼唱。一些生物学家认为，有节奏的音乐可以刺激生物体内细胞分子发生共振，使原来处于静止和休眠状态下的分子和谐地运动起来，促进细胞的新陈代谢。心理学家认为，音乐能渗入人的心灵，激起人们无意识的超境界幻觉，并能唤起平时被抑制的记忆。

这首童谣，让人仿佛看到两只淘气又奇怪的小老虎，它们在奔跑、追逐游戏，顽皮可爱又充满灵气。唱这首歌时不需要特别大的气息，应该感觉到气息的轻盈，有种跳动的感觉。要注意这首歌明快的节奏，可以用踏脚来帮助你唱好这首歌的节奏。

细节20 音乐胎教：欣赏名曲《四季（春）》

维瓦尔第的《四季》属于标题音乐，作曲家为每个乐章都附上了一段诗词，以文字形式描绘每个乐章所力图表现的主题。这四部作品曲意盎然，跟着音乐，我们也可以顺便认识一下维瓦尔第的故乡——意大利的春季风光。

春天来了，无限欢欣。小鸟唱着欢乐之歌来迎春。微风轻拂清泉，泉水叮咚流淌。天空乌云笼罩，电光闪闪，雷声怒号。雷鸣电闪，转瞬即逝，鸟儿重又婉转歌唱。在鲜花盛开的草地上，在瑟瑟作响的草丛中，牧羊人在歇息，忠实的牧羊犬躺在一旁。伴随着乡间风笛欢快的音响，在可爱春天的晴朗天空下，仙女们与牧羊人翩翩起舞。

胎教小百科：音乐胎教能提升胎儿的情商

智商指数（IQ）是指对一个人的智力和以创造性为前提的自由思考力的测量值。IQ值固然重要，但作为一个人仅有智商是不够的，同时还需要具有丰富的感性。一个人的情商指数（EQ）越高，对他人的感情移入能力就越强，相应地，人际关系越好，想象力和集中力也会越发出众。与感性相关的多种感觉功能受右脑的支配，怀孕期间妈妈带着丰富的感性，倾听和感受到的许多感觉将会原封不动地传递给胎儿，对胎儿产生重要的影响。

音乐胎教与对话胎教都属于促进听觉的方法，结合促进视觉、听觉、触觉、嗅觉和味觉的胎教，可以使胎儿的五觉得到良好的发育。胎儿期接受过音乐胎教的孩子一般感性和集中力比较优秀，而且右脑比较发达，学习说话也比较快。

细节21 音乐胎教：欣赏《仲夏夜之梦》

1826年，当门德尔松写出他的代表作——著名的《仲夏夜之梦》序曲时，年仅17岁，他被称为19世纪最有修养的艺术家。门德尔松肯定生活，在音乐中把幻想与现实联系在一起。他的作品风格精美、优雅而华丽，具有绚丽多姿的色彩，被誉为浪漫主义杰出的抒情大师。

虚幻的感觉宛如置身于寂静神秘的森林，伴随着音乐中那朦胧的色彩，从四面八方涌现出许多小仙人和小精灵。他们开始在阳光下嬉戏舞蹈。明朗温柔的曲调中，神话中的仙王和仙后翩翩来迟，也在那轻柔的音乐中跳着舞蹈，一切显得那么美妙。《仲夏夜》也在那份虚幻中慢慢结束。

想象你的宝宝此时已经甜蜜地睡着了，在这美妙的意境中，孕妈妈产生的美好联想可以通过身体内的神经体液传导给胎儿，胎儿会获得一种美好的感觉，能够获得感情上、感觉上的满足。

细节22 音乐胎教：《采蘑菇的小姑娘》

《采蘑菇的小姑娘》是一首经典的儿童歌曲。

小姑娘在一个没有人烟的大森林里，独自一个人采着雨后的蘑菇，小松鼠在树上蹦跳着，小兔子在她身旁陪伴着她，还有小鸟唱着动人的歌曲，小蘑菇随着音乐的节拍也摇动着……那一定会是一个很温馨很美丽的画面。

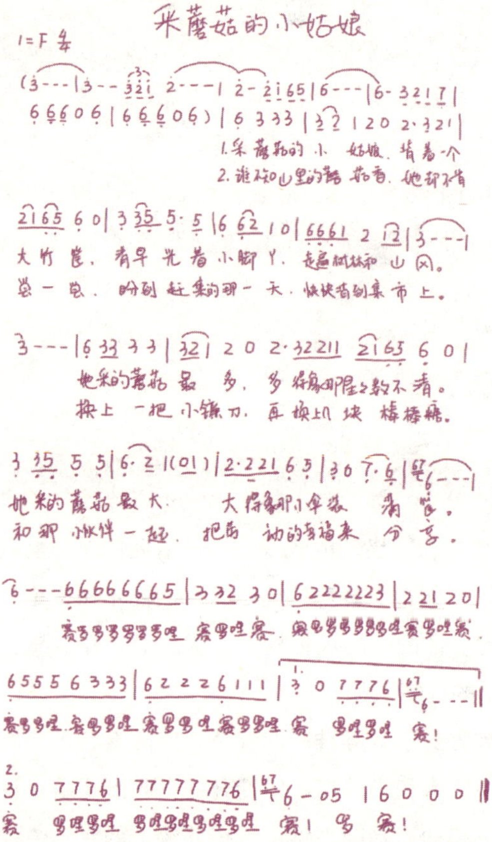

细节23 语言胎教：为胎宝宝朗读《雪花的快乐》

徐志摩，现代诗人、散文家。著有诗集《志摩的诗》、《翡冷翠的一夜》、《猛虎集》、《云游》，散文集《落叶》、《巴黎的鳞爪》、《自剖》、《秋》，小说散文集有《轮盘》等。胡适之在《追忆志摩》中指出“他的人生观真是单纯的信仰，这里面只有3个词：一个是爱，一个是自由，一个是美……”今天我们就与孕妈妈一同来欣赏徐志摩的《雪花的快乐》。记住，为胎宝宝大声朗诵。

假如我是一朵雪花，
翩翩的在半空里潇洒，
我一定认清我的方向——
飞扬，飞扬，飞扬，
这地面上有我的方向。
不去那冷寞的幽谷，
不去那凄清的山麓，
也不上荒街去惆怅——
飞扬，飞扬，飞扬，——
你看，我有我的方向！

在半空里娟娟的飞舞，
认明了那清幽的住处，
等着她来花园里探望——
飞扬，飞扬，飞扬，——
啊，她身上有朱砂梅的清香！
那时我凭借我的身轻，
盈盈的，沾住了她的衣襟，
贴近她柔波似的心胸——
消溶，消溶，消溶——
溶入了她柔波似的心胸！

细节24 语言胎教：孕期要坚持阅读有益的书籍

孕妈妈通过阅读书籍，可以产生丰富的联想和敏捷的思维。孕妈妈的联想和思维能够产生一种神经递质，它会传递给胎宝宝，并且给胎宝宝脑神经细胞的发育创造一个与母体相似的神经递质环境，使胎宝宝的神经向着优化方向发展。

所以，孕妈妈在平时可以阅读一些优美的文学作品。例如一些伟人的传记，优美的诗歌、儿歌，令人神往的童话和神话，鼓励人向上的世界名著，名胜古迹的游记以及精美的画册等。

不要读那些使人意志消沉的书，那样会使孕妈妈长期处在不良的精神状况中，对胎宝宝的发育极为不利的。

由于这种教育使胎宝宝拥有了朦胧美的意识，出生后一般也较其他婴儿聪慧、活泼、可爱。宝宝与孕妈妈的关系会因此而倍感亲密。

细节25 语言胎教：经典诵读《小池》

泉眼无声惜细流，树阴照水爱晴柔。
小荷才露尖尖角，早有蜻蜓立上头。

这首诗是南宋诗人杨万里的作品，描写了初夏时节小池优美的风光。作者采用拟人的手法，用“惜”、“爱”二字将泉眼、树木写得很有感情。后两句描写蜻蜓立在新长出的荷叶尖角上，使小池充满生机。

你可以根据诗意，画出心目中小池的景色，或者用不同的彩纸做一幅剪贴画，记录下你此刻的心情。相信这种清新的感受会充满心中，胎儿也会随着你的感受平稳下来。

世界充满着力的表现形式。无论是物理世界、生理世界还是心理世界，都存在着力的增长。只要运动形式相似，不同领域的力便会引起共振。幼芽破土而出、气球飞向天空，向上翘起的眉梢和嘴角，甚至是静静地耸入白云间的高山，都会使我们的内心产生一种向上的力量，使我们感到情绪昂扬、激动和充满希望。艺术作品也是一样，所以，你现在要做的就是感受诗句在心湖内激起的涟漪。

细节26 语言胎教：经典童话故事《小马过河》

马棚里住着一匹老马和一匹小马。

有一天，老马对小马说：“你已经长大了，能帮妈妈做点事吗？”小马连蹦带跳地说：“怎么不能？我很愿意帮您做事。”老马高兴地说：“那好啊，你把这半口袋麦子驮到磨坊去吧。”

小马驮起口袋，飞快地往磨坊跑去。跑着跑着，一条小河挡住了去路，河水哗哗地流着。小马为难了，心想：我能不能过去呢？小马向四周望望，看见一头老牛在河边吃草，小马“嗒嗒嗒”跑过去，问道：“牛伯伯，请您告诉我，这条河我能趟过去吗？”老牛说：“水很浅，刚没小腿，能趟过去。”

小马听了老牛的话，立刻跑到河边，准备过去。突然，从树上跳下一只松鼠，

拦住他大叫："小马！别过河，别过河，你会淹死的！"小马吃惊地问："水很深吗？"松鼠认真地说："深得很哩！昨天，我的一个伙伴就是掉在这条河里淹死的！"小马连忙收住脚步，不知道怎么办才好。他叹了口气说："唉！还是回家问问妈妈吧！"

小马甩甩尾巴，跑回家去。妈妈问他："怎么回来啦？"小马难为情地说："一条河挡住了去路，我……我过不去。"妈妈说："那条河不是很浅吗？"小马说："是呀！牛伯伯也这么说。可是松鼠说河水很深，还淹死过他的伙伴呢！"妈妈说："那么河水到底是深还是浅呢？你仔细想过他们的话吗？"小马低下了头，说："没……没想过。"妈妈亲切地对小马说："孩子，光听别人说，自己不动脑筋，不去试试，是不行的，河水是深是浅，你去试一试，就知道了。"

小马跑到河边，刚刚抬起前蹄，松鼠又大叫起来："怎么？你不要命啦！？"小马说："让我试试吧！"他下了河，小心地趟到了对岸。

原来河水既不像老牛说的那样浅，也不像松鼠说的那样深。

细节27 语言胎教：经典童话故事《丑小鸭》

在一个十分美丽的大池塘边，有只母鸭孵出一只难看的小鸭子。但是小鸭们都爱嘲笑这只难看的丑小鸭，大公鸡和火鸡也都欺负丑小鸭。在不断地受到欺负之后，连母鸭也只得说："你一定不是我的孩子！"

伤心的丑小鸭，也就离开美丽的大池塘了。丑小鸭来到鸭子居住的沼泽。

野鸭子们看到丑小鸭，也都嘲笑地说："好难看的怪物！"

不久，秋天来临了。有一天傍晚，丑小鸭看到一群从草丛中飞出，美丽洁白的白鸟。"天鹅！"丑小鸭非常羡慕天鹅有着一身洁白的羽毛，想到自己的样子，心中又非常难过。

终于，冬天来到了。丑小鸭又冷又饿地倒在冰上，被一位好心的农夫救回家里，可是农夫家里的顽皮小孩也常欺负丑小鸭，丑小鸭被顽皮鬼追得到处乱跑，把牛奶打翻了，又把面粉撒了满地，农夫的妻子也生气地拿着火钳，追打丑小鸭。于是，丑小鸭又被赶回到冰天雪地之中。哀伤的丑小鸭，在严冬之中孤独地生活着。

过了不久，天空不再下雪了，太阳也开始温暖地照耀着。春天来到了！丑小鸭长大了！丑小鸭新长了一对又宽又厚的白翅膀，并且可以自由地飞上天空了，丑小鸭正为自己的成长及美丽的春天来临而高兴着。

这时候，前面草丛里也游出了三只很美的天鹅，丑小鸭看着美丽的天鹅说：“哇！实在是太美了。”

“我好想过去和她们在一起玩啊！”于是，丑小鸭便往天鹅群游了过去。

“各位哥哥、姐姐们好！”丑小鸭很有礼貌地点头打招呼，可是它简直不敢相信……水面倒映的自己的影子，怎么不是一只灰鸭子，而是一只美丽的白天鹅。

细节28 美育胎教：准妈妈可以开始学习绘画

绘画也是胎教的内容之一。画画具有和音乐胎教一样的效果，即使不会画画，孕妈妈也会在涂涂抹抹之中自得其乐，并且会把这种好的刺激传递给胎宝宝。

孕妈妈画画的时候，不要在意自己是否画得好，可以持笔临摹美术作品，也可随心所欲地涂抹，要全身心投入地去画，一旦沉浸在绘画的过程中，就会感到快乐和满足，还可向宝宝解释画的内容，告诉宝宝画的过程与手法。当然孕妈妈如能临摹一些儿童画，看看自己的笔下有没有童趣和稚拙感，就会通过笔触步入儿童世界。

心理学家认为，画画不仅能提高人的审美能力，产生美的感受，还能通过笔触和线条，释放内心情感，调节心绪平衡。

细节29 美育胎教：给宝宝折一件小衣服

折纸是一项手、眼、脑并用的活动，孕妈妈通过折纸不仅可以锻炼手脑的协调性，还可以调节不良情绪，而胎宝宝在孕妈妈的腹中也可以体会到快乐的情绪。

不妨到书店买本指导折纸的书来参考，折些纸飞机、帽子、动物等，写上日期和对胎宝宝的祝福，并将这些作品保留起来，这是你和胎宝宝共同的财富，蕴藏着你对胎宝宝的浓浓爱意。

可以给胎宝宝折一件小衣服，具体做法如下：

1.先将一张彩纸裁切成一个正方形。

2.沿着虚线把四个角向心折。

3.沿着虚线把四角向后折，再向心折。

4.翻过来，把四个角分别向外推开。

5.对边折，就大功告成了。

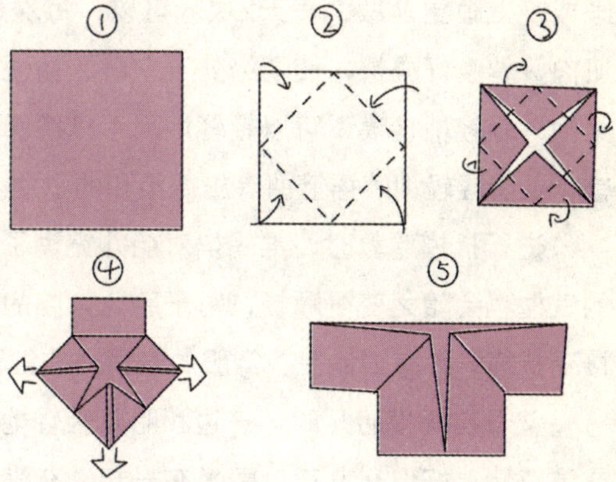

细节30 运动胎教：胎儿的游戏训练

2个月的胎儿就开始在羊水中进行类似游泳样的运动了。3个月起，他就会吸吮自己的手指，但是还不老练，只要是嘴能够碰到的东西，不管是手臂，还是脐带，甚至是脚趾，他都会张嘴去吸吮。3个月胎儿的身体，已经能做出反屈、前屈、侧屈和翻转动作，就像一个小小的“运动员”。5个月的胎儿已经具有呼吸、吞咽、排尿等能力了。从5个月起，胎儿每天喝羊水，排小便，靠自己维持生活环境中羊水的平衡。

随着医学科学的发展和超声波的问世，我们发现了胎儿在母体内有很强的感知能力。父母与胎儿做游戏进行胎教训练，不但能增进胎儿活动的积极性，而且有利于胎儿智力的发育。

从胎儿这些动作和大脑的发育情况来分析，科学家们认为胎儿完全有能力在父母的训练下进行游戏活动。目前有些国家正在研究对胎儿施行一种特殊的训练，希望能因此产生体育方面的超级明星。这一愿望经过人们对胎儿潜能的不断认识和挖掘是一定会实现的。

细节31 抚摸胎教：胎宝宝对触觉已经有反应

抚摸养胎是父母与胎儿沟通的重要途径，是建立在胎儿具有触觉的基础上的，可促进胎儿的感知觉发育，能使胎儿感知到父母的存在，也可以带给父母无穷的乐趣。研究表明，胎儿发育到第4周时神经系统已经开始建立，第8～11孕周时胎儿对触觉有了反应，这时准妈妈就可以开始进行抚摸胎教了。可在每日午睡或晚上睡觉前做，一天2次就可以，每次进行10分钟。平躺下后，先放松全身肌肉，调整好心情，使情绪处于宁静、愉悦的状态，然后把手放到子宫部位，温柔地、轻轻地抚摸，可以轻轻地用手掌绕圈子抚摸，加上温柔的、充满爱意的语言，或者轻轻地哼摇篮曲等旋律柔和的歌曲。

进行抚摸胎教时，准妈妈对胎儿充满了关爱，气血处于很顺畅的状态，胎儿的气血也会随之变得顺畅，对于胎儿大脑的发育和个性的形成益处多多。胎儿在接受抚摸时会有很愉悦、舒服的表情，非常喜欢此类刺激。

父母在抚摸胎儿时，一边和胎儿轻轻地说说话，一边相互之间谈谈心，交流交流感情，好似一家三口围坐在一起，充满温馨、亲密的气氛。专家们根据对胎儿出生后的跟踪调查发现，经过抚摸养胎训练的胎儿，出生后会比一般婴儿动作灵活、感受力强，对环境的反应能力也较强，身体也会更健康。

细节32 联想胎教：做做白日梦

胎教专家们建议孕妈妈们，在胎儿的性格培养上，不妨经常做做“白日梦”。

在清醒状态下所出现的一系列带有幻想情节的心理活动，在心理学上叫遐想。专家们认为，白日梦与夜间梦一样，是从生活中得到的一部分，信息绕开了知觉，成为梦的原始资料，这些无意识的资料，像一幅幅的电影画面那样剪辑拼凑成梦幻。

研究者们发现：“白日梦”的情节大多数是愉快的结局，一般没有挫折和烦恼。从心理学观点来说，做“白日梦”是一种相当有效的心理松弛方法，对放松身心、解决问题大有益处。孕妈妈们愉快了，胎儿自然会愉快。

孕妈妈不妨经常想想自己未来的宝宝长得是多么可爱，身体多么结实，头脑多么聪明，或者幻想一下以后一家三口的欢乐生活。

细节33 斯瑟蒂克胎教教程：孕期如何做好家务

斯瑟蒂克胎教法主张，准妈妈要处理好家务和胎教的关系。为了进行胎教，还需要留出一段安静的时间。但是准妈妈每天忙于家务，并且心里感到不满的话，腹中的胎宝宝也就不可能安心。因此，准妈妈必须认识到，巧妙地处理好家务事也是进行胎教的一个基本要点。

斯瑟蒂克有一个提高做家务事效率的窍门，即事先把每日的打扫工作、食谱及外出计划定下来。比如说：

星期一，打扫起居室、卧室外的地毯和家具；

星期二，打扫和整理厨房；

星期三，冲洗厕所和浴室；

星期四，擦拭窗户和门框；

星期五，去商场或超市；

星期六，和准爸爸一起洗衣服。

食谱也按日子定下正餐主菜，像鸡、鱼、猪肉等。事实上，只要制订一个适合自己生活规律的日程表，那么，所有这些问题都能迎刃而解了。

为了帮助准妈妈顺利度过难熬的孕早期，且能将胎教工作认真地坚持下去，斯瑟蒂克胎教法中为准妈妈们做出了一日胎教工作计划，有助于准妈妈们一边调理身体不适，一边让胎宝宝享受最科学的教育。

10月胎教细节同步指南

第五章　孕4月胎教细节：进入胎教最佳时期

本月生活建议

- 由于分泌物增多，容易流汗，为了保持身体清洁，要勤洗澡，勤换内裤。
- 这个月开始可以穿准妈妈专用内裤，以保护增大的腹部。
- 每天用温水洗澡，促进血液循环。
- 腰腹部渐感沉重，甚至会引起酸痛不适，要穿着平底鞋而且不要一次走太多路。晚上睡觉时腰部垫一小睡枕，可有助改善腰腹不适。
- 清洗浴厕或下雨天外出时，走路要格外小心，踏稳每一步，以避免滑倒。
- 安排时间接受产前检查（满16周），最好由丈夫陪同一起前往。

本月胎教重点提示

- 这是胎儿的大脑皮质迅速发育和成熟的时期，与记忆相关的器官日益形成，可以开始实施正式胎教。
- 可进行联想胎教，想象胎宝宝的模样，像爸爸还是像妈妈。
- 可以根据准妈妈的性格来选择适合的胎教音乐。
- 此时由于胃口开始好转，食量增加，过度饮食，体重可能会快速增加，因而应注意开始控制体重。
- 如果妊娠反应时间过长或过重，可能会影响准妈妈和胎宝宝的健康，应到医院就诊，对症治疗，但不要过于紧张。
- 胎宝宝脑发育很快，准妈妈应积极给予胎宝宝各种良性刺激，如唱歌、朗诵等，可以给爸爸听一些儿歌、短诗等。
- 为了建立紧密的情感纽带，父母应多与孩子进行对话。

本月情绪胎教要点

- 适当多听抒情音乐或哼唱自己喜欢的歌曲。
- 本月是胎宝宝产生喜悦、不安等情感的时期，准妈妈保持愉快的心情很重要。
- 美好的大自然能给母子带来难得的精神享受，应多接触。

本月运动胎教重点提示

- 经常散步。

- 抚触腹部，做胎宝宝体操。
- 可以恢复性生活，但应避免选择压迫腹部的姿势体位。
- 可以做孕妇瑜伽，但要在专业人士指导之下进行。
- 可以进行游泳等水中运动，有利于分娩和胎宝宝的发育。

本月营养胎教贴心建议

- 避免偏食，避免吃过咸的食物和减少热性调料的使用。
- 应注意均衡饮食，摄取足够的营养，适当摄取有利于三焦经络发育的食物，如土豆、蕨菜、蜂王浆、萝卜、芦荟、玉米、牛蒡、竹笋、芋头等。
- 本月是胎宝宝飞速成长的时期，应多食富含B族维生素和镁、铁的食物，如豆腐、无花果等。
- 适当吃一些能够补充不饱和脂肪酸的食物，如坚果等，可以食用榛子和杏仁粥。
- 怀孕中期是胎宝宝脑细胞迅速发展的时期，应多摄取有益于脑发育的食物。

本月准爸爸胎教要点

- 经常抚摸妻子的腹部，并哼唱摇篮曲给胎宝宝听。
- 可将报纸卷成筒状，与胎宝宝轻声说话或念一些诗歌、散文。
- 丈夫可陪妻子多看一些家庭幽默书籍，以活跃家庭气氛，增进夫妻情趣并使妻子身心愉快。
- 夫妻之间发生争执，要体谅和包容妻子，避免夫妻争吵。

本月常有的不适症状

- 会有因贫血等引起的眩晕。
- 发生脚抽筋。
- 分泌物增加。
- 出现骨质疏松征。

本月胎教禁忌

怀孕4个月时，如果胎教有误，将对调节情感和感觉的自律神经系统产生影响，造成孩子性格上的偏差。

细节1 孕中期，胎教的最佳时期

孕妈妈怀孕到第12～16周时，胎宝宝出现第一次胎动。此时，标志着胎宝宝的中枢神经系统已经分化完全。胎宝宝的听力、视力开始迅速发育，并逐渐对外界施加的压力、动作、声音做出相应的反应，尤其对母体的血液流动声、心音、肠蠕动声等更为熟悉。

此时，胎宝宝对来自外界的声音、光线、触动等单一刺激反应更为敏感。若我们借助胎宝宝神经系统飞速发展的阶段，给予胎宝宝各感觉器官以适量的良性刺激，就能促使其发育得更好，为出生后早期教育的延续奠定良好的基础。

听觉训练：此阶段胎宝宝的听觉系统迅速发展，夫妇双方或孕妈妈可以很好地利用这一段时间，有意识地对胎宝宝进行相应的听觉训练。

触觉与动作协调训练：此阶段神经系统发育迅速，胎宝宝对触觉与运动很敏感。夫妇双方可对胎宝宝进行动觉、触觉训练。这一时期，主抓听觉和触觉训练，但其他胎教内容也不可荒废，否则会前功尽弃。

细节2 行为胎教：孕妈妈要保证充足睡眠

怀孕期间是孕妇神经非常敏锐的时期，噪音不仅会妨碍睡眠，而且如果被噪音吵醒，就会因为烦躁难以再次入睡。卧室需要布置在安静处，如果不方便，最好悬挂厚窗帘或加设一层隔音窗。

孕妈妈的睡床与窗户相对或临窗摆放都会妨碍到孕妇身心放松和寻找宁静感。镜子应当放置在孕妈妈躺卧后无法照到自己的位置。另外，电脑、电视等电子产品尽量不要放在卧室。如果在睡床的一侧设置较薄的窗帘或隔断，也可以营造出雅致的睡眠空间。

细节3 行为胎教：产前检查增加了新内容

胎心音检查

怀孕14周后，每次产前检查都要进行胎心音检查，可直接用胎心听筒或多普勒来监听胎心音，胎心率在120～160次/分钟为正常。妊娠6个月以后可在准妈妈腹部听到胎儿的心跳声，犹如钟表的“滴答”声。准爸爸可直接将耳朵贴在准妈妈的腹壁上听取，或用木听筒听取，每日一至数次。胎心直接反映胎儿的生命情况，过快、过慢或不规则都说明胎儿在宫内有缺氧情况，有窒息的可能，可危及胎儿生命，应及时就医。

胎心应与子宫动脉及胎盘杂音相区别。子宫动脉杂音是血流通过扩张的子宫动脉时所产生的吹风样的低音，胎盘杂音是血流通过胎盘时所产生，二者的快慢与母体脉搏相一致。胎盘杂音的范围较子宫动脉杂音的范围大。

宫高、腹围检查

从怀孕14～15周开始，准妈妈做产前检查时增加了一个新的检查项目：测量宫高及腹围，怀孕28周前每4周测量1次；怀孕28～35周，每两周测量一次；怀孕36周后每周测量一次。测量宫高的方法是让准妈妈排尿后平卧于床上，用软尺测量耻骨联合上缘中点至宫底的距离，然后将测量结果画在妊娠图上，以观察胎儿发育与孕周是否相符及羊水的多少等情况。

正常的准妈妈宫高和腹围的增长应该限制在一定范围内，超出该范围就要仔细考虑是否存在一些隐匿的问题，最为常见的是准妈妈吃得太多，体重增长超过了标准；另外，羊水过多或者双胎妊娠时都会在妊娠图上表现出来。

细节4 行为胎教：孕妈妈旅行

如果想去旅游，最好选择在怀孕第4～6个月之间，此期最为安全。此时剧烈的妊娠反应已经过去，胎宝宝发育比较稳定，孕妈妈身体尚未沉重，具有一定的对旅游辛劳的承受能力和愉悦的心境。

孕期外出旅游前必须去医院看一次妇产科医生，将整个行程向医生交底，以取得医生的同意和指导。一定要带全药品，比如对孕妈妈和胎宝宝都很安全的抗腹泻药、口服的肠胃药和外用的酒精棉、止吐药、优碘、外伤药膏、蚊虫咬伤药膏等。因为外出时难免会有些小意外发生，带全这些药品可以为孕妈妈解除后顾之忧。准备宽松、舒适的衣裤和鞋袜，带一只合适的软垫鞋供途中使用。必要的卫生用品也要带上，主要包括消毒纸巾、护垫以及可以清洁公用马桶盖用的消毒喷剂等。此外，还要带一小罐孕妇奶粉，可以在没有鲜奶的情况下使用。必须要有亲人陪同，确保途中的照顾与安全。孕妈妈在旅游途中还要注意力劳逸结合，保证充足的睡眠。

细节5 环境胎教：给胎宝宝一个斑斓的七彩世界

色彩是生活中必不可少的一部分，所以对胎宝宝进行胎教应该包括简单的色彩胎教。

色彩对人的影响

色彩能影响人的精神和情绪，同样它也能影响到准妈妈和胎宝宝。大自然的每一事物都有存在的理由，色彩也不例外。利用色彩的能量可以改变准妈妈和胎宝宝的生活，让生活更加美好。色彩作为一种外界的刺激，通过人的视觉带来不同的感受，使人产生某种精神作用。准妈妈精神上感到愉快还是忧郁，常与色彩的视力感觉有直接的关系。可以说，不舒服的色彩同噪音一样，会令准妈妈烦躁不安，而协调的色彩则会令准妈妈有一种美的享受。一般来说，红色使人激动、兴奋，能鼓舞人们的斗志；黄色明快、灿烂，使人感到温暖；绿色清新、宁静，能给人以希望；蓝色给人的印象是宁静、凉爽；白色使人感到干净、明快；粉红色和嫩绿色则象征着春天，使人充满活力。

准妈妈的色彩胎教

许多准妈妈由于阴血聚以养胎，多产生阴血虚、阳气盛的体质，往往会使准妈妈变得火气大、烦躁易怒，所以要有意识地使准妈妈接触一些偏冷的色彩，如绿色、蓝色、白色等，以调节情绪，使准妈妈保持淡泊宁静的胎教心情，使腹内的胎宝宝也随之平和地健康成长。孕期不宜多接触红、黑、灰等色，以免产生烦躁、恐惧及悲伤的心理，进而影响胎宝宝的健康成长。因此，为了胎宝宝的健康，准妈妈在孕期当中接触色彩时应多加注意，注意用正确的色彩给胎宝宝一个七彩世界。

教胎宝宝认识色彩

准妈妈可以买回一些彩色笔，绘制一些简单的图形，然后分别涂上不同的颜色。如准妈妈可以绘制一个漂亮的七色彩虹，轻轻地告诉腹中的胎宝宝："宝宝，这是红色，这是黄色……"准妈妈还可以感受一下衣、食、住、行等方面的色彩，利用色彩搭配提高自己的生活品位，获得色彩搭配所带来的美的享受，同时对腹中的胎宝宝进行色彩胎教。

细节6 环境胎教：用光照促进视觉发育

从妊娠第4个月起，胎宝宝对光线已经非常敏感。科学工作者对孕妈妈的腹壁直接进行照射时，采用B超探测观察可以见到胎宝宝出现躲避反射、背过脸去，同时有睁眼、闭眼活动。这说明在胎宝宝的视觉也在缓慢发育，并具有一定功能，此时可进行视觉功能训练。进行视觉训练可促进视觉发育，增加视觉范围，同时有助于强化昼夜周期，即晚上睡觉，白天觉醒，并可促进动作行为的发展。

操作方法：可用装有4节一号电池的手电筒，一闪一灭直接对着孕妈妈的腹部进行照射，每日3次，每次30秒钟，并记录胎宝宝的反应。

注意：不要在胎宝宝睡眠时施行胎教，这样会影响胎宝宝正常的生理周期，应该在有胎动的时候进行胎教。光照时可以配合对话，综合的良性刺激可能对胎宝宝更有益。实施视觉胎教的时候，切忌用强光，也不宜照射时间过长。

专家提示

不良坐姿伤害胎宝宝

本阶段，微微挺起来的肚子让孕妈妈略感沉重、疲劳。这时候，有些孕妈妈为了缓解疲劳，喜欢选择柔软的沙发或宽敞的椅子，或斜靠，或半躺，让整个身体或上半身陷入其中。这种坐姿在短时间内确实可以让孕妈妈感到舒适，一旦时间长了，孕妈妈在腹部和脊柱都会受到压迫，胎宝宝也会在重力的作用下形成枕后位，分娩时会使孕妈妈的产程延长，更有甚者会出现难产。所以，孕妈妈平时要注意自己的坐姿，千万不要将整个身体陷在椅子或沙发里。如果觉得坐在椅子或沙发上，腰部没有支撑力，可在腰部垫一个靠垫，这样孕妈妈就会感觉舒服多了。

细节7 情绪胎教：准爸爸要悉心关爱孕妈妈

对于孕妈妈和胎宝宝来说，家人的关心和体贴，显得格外重要。妈妈就像是大地，提供足够的养分；父爱像阳光雨露，滋润着孕期的母子。如果没有了阳光雨露的滋润，缺乏了爱的呵护，胎宝宝的心灵将是孤独、寂寞、痛苦的。

进入孕中期，疲倦、恶心等早孕反应慢慢消失，孕妈妈的心情也会随之开朗起来。有些准爸爸就以为不必再像前3个月那样照顾孕妈妈了。心理专家指出，在整个孕期，准爸爸都应该关心、体贴妻子，不能因为孕妈妈没有了早孕反应就忽视了对孕妈妈的关心。为了腹中胎宝宝的安全，准爸爸应尽量避免让妻子做吃力的家务劳动，减少孕妈妈的负担。如果孕妈妈心情平静开朗，身体便能维持良好状态，妊娠期间的负担就减轻了不少。如此一来，胎宝宝就能在舒适环境中健康地成长发育了。

情绪胎教体现的父母之爱，就是要将父母的关爱洒向胎宝宝的心灵，溶入他的每一根神经、细胞。情绪胎教的成功，是父亲的责任与妈妈的行为结合的结果；也是孩子出生时夫妻双方共同育儿的准备过程，它可以用血缘的纽带增强家庭的凝聚力，产生牢固的亲情。情绪胎教是夫妻双方共同孕育胎宝宝的结果，也是聪明的妈妈将育婴的责任与义务及时传递给丈夫，夫妻共同承担的结果。

细节8 营养胎教：孕4月准妈妈营养需求

本月要增加一些主食摄入，以供给胎宝宝和孕妈妈足够的营养。

建议主食：应选用标准米、面，搭配摄食些杂粮，如小米、玉米、燕麦片等；还要多吃动物性食品，它会为孕妈妈和胎宝宝提供足够的优质蛋白质。

在你感觉饿的时候，还可适当吃些有营养、健康的零食。建议零食：杏仁干、香脆果粒酸奶、麦片制成的小饼干、麦片制成的麻花卷、全麦面包、全熟的白煮蛋、猕猴桃、葡萄及番茄、新鲜的樱桃、蓝莓或者蓝莓干、芒果块、甜瓜片配酸橙、低脂肪南瓜糕点、粗粮制成的可口蛋卷、烤出来的甜土豆片、苹果片配奶酪片。有些零食最好少吃或不吃，如：薯片、油炸里脊串、炸鸡等油炸食品。

细节9 营养胎教：适当增加能量的摄入

怀孕3个月后，大部分孕妈妈的妊娠反应基本停止，恶心、呕吐大体消失，食欲趋于好转，胃口开始大增，应抓紧时机进补，及时、有效、合理地补充此时胎宝宝生长发育所需要的营养。

从这个月开始，胎宝宝的生长速度加快，孕妈妈子宫、胎盘和乳房等也逐渐增大，需要充足的能量。孕中期每日对能量的需求大约比未孕前增加5%～10%，约增加200千卡，即一天需要摄入2300千卡能量。影响能量需要的因素很多，如孕前体重、孕期体重增加的情况和孕妈妈的活动量等，不可能有一个确切的能量需要量适用于所有的孕妈妈。一般可根据孕妈妈体重的增长来评价和判断能量的摄入是否适宜，孕中、后期每周增重应不少于0.3千克、不大于0.5千克。

碳水化合物、脂类和蛋白质经体内代谢可释放能量，统称为“三大产能营养素”。其中，碳水化合物是人体最重要的能量来源，人体所需的能量50%是由食物中的碳水化合物提供的。粮谷类食物是碳水化合物的主要来源，中国营养学会建议孕中期每日应摄入350～450克粮谷类食物。

脂类是人类膳食能量最经济的来源，1克脂肪在体内分解成二氧化碳和水并产生9千卡能量，比1克蛋白质或1克碳水化合物高一倍多。2000年《中国居民膳食营养素参考摄入量》推荐孕妇膳食脂肪供能比为20%～30%，即一天需要从脂肪类食物中摄入460～690千卡能量（约合51～76克脂肪）。

在一般情况下，人体主要依靠碳水化合物和脂肪供应能量，但如果这两者供能不足，如长期不能进食或消耗量太大时，体内的糖原和贮存脂肪已大量消耗之后，将依靠组织蛋白质分解产生氨基酸来获得能量，以维持必要的生理功能。

细节10 营养胎教：孕中期要特别注意补铁

从孕20周开始，由于母体红细胞总量扩充加快和胎儿发育的需要，准妈妈每日需铁量增至5～10毫克，也就是说，每日应摄入铁25毫克。一般每月查一次，如贫血则应补充铁剂，不贫血则没必要补充。

在早孕反应消失、饮食恢复正常后就应多吃含铁丰富的食物，如猪肝，每100克含铁25毫克，吸收率也高，最好每周能吃2～3次，每次100～150克；还可经常吃些瘦肉肉松、黑木耳、海带、紫菜、莲子、豆制品、虾米等含铁丰富的食物；用铁锅炒菜也是增加菜肴中铁含量的好方法。可以多吃些新鲜蔬菜、水果，增加维生素C的摄入以提高食物中铁的吸收率。不要在饭后喝茶，更不要喝浓茶，因为茶叶中的鞣酸可妨碍铁的吸收。血红蛋白的生成不仅需要铁，也需要蛋白质，因此在饮食中补充铁的同时应注意补充蛋白质，只有补充足量的蛋白质才能提高补铁的效果。

食物中铁的吸收率极低，尤其是植物性食物中的非血红素铁吸收率不足10%，孕期对铁的需要通常很难从膳食中得到充分满足。一些学者主张自孕中期起通过补铁剂来改善准妈妈的贫血症状，常见的补铁剂有硫酸亚铁（剂量为150毫克/天）、富马酸亚铁（剂量为100毫克/天）等。

下面介绍两款补铁食谱：

1.腰果玉米

材料：腰果50克，西芹80克，玉米80克，盐，味精1/2匙。

制作方法：（1）将芹菜择洗干净，切成小段；（2）将玉米粒和芹菜段分别放入开水中焯烫，芹菜焯烫完要立即过凉；（3）炒锅倒入适量油，先放入腰果，小火慢慢的炒熟，然后放入玉米粒和芹菜段，加入盐，味精，快速翻炒几下就可以出锅了。

营养分析：腰果营养丰富，含蛋白质达21%，含油率达40%，各种维生素含量也都很高，具有补充体力和消除疲劳的良好功效，还能使干燥的皮肤得到改善，同时还可以为孕妈妈补充铁和锌。

2.火爆腰花

材料：猪腰100克，黄瓜1根，红泡椒15克，姜、葱、蒜适量。

制作方法：（1）猪腰用刀切成腰花；将盐、糖、酱油、醋、料酒和水淀粉倒碗中调成汁；（2）中火加热油锅，放葱、姜、蒜和红泡椒碎爆香，再开大火爆炒腰花1分钟；（3）放入准备好的调味汁和黄瓜片，待汤汁收稠后装盘。

营养分析：猪腰中含有丰富的铁质，且人体的吸收利用程度高，是补铁的好食物。

细节11 营养胎教：继续补充钙和维生素D

一个成熟的胎宝宝体内含钙约30克，在孕早、中、晚期日均积累量分别是7毫克、110毫克和350毫克。怀孕17～20周这段时间胎宝宝的骨骼和肌肉开始迅速发育，它的体重和身长都将在这段时间内增加两倍以上，孕妈妈需要充足的维生素D和钙（每日应保证摄入1000毫克）来帮助胎宝宝生长。如果孕妈妈钙质摄取不足，自己骨骼等处的钙质便会分解，以补充血钙的不足来供给胎宝宝。研究显示，孕期钙的补充还可降低孕妈妈妊娠高血压综合征和先兆子痫的危险。钙的最好来源是奶及奶制品、豆类及其制品，芝麻和小虾皮等海产品也是钙的良好食物来源。

钙的吸收和使用需要维生素D。中国营养学会建议孕妈妈从妊娠第4个月开始补充维生素D，推荐的每日适宜摄入量为400IU。晒太阳是无偿获得维生素D的好方法，服用富含脂肪的乳、蛋类和鱼肝油是在阳光条件不足时的补充途径。但维生素D也不是多多益善，如果过多的维生素D存于体内，将不断刺激组织钙化，如肺、肾等，从而造成胎宝宝心肺等器官发育不正常，也会影响智力的发育。

下面为孕妈妈介绍几款高钙美食：

1.豆腐吞拿鱼

原料：豆腐1盒，吞拿鱼1罐，圣女果5个，白醋1匙，味噌2匙。

做法：豆腐切成小块放在盘中；将白醋和味噌充分拌匀，淋在切好的豆腐块上；吞拿鱼沥去油，放在豆腐上，盘边摆上切好的圣女果即可。

2.吞拿鱼饭团

原料：吞拿鱼1罐，米饭2碗，沙拉酱2匙，豌豆适量，玉米粒适量。

做法：豌豆、玉米粒焯熟并放凉，蒸好的米饭放凉备用；将豌豆、玉米、吞拿鱼、沙拉酱与米饭拌匀；用保鲜膜包成小饭团即可。

3.蔬菜奶酪沙拉

原料：圣女果5颗，生菜叶2片，黄瓜1/2根，樱桃萝卜5颗，罐头玉米粒20克，稀奶酪100克。

做法：将生菜叶、黄瓜切片，圣女果、樱桃萝卜切成适口的块与玉米粒共同放入碗中备用；将稀奶酪调入切好的原料中即可。

细节12 营养胎教：别让体重增长得太快

体重增长是反映孕妈妈健康与营养状况的一项综合指标。虽然整个孕期和产后哺乳阶段孕妈妈都需要加强营养，但并不是吃得越多越好。吃得太多会造成营养过剩，表现为体重增长过多、过快。

妊娠期孕妈妈的体重平均增加10～12.5千克，孕早期增加较少，约增加0.7～1.4千克；孕中期和孕晚期体重增幅较大，孕中期平均增重4～5千克，每周体重增加以0.4千克为宜；孕晚期增重超过6千克，每周大约增加350～400克。孕前体重过轻的孕妈妈（体重指数BMI＜19.8），体重可以多增加一些，建议每周增重≥0.5千克；而超重者（体重指数BMI>26）应适当控制体重增加，减少每周能量摄入量，增重约0.3千克为宜。

孕期体重增长过多、过快对孕妈妈和胎宝宝都没有好处。报道称体重增加超过平均值50%的孕妈妈易诱发妊娠高血压、妊娠期糖尿病、生殖和泌尿系统感染，所怀的宝宝往往过大，胎宝宝过大容易出现宫内缺氧、胎位不正、早破水、难产等问题，导致孕妈妈产道损伤、伤口愈合不良、新生儿产伤等情况，胎宝宝和新生儿的死亡率也明显增加。如果孕期体重增长过多，分娩后体形也难以恢复。

专家提示

巧克力是容易使人发胖的食物，孕妈妈常吃会令体重快速增加，不利于分娩。另外，巧克力还会使人产生饱腹感，孕妈妈常吃会阻碍对其他营养成分的摄取。

体重超标的孕妈妈不能通过药物减肥，可在医生的指导下通过调节饮食来减轻体重。要注意控制糖类和高脂肪食物的摄入，米饭、面食等粮食均不宜超过每日标准供给量；动物性食物中可多选择含脂肪相对较低的鸡、鱼、虾、蛋、奶，少选择含脂肪量相对较高的猪、牛、羊肉，并可适当增加一些豆类，既可以保证蛋白质的供给，又能控制脂肪量；少吃油炸食物、坚果、植物种子类等含脂肪量较高的食物；多吃蔬菜水果，注意选择含糖分少的水果，既缓解饥饿感，又可增加维生素和矿物质的摄入。除了控制饮食之外还要注意多活动，多活动对减轻分娩时的痛苦也是大有好处的。

细节13 营养胎教：孕妈妈吃油有讲究

孕4月是胎宝宝大脑的各部分，如大脑、延髓等开始分化的时期。孕妈妈要坚持为胎宝宝提供脑发育所需的脂肪。除了前文提到的动物类食物外，食用油中也含有大脑发育所需的脂肪。

科学选油、吃油是孕妈妈需要掌握的一种饮食观念，与胎宝宝的身体健康息息相关。烹调食物时力求少用油，而且以植物油为主，少用或不用油炸、油煎等烹调方法，多用煮、炖、汆、蒸、拌、卤等少油的做法。在平时吃油时，应交替使用几种食用油，或是隔一段时间就换不同种类的食用油，这样才能使孕妈妈体内所吸收的脂肪酸种类丰富、营养均衡，避免单一。

橄榄油对孕妈妈及胎宝宝的健康非常有益，但在购买时要注意辨别优质品与劣质品，具体方法如下：

第一：查看橄榄油的酸性值。一般正规产品都会标注酸性值，最好的橄榄油酸性值不超过1%，可食用的橄榄油酸性值不超过3.3%。

第二：看色泽。上等的橄榄油呈黄绿色，越清亮品质越好，越浑浊则越差。

第三：查看出产地。产地是决定价格的重要因素之一，世界橄榄油主产国集中在地中海沿岸，其中，西班牙、意大利、希腊为世界三大橄榄油生产国和出口国。

第四：应认准“特级初榨”的字样，这类橄榄油品质最佳。

细节14 营养胎教：吃点坚果胎宝宝更聪明

专家指出，脑细胞是由60%的不饱和脂肪酸和35%的蛋白质构成，而坚果类食物中含有15%～20%的优质蛋白质和十几种重要的氨基酸，这些氨基酸都是构成脑神经细胞的主要成分。因此，无论是对孕妈妈还是对胎宝宝来说，坚果都是补脑、益智的佳品。孕妈妈不要因为坚果中含有大量的脂肪和蛋白质就害怕食用后发胖，而对它望而却步，只要每天将摄入量控制在28克左右就不会发胖。

花生：花生的蛋白质可高达30%左右，其营养价值可与鸡蛋、牛奶、瘦肉等媲美，而且易被人体吸收。花生皮还有补血的功效。可以将花生与黄豆一起炖汤，最好不要用油炒着吃。

核桃：补脑、健脑是核桃的第一大功效，另外，其含有的磷脂具有增加细胞活力的作用，能增强机体抵抗力，促进造血功能和加速伤口愈合。核桃仁还有镇咳平喘的作用。尤其是经历冬季的孕妈妈，可以把核桃作为首选的零食。核桃可以生吃，也可以加入适量盐水，煮熟吃，还可以和栗子等一起煮粥吃。

榛子：榛子含有不饱和脂肪酸，并富含磷、铁、钾等矿物质，经常吃可以明目、健脑。如果孕妈妈不想单吃榛子，可以压碎放在麦片里一起吃。

细节15 运动胎教：学跳慢步交谊舞

运动可以防止孕妈妈体力下降，并可以逐渐增加孕妈妈的肌力和持久力。这一周，孕妈妈可以练习跳舞，只要强度适中，对孕妈妈和胎宝宝都有好处。

怀孕是一个较漫长的过程，如果孕妈妈足不出户不参加社交活动，极容易造成自闭、忧虑等，对胎宝宝发育极为不利。建议孕妈妈走出家门，去跳舞。跳舞其实和游泳一样，可以通过锻炼，使生产更顺利。孕妈妈可以配合旋律，使手、脚、腰等部位自然摆动，让肌肉充分伸展、放松，以达到运动的目的。

妊娠期间，虽然肚子很大，可是由于卵细胞激素的作用，会使身体令人意外地自由和柔软、如果能很愉快地运动，身体内就会分泌快乐激素，就会通过胎盘让宝宝感受到，使得胎宝宝身心健康成长，也可以促进生产的顺利进行。

如果孕妈妈从来没有跳过舞，妊娠期也不必特意去学跳舞。选择自己最喜欢的运动，持之以恒，就可以了。

胎教专家认为，慢步交谊舞是一项很好的活动，有利于身心的调节和健康，并且整个孕期孕妈妈都可以跳舞。注意，不要过于劳累，跳舞场所如果空气不好最好不要参与。

细节16 运动胎教：和胎宝宝一起分享大自然

孕妈妈最好利用每天下午的时间外出散步。可以去公园、植物园和动物园，可以和胎宝宝一起去看湖中的野鸭和天鹅，一起享受日光浴，这将是十分愉快的时光。一边散步，一边可以给胎宝宝介绍人们生活的情况、居住的环境、不同季节里自然界的变化、动植物的生态情况等等。

为扩大学习范围，每次最好稍微改变一下散步的路线。这样眼前出现的事也不会一成不变，从接触的人物、装饰、橱窗的商品、花的颜色、变幻的天空等事物中间，发现一些新鲜和感兴趣的东西，讲给胎宝宝听。

另外，要把正确的信息告诉胎宝宝，遇到自己不懂的问题，向内行请教也是一个方法。有关花草的问题可以问花店店员，有关鱼类的问题可以到水族馆去学习，对某些地方不了解的话，可以向附近的居民打听等等。

美的熏陶渲染，不仅会使孕妈妈身体和心灵得到放松，而且这种审美会传达给胎宝宝，使其灵性也得到了陶冶，有利于胎宝宝健康地发育成长。

细节17 运动胎教：巧手转魔方

最早的魔方是匈牙利的一位叫Rubik的教授于1974年发明的，这位教授发明它并不是为了投入生产和娱乐。因为他是建筑学和雕塑学教授，所以他自己动手做出了第一个魔方的雏形，来帮助学生们认识空间立方体的组成和结构，以及锻炼学生的空间思维能力和记忆力。在他完成第一个作品以后，转动了几下，发现原本齐整的魔方竟然很难恢复。于是，他意识到这个新的发明会很不简单。但是他想不到的是，这个边长不到6厘米的玩具竟然会在未来风靡全球，甚至出现了以魔方为道具的运动。

魔方不仅仅是小孩子的玩具，更是一种休闲放松的方式和体育竞技形式，孕妈妈可以和准爸爸一起玩魔方，在玩儿的过程中加深彼此的情感，也让胎宝宝体会到父母的爱。

细节18　运动胎教：练习简单的瑜伽

从这个月开始，孕妈妈在身体允许的情况下可以练习一下简易的瑜伽，可调节体内血液循环、放松身心、解除疲劳。

孕妈妈要先暗示自己全身放松，要一个部位一个部位地放松，然后柔和地开始深吸气，再慢慢地、细细地，自然地呼气。在练习瑜伽时要避免过度弯腰、扭腰、转体、举胳膊等动作，动作要柔和，还要以孕妈妈没有任何不适感为好。

孕妈妈由于体内的负担，容易出现腰酸等不适，可将注意力放在腰部，暗示自己放松腰部，再进行上述的吸气、呼气，对减轻酸背痛效果很不错。

猫伸展式

猫伸展式可缓解背部疼痛和疲劳感，按摩腹部器官，增进消化作用，解决便秘烦恼，还能消除腹部多余脂肪，帮助子宫恢复正常位置，适合在孕期和产后练习。

1.跪坐，双腿并拢，脚底朝上，俯身向前，双手撑地，伸直脊柱。

2.吸气，头向上抬起，慢慢地将盆骨向上翘，腰向下微曲，肩胛向背部挤压，形成一条弧线。

3.吸气，慢慢把背部上拱，带动头下垂，视线望向大腿位置，直至感到脊柱有伸展的感觉。

骨盆扭转运动

骨盆扭转运动可加强骨盆关节和腰部肌肉的柔软性，疏通全身经络，缓解颈部疼痛，强化骨盆柔韧性，为顺产做准备。

1.孕妈妈仰卧，双腿并拢屈膝，脚掌贴地，双臂放在身体两侧，掌心向下紧贴于地面。

2.双膝缓缓倒向左侧，膝盖尽量贴近地板，头部及上半身保持原姿势不动。

3.双腿恢复到第一步动作，双腿再缓缓地向右侧倒下，膝盖尽量贴近地板，头部及上身姿势不变。如此左右交替练习，每晚临睡时各练习3～5分钟。

细节19 音乐胎教：妈妈宝宝一起听音乐

怀孕4个月时最适宜母子同听音乐。注意，孕妈妈听音乐时，音量要适中，一般控制在55分贝左右，相当于课堂上演讲的声音。挑选好乐曲：西方古典音乐、轻音乐比较适合于胎宝宝，如《圣母颂》、《梦幻曲》、《少女的祈祷》等等。欣赏前，妈妈肌肉放松，保持心情舒畅。

听音乐的时间：最好有个计划，如每天什么时间听，每天听几

次，每次听多久，这样有规律性比较好。每日2次，每次10～20分钟。一般来说，做到每天坚持听，而且每次听都是在你兴致最高、心情最好的时候，效果比较好。

乐曲宜重复：乐曲不宜太多，太杂，一般来说，选择固定的几首曲子反复听，天天听，待基本听熟后，再更换其他乐曲比较好。这样才能在胎宝宝的头脑中留下印象，使音乐胎教有可能起到促进胎宝宝脑和智力发展的作用。这一时期，除了给胎宝宝听音乐外，还可以带着胎宝宝去看电影。可以根据自己的兴趣选择喜欢的影片，但最好不要选择看恐怖片和内容不健康的片子。

胎教小百科：4个月的胎宝宝有了听力

4个月的胎儿就有了听觉。6个月时胎儿的听力几乎和成人相等。外界的声音都可以传到子宫里。但胎儿对500～1 500赫兹的声音感觉比较舒服，喜欢听节奏平缓、流畅、柔和的音乐，讨厌强而快节奏的摇滚乐，更害怕各种能致命的噪音。8个月的胎儿能够区别声音的种类，听出音调的高低、强弱，能分辨出是爸爸还是妈妈在讲话。

早期听觉刺激是胎教的主要方法之一。宝宝在有了听觉之后，他就要不停地听，只要落在他的听觉范围内，他便收入耳内产生听觉，传入大脑，留下痕迹，一直到入睡为止。听觉不仅使宝宝辨认周围环境中的多种声音，而且凭此掌握人类的语言，婴儿期是儿童语言发展最迅速的时期，因此，听觉的发展在这个时期具有更重要的意义。

细节20 音乐胎教：根据孕妈妈性格选择胎教音乐

孕妈妈性格特点不同，进行音乐胎教时则选择曲调、旋律、节奏、响度不同的乐曲。

如孕妈妈情绪不稳定，性情非常急躁，胎动频繁不安，则宜选择一些缓慢柔和、轻盈安详的乐曲。如：《二泉映月》、《渔舟唱晚》、《春江花月夜》、《平沙落雁》等。这些乐曲柔和平缓，并带有诗情画意，孕妈妈经常听这类曲子，心情会逐渐趋于安定状态，并有益于胎宝宝的身心朝着健康的方面发展。

如果孕妈妈性格阴郁迟缓，胎动也比较弱者，则宜选择一些轻松活泼，节奏感强的乐曲。如《春天来了》、《江南好》、《步步高》、《春之声圆舞曲》等。这些乐曲旋律轻盈优雅，曲调优美酣畅，起伏跳跃，节奏感强，孕妈妈听了可以振奋精神，解除忧虑，也能给胎宝宝增添生命的活力。

对于音乐胎教来说，就和中医治病讲究“辨证论治”一样，要因人而异，绝不可用恒定的胎教乐曲，让所有孕妈妈去聆听，否则只会事倍功半。

细节21 音乐胎教：孕妇音乐的运作和实施

项目	要求	说明
实施时间	从确定怀孕起，就可以开始进行	
实施方式	孕妇自己听时，可用耳机听，也可以用扬声器	用扬声器时，孕妇要距离扬声器1.5～2米
播放音量	播放音量不宜太大，应控制在45～55分贝	
播放次数	每天播放2～3次，每次5～10分钟	
播放时间	早、晚进行较好	
姿势要求	斜靠着欣赏更加方便，坐在安乐椅上听也行	也可边做家务边听音乐
曲目要求	以宁静为原则	不适合听节奏强烈、节奏变化大的刺激性音乐，如激烈的摇滚舞曲、迪斯科舞曲、爵士乐或是带有悲伤、忧愁情绪的爵士舞曲、安魂曲等

细节22 音乐胎教：欣赏古筝曲《渔舟唱晚》

古筝曲《渔舟唱晚》，标题取自唐代王勃《滕王阁序》里“渔舟唱晚，响穷彭蠡之滨”。乐曲以歌唱性的旋律，形象地描绘了晚霞斑斓、渔歌四起、渔夫满载丰收的喜悦荡桨归舟的欢乐情景，表现了作者对生活和美丽河山的赞美与热爱。

全曲大致可分为3段：第1段，用慢板奏出悠扬如歌的旋律，展示了优美的湖滨晚景，抒发了作者内心的感受和对景色的赞赏。第2段，音乐速度加快，其旋律是从第1段的音调中发展而来，形象地表现了渔夫荡桨归舟、乘风破浪前进的欢乐情绪。第3段，快板，形象地刻画了荡桨声、摇橹声和浪花飞溅声。随着音乐的发展，速度逐渐加快，力度不断增强，展现出渔舟近岸、渔歌飞扬的热烈情景。在高潮突然切住后，尾声缓缓流出，出人意料又耐人寻味。这首乐曲适合于孕妈妈在睡眠不好时听，它乐声悠扬如歌，意境旷达，能促使孕妈妈的情绪恢复宁静，同时，也带给胎宝宝以安静祥和的氛围。孕妈妈在临睡前听此曲，可让自己的思绪沉静到傍晚的水波上，在渔舟的轻摇慢曳中静静入睡……

胎教小百科：警惕噪音对胎儿的伤害

越来越多的研究表明，噪音会严重影响人类优生而导致畸形胎儿增多。因此，专家们呼吁怀孕女性要警惕身边的噪音。

美国推进科学协会曾在芝加哥举行的年会上发出警告，噪音对胎儿危害极大，因为高分贝噪音能损坏胎儿的听觉器官。近年在加拿大进行的一次流行病学研究也证明，那些曾经接受过85分贝以上（重型卡车音响是90分贝）强噪音的胎儿，在出生前就已丧失了听觉的敏锐度。

一些科学家研究指出，构成胎儿内耳一部分的耳蜗从妊娠第20周开始成长发育，其成熟过程在婴儿出生后30多天时间里仍在继续进行。由于胎儿的内耳耳蜗正处于成长阶段，极易遭受低频率噪声的损害，外环境中的低频率声音可传入子宫，并影响胎儿。有的研究表明，胎儿内耳受到噪音的刺激，能使脑的部分区域受损，并严重影响大脑的发育，导致儿童出现智力低下。

细节23 音乐胎教：欣赏《彼得与狼》

《彼得与狼》是原苏联的作曲家普罗柯菲耶夫为儿童写的一部交响乐童话，

完成于1936年春，同年5月2日在莫斯科的一次儿童音乐会上首次演出。该作品是普罗柯菲耶夫的代表作品之一，由作者本人所构思的情节和撰写的朗诵词，具有生动活泼而又深刻的教育意义。

少先队员彼得与他的小朋友鸟儿一起玩耍，家中的小鸭在池塘嬉游，与小鸟争吵。小猫趁机要捕捉小鸟，被彼得阻拦。爷爷后来吓唬他们说狼要来了，把彼得带回家。不久，狼真的来了，吃掉了小鸭，还躲在树后要捉小鸟和小猫。彼得不顾个人安危，在小鸟的帮助下捉住狼尾巴，将它拴在树上，爷爷和猎人赶来把狼抓进了动物园。故事寓意深刻，表现了少年彼得以勇敢和机智战胜了凶恶的狼。

作曲家运用乐器来刻画人物和动物的性格、动作和神情，音乐技巧成熟，形式新颖活泼，旋律通俗易懂。全曲既有贯穿的情节，而又不是干涩地平铺直叙，每一个角色、每一个段落不但形象鲜明，而且还含有表达尽致的艺术魅力。当然，最可贵的还是这部作品的思想内容：只要团结起来，勇敢而机智地进行斗争，任何貌似强大的敌人都是可以战胜的。

音乐中用长笛、双簧管、单簧管、大管、弦乐四重奏、定音鼓和大鼓所奏出的具有特性的短小旋律和音响，分别代表小鸟、鸭子、猫、爷爷、少年彼得和猎人的射击声等。曲中采用长笛的高音区表现小鸟的灵活好动；弦乐奏出了彼得的神情，描绘了彼得的机智勇敢；鸭子的形象由双簧管模拟，生动地刻画出那蹒跚的步态；单簧管低音区的跳音演奏描绘了小猫捕捉猎物时的机警神情；爷爷老态龙钟的神态由大管浑厚、粗犷的声音来表现，节奏和音调模拟了老人的唠叨；狼阴森可怕的嚎叫用圆号来体现。

专家提示

普罗科菲耶夫是俄罗斯音乐史上的超级神童，5岁就写出了第一首钢琴独奏曲，9岁已经令从学的老师大惊失色。尽管他是金牛座，可是行为作风完全随心所欲，经常往原作里加入随意发挥的东西。他发明了一种“快速配器法”，充满独特的个人见解，以表示不喜欢原有的单调乏味的配器方式。他的代表作《彼得与狼》、《古典交响曲》和《罗密欧与朱丽叶》一直被古典乐坛奉为先锋派。

细节24 音乐胎教：聆听勃拉姆斯的《摇篮曲》

勃拉姆斯是19世纪后半叶德国古典乐派最后一位卓越的作曲家，他的这首《摇篮曲》作于1868年，是其代表作之一，为摇篮曲中最为出色的一首。乐曲深情而动听，表现了真挚的母爱，被广为传唱。

1864年，勃拉姆斯在汉堡遇见了一位维也纳青年女歌手，名叫贝尔塔。奥地利姑娘特有的温柔妩媚和天真烂漫自有一种神秘的魅力。从她身上，勃拉姆斯感到他注定要终老于此的奥地利土地分外可爱。勃拉姆斯对贝尔塔一见钟情，但在谈婚论嫁的时候却遭到了不可克服的障碍。贝尔塔嫁给了法柏先生，当他们养育第二个孩子的时候，勃拉姆斯送给她一首"随时随地可以用来取乐"的《摇篮曲》。"安睡安睡，乖乖在这里睡，小床满插玫瑰，香风吹入梦里，蚊蝇寂无声，宝宝睡得甜蜜，愿你舒舒服服睡到太阳升起。"那恬静、优美的旋律本身就是一首抒情诗。后人曾将这首歌曲改编为轻音乐，在世界上广为流传，就像一首民谣那样深入人心。

此曲是一首民歌风格的歌曲，歌曲中摇摆的韵律，舒缓的叙事语气的旋律，再加上装饰音的运用，表现出充满无限温存慈祥的万千柔情，勾画出一幅妈妈对孩子亲切祝福的动人画面，表达了人类最崇高的感情：妈妈对孩子的爱。演唱者克洛伊·安格纽像孩童一样柔嫩清澈、像糖果一般甜美的嗓音在凯尔特女声中独树一帜，给人一种纯真的美感。

细节25 音乐胎教：欣赏《四小天鹅舞曲》

今天，我们来听一首可以让孩子欢快、开朗的圆舞曲——《四小天鹅舞曲》。《四小天鹅舞曲》由柴可夫斯基创作，是最受人们欢迎的舞曲之一，音乐轻松活泼，节奏干净利落，描绘出了小天鹅在湖畔嬉游的情景，质朴动人而又富于田园般的诗意。在轻松的节奏里，孕妈妈可以感受到那种甜美与欢乐，是很好的放松。

细节26 音乐胎教：欣赏《小雨沙沙》

《小雨沙沙》是一首曲调简洁、明快、流畅的儿童歌曲。旋律采用级进、同音反复、小跳、变化重复等手法发展全曲，在有规律的节奏紧密配合下，生动地描绘出小雨沙沙的声音，使用拟人化的歌词显得天真而富有稚气，充满儿童情趣，同时又说明种子生长离不开雨露，孩子成长离不开关爱的道理。

小雨小雨沙沙沙，沙沙沙，种子在发芽，在发芽，哎呀呀，我要出土，哎呀呀，我要长大。

静坐在窗前，听着这蒙蒙细雨声，你是否嗅到了春的芳香，是否感觉到春天就像体内的小生命一样，悄悄地来到这个美丽的人间。闭上双眼，细听雨声，让我们期待这个绿色生命的到来……

细节27 语言胎教：和胎宝宝说说话

怀孕4个月的胎宝宝对外界的声音已经有所感知，声音信息不断刺激胎宝宝听觉器官，并促进其发育。胎宝宝在子宫内能分辨和听到各种不同的声音，并能进行“学习”。

由于此时胎宝宝已产生了最初的意识。母亲可以给胎宝宝朗读一些笔调清新优美的散文、诗歌，也可以和胎宝宝聊天。例如早上醒来以后，先抚摸一下胎宝宝，问声：“早上好，宝宝！”

与此同时，作为未来宝宝的父亲，也可开始面对孕妈妈的腹部和胎宝宝进行“对话”，比如，先给孩子起个小名（如“帅帅”），而后，每天面对宝宝，用亲切的语调呼唤孩子的名字说：“帅帅真乖！”等，以此逐步刺激宝宝的听觉，并着手建立父子间的亲情。日暮后由准爸爸陪伴着妻子散步于路边街头，公园田间，可以把所看见的景色悉心描述给胎宝宝听，让胎宝宝也领略一下大自然的美好。在就寝以前可以由准爸爸通过孕妈妈的腹部轻轻地爱抚胎宝宝，同时告诉他：“宝宝，爸爸在叫你呢，你听见了吧！”

总之，对话可随时进行，每次时间不宜过长，一般以3～5分钟为宜。对话内容可灵活掌握。

专家提示

生活在母亲腹中的胎儿是个能听、能懂、能理解父母，有生命、有思想、有感情的谈话对象。作为父母应该不失时机地与胎儿交流，对他施以刺激，以丰富胎宝宝的精神世界。

可能在此之前，你和准爸爸一直叫他宝宝，但接下来，为了更好地实施胎教，最好给宝宝取个乳名。最好给宝宝取个中性的乳名，如“平平”、“乐乐”等，将来生男生女都可以用，这样，胎教与幼教就可以有效地衔接起来。这样，你和准爸爸就可以在确定胎宝宝醒来时，用乳名和宝宝进行子宫对话了。

细节28 语言胎教：传统故事是不可多得的理想教材

俗话说，言为心声。在怀孕早期胎儿大脑开始发育之际，父母亲就应该阅读一些优秀的文学作品。经过精心挑选的故事应该注重体现勇敢、理想、爱情、幸福等一切美好的事物，如传统的《孔融让梨》、《司马光砸缸》、《精卫填海》等故事都是不可多得的理想教材，都能给胎儿以良性的刺激，利于胎儿成长。

准妈妈和准爸爸每天应安排固定的时间来给胎儿讲故事。讲故事时，要充满感情地叙述，发出的声音要欢快、明朗、柔和，最好带着笑声，这样容易感染胎儿。

向胎儿叙述的事情应该是自己熟悉的，能理解的，要声情并茂，绘声绘色地讲，就像幼儿园老师给2岁的幼儿讲故事那样。准爸爸也要积极参与语言胎教，这样不仅可增进夫妻感情，还可提前做好当爸爸的准备，与孩子建立亲密关系。年轻的准爸爸准妈妈们一定不要放弃这个与胎儿情感交流的好机会。

细节29 语言胎教：《千字文》、《三字经》、《百家姓》

《千字文》、《三字经》以及《百家姓》等是我国进行幼儿教育的传统教材，在古代和近代教育史上具有非常重要的地位和作用。在韩国、日本以及东南亚等周边国家和地区，也对此越来越重视，比如《千字文》在韩国就被列为胎教的教材。

有人认为，《千字文》、《三字经》以及《百家姓》等成人都难理解，胎儿肯定不能理解。其实，在《千字文》、《三字经》以及《百家姓》中蕴藏着许许多多动人的故事，只要给胎儿讲述其中的故事，一个字一个字地慢慢读，同时告诉胎儿其中的意思，就能收到理想的胎教效果。

《千字文》是我国南北朝时期的周兴嗣创作的。因为有250句四言古诗，一共1000字，故名《千字文》。《三字经》则由三个字的词组组成，字虽不多但却包含着世间真理。读《千字文》、《三字经》和《百家姓》时，随着妈妈的语言组织能力和理解能力的提高，不仅可以充实、丰富自身的心灵，美化自身的语言和生活，而孩子的语言、词汇组织能力和理解能力也从这时开始萌发。此外，对妈妈来说，一笔一画学习汉字的写法和发音以及其意义的过程，也可以成为一件愉快的事情。因为，教给孩子每个字的意义和发音固然重要，但让孩子懂得世间道理和世间风貌却有更重大的意义。

细节30 语言胎教：经典童话故事《小老鼠报恩》

一头狮子正在睡觉。一只小老鼠没见过狮子，“这是什么草，毛茸茸的。”它看见狮子的尾巴，还以为是一种什么奇怪的草。它拿着狮子的尾巴又拉又扯的，把狮子吵醒了。狮子一甩尾巴，把老鼠摔到了地上。“好疼啊！”“该死的老鼠，你居然欺负到我的头上来了。”“对不起，我不知道是你呀，大王，你饶了我吧，以后我一定会报答你的。”狮子得意地哈哈大笑起来，放走了小老鼠。

几天后，狮子中了猎人设的陷阱，被套在了网里，狮子大声喊叫："救命啊，救命啊！"小老鼠听到狮子的救命声，跑了过来："大王，你别着急，我来救你来了！""你这么小，怎么救得了我？""你放心，我自有办法。"它看到树上的绳子，心里有了主意。它爬到了树上，咬断了绳子，救下了狮子。

狮子非常感激，说："没想到你还有这个本事，真是太谢谢你了！"狮子驮着小老鼠，高兴地离开了那里。

细节31 语言胎教：准妈妈必会的儿歌

我家几口

我家有几口？
让我扳指头。
爸爸，妈妈，还有我。
再加一个布娃娃。
哟！有四口。

小弟弟早早起

小弟弟，早早起，早呀早早起。
叠好被子穿好衣，穿好衣。
亚克西，亚克西，亚克西，亚克西！
牙齿刷得干干净，干呀干干净。
手儿脸儿自己洗，自己洗。
亚克西，亚克西，亚克西，亚克西！

宝宝睡着了

摇啊摇，宝宝快睡觉。
摇啊摇，宝宝快睡觉。
我来亲亲你，乖乖睡睡好。
闭上小眼睛，长呀长得高。
呣……呣……宝宝睡着了。

国旗多美丽

国旗国旗多美丽，
天天升在朝霞里。
小朋友们爱祖国，
向着国旗敬个礼，敬个礼。
国旗国旗多美丽，
五颗星星照大地。
祖国前进我长大，
我向国旗敬个礼，敬个礼。

细节32 美育胎教：名画欣赏《摩特枫丹的回忆》

这是法国画家科罗（1796～1875）晚期最成熟，也是最具代表性的风景画杰作之一。摩特枫丹位于巴黎以北桑利斯附近，是个非常美丽的地方。科罗有感于那片美丽的风光，这幅画是他对那里的回忆之作。湖畔森林，晨雾初散，一片清新，一棵大树向四周伸展，前面一棵小树显出婀娜多姿的舞蹈美，给画面平添了诗意，女子的红裙与头巾是全画的最强音。画家极善于应用银灰色和褐色，使得他的风景画色调柔和，景物仿佛被一层银灰纱幕笼罩着，给人一种诗意的朦胧，和谐与安宁。

科罗喜欢在美丽的大自然中点缀人物活动，使自然与人构成艺术生命的整体。在这幅风景画中，他画了一位身着红裙的女子正仰首摘取小树上的野果，树下有两个孩子，女孩低头采撷草地上的野花，男孩手指树上的果子。在这幅画中仍含有古典主义的意蕴，如黄金律的构图和均衡，但更多的是画家的真情实感。科罗作画爱添加枯枝，枝条屈伸多姿、轻飘摇曳，犹如美人翩翩起舞。色调轻柔，景物虚实中层次丰富，如梦如幻。

细节33 美育胎教：欣赏王羲之的《兰亭集序》

《兰亭集序》又名《兰亭序》、《临河序》、《禊序》、《禊贴》，为三大行书书法帖之一，系中华十大传世名帖之一。该幅字画描述的是王羲之等人在兰亭的一次集会，据史书考证，参加集会的人包括谢安、孙绰、支遁……还有王羲之的3个儿子，共41个人，众人饮酒赋诗作文，最后由已有几分酒意的王羲之执笔为之作序。王羲之轻拈鼠须笔，洋洋洒洒28行、324字一挥而就。在这短短的篇幅中，王羲之将兰亭的优美景色描写得入木三分，又记录了与朋友举杯尽欢的欢乐场面，同时也抒发了人生苦短、及时行乐、怡然自足的情怀。文章理趣深远，沁人心脾，而书法更是遒媚劲健变化无穷，二十多个“之”无一雷同，如有神助。后来，王羲之曾再次重写了这幅《兰亭集序》，但所作之品皆比不上原作。

《兰亭集序》原文:

永和九年，岁在癸丑，暮春之初，会于会稽山阴之兰亭，修禊事也。群贤毕至，少长咸集。此地有崇山峻岭，茂林修竹；又有清流激湍，映带左右，引以为流觞曲水，列坐其次。虽无丝竹管弦之盛，一觞一咏，亦足以畅叙幽情。是日也，天朗气清，惠风和畅，仰观宇宙之大，俯察品类之盛，所以游目骋怀，足以极视听之娱，信可乐也。

夫人之相与，俯仰一世，或取诸怀抱，悟言一室之内；或因寄所托，放浪形骸之外。虽趣舍万殊，静躁不同，当其欣于所遇，暂得于己，快然自足，曾不知老之将至。及其所之既倦，情随事迁，感慨系之矣。向之所欣，俯仰之间，已为陈迹，犹不能不以之兴怀。况修短随化，终期于尽。古人云："死生亦大矣。"岂不痛哉！

每览昔人兴感之由，若合一契，未尝不临文嗟悼，不能喻之于怀。固知一死生为虚诞，齐彭殇为妄作。后之视今，亦犹今之视昔。悲夫！故列叙时人，录其所述，虽世殊事异，所以兴怀，其致一也。后之览者，亦将有感于斯文。

细节34 美育胎教：雕塑欣赏《抱鹅的少年》

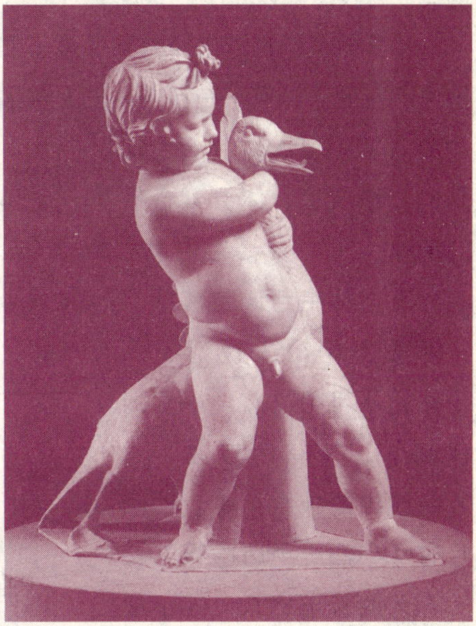

《抱鹅的少年》又称《戏鹅的儿童》，创作于约公元前200年，高约84厘米，出自希腊雕刻家波厄多斯之手，现收藏于德国慕尼黑国家博物馆。波厄多斯擅长以风俗题材进行雕塑，是当时因专门雕刻儿童形象而闻名的艺术家。

波厄多斯生活在公元前3世纪，正是希腊化风俗性雕塑发展的时代。雕塑题材几乎触及生活的方方面面，从超凡脱俗的神性开始表达最普遍的人性，特别重视真实地塑造人物形象，注重人的内在精神表现。《抱鹅的少年》反映的是一个天真活泼的小孩和一只大鹅一起嬉戏的情景。儿童形象的刻画十分有趣，他使劲想把往前走的鹅扳回来，而这只鹅则直蹬着叉开的双腿，张开嘴来拼命与小孩抗衡。孩子的体态、动作和细腻的皮肤雕刻得十分真实、自然，那顽皮的微笑和执拗的动作充分表现了一个儿童固有的天真活泼的本性，富有极其浓厚的生活气息。孩子头部的发型有很强的韵律节奏感，头顶上的小发卷则更显得可爱逗人。整个雕像刀法细腻，动感十足，小孩与鹅的姿态优美动人，使观赏者们看到了那蓓蕾初放的生命力，仿佛又回到了色彩斑斓的童年时代。

欣赏完这幅雕塑后，身为孕妈妈的你是否也回到了童年时代？是否幻想过你的宝宝长大后也能与这个孩子一样活泼可爱、充满活力呢？

细节35 美育胎教：小熊维尼——永恒的卡通形象

1921年，一个叫克里斯托弗（Christopher）的小男孩在一岁生日时收到一只玩具熊。后来他为这只玩具熊找来一些小伙伴：屹耳、袋鼠妈妈和小豆、小猪、跳跳虎。

1924年，克里斯托弗和动物园里叫维尼的黑熊成了好朋友，他的爸爸米尔恩（Alan Alexandra Milne，或常被简称为 A. A. Milne，英国作家，1882~1956）因此获得灵感，以“小熊维尼”为主题创作了一系列家喻户晓的故事书。

小熊维尼问世以来，得到了孩子们以及家长的喜爱，小熊维尼和它的朋友们善良、可爱、纯真，在百亩林里上演了一个又一个温馨感人、幽默又充满亲情的故事。从中可以体会到朋友间的真挚友谊、体会到合作的精神。

百亩林生活课堂包括：《不要跟陌生人说话》、《体检不可怕》、《小豆的保姆》、《有话直说》、《跳跳虎的条纹》等。动画片有《小熊维尼历险记》、《春天的百亩林》、《小熊维尼过圣诞》等。

细节36 美育胎教：给胎儿看画册

孕妈妈用富于想象力的大脑将画册每一页的幻想世界放大后传递给胎儿，能够很好地促使胎儿的心灵健康成长。

画册的选择：在选择画册时，尽量找一些色彩丰富、内容愉快、富于幻想、情节独特的，能唤起人的幻想、幸福和希望的幼儿画册。或者也可以选一些反映自然、动植物生态、科学进步的附有彩色插图和照片的书，以及有关世界上各民族风情或风景、陆海空交通工具等内容的书等。

如果你擅长绘画，可以每天很投入地画一些你感兴趣的东西，再或者可以把杂志上的照片、插图剪下来，或者贴上有色彩的纸，拼成风景和人物图等。

画册的欣赏：在看这些画册的时候，既要欣赏画册的美，又要把画册的内容或小知识讲给胎儿听。当然，如果你对植物了如指掌，你可以讲植物；对美术造诣较深，可以介绍美术；若是擅长绘画和文章，可以自己创作并讲给胎儿听。

细节37 美育胎教：练毛笔字，与胎宝宝一起修身养性

练毛笔字的好处

修心

准妈妈在练毛笔字的时候可以全神贯注地把注意力投入到毛笔的拿捏、运笔、润笔等环节上，在写每一笔的瞬间，心也随之动，意也随之流，感也随之发，字练得勤，会让心一直保持一种稳定又不失活力的状态。准妈妈在练习过程中可以平和、沉稳，也可以激昂，更可以达到一种一张一弛，收发自如的状态。胎宝宝的性格虽是与生俱来的，但准妈妈通过练习毛笔字，可磨炼自身的脾气，达到修心的胎教目的。

练气益脑

准妈妈练毛笔字不但有精神感受，还有身体力行。在持笔、运笔、润笔的一系列过程中，心到意到，意到气生，舒急快慢都需要达到一种自然而和谐的状态，不要刻意地去控制，在自然的挥发中，达到身心合一。

准妈妈的身体力行，能有效刺激胎宝宝的脑细胞健康的代谢，锻炼胎宝宝的思维和想象力。

练毛笔字的方法

- 准妈妈最好先到书店买一本大学用的实用书法教程，认真读完，对书法首先有一个全面的了解，掌握比较全面的基础知识。
- 选择一本名家且是自己喜欢的字帖，认真临摹。练习时，应按楷行草的顺序练习。
- 书法是一门很高深的艺术和学问，准妈妈要想学好，必须刻苦练习，持之以恒，长期坚持。

练字应注意的要点

- 准妈妈姿势要正确，两脚平放在地上，两手扶案，肩平、背直、头正，目注纸上。
- 握笔要指实掌虚，执笔在指，运笔在腕。开始练字枕腕，逐步提腕、悬腕。
- 笔法要分清，一般分方笔和圆笔两种，还要明确中锋、侧锋、卧锋的应用部位。
- 临帖时不要看一眼写一笔，先要读帖，吃透要领，然后把一个字一气写成。
- 首先要把各种偏旁部首练好，以后再组成各种字就容易了。

细节38 抚摸胎教：边抚摸边感受胎动

孕4月，有些敏感的孕妈妈已经可以感受到胎动了。胎动明显的时候，孕妈妈可以感受到子宫在蠕动，胃里也出现咕噜咕噜的声音。而且此时胎宝宝的神经系统发育迅速，对触觉与力量很敏感。孕妈妈和准爸爸一定要抓住这个时机，通过抚摸和胎宝宝进行交流，如孕妈妈可以在胎宝宝踢腿的时候轻轻抚摩腹部，与胎宝宝的活动内外呼应，让胎宝宝感受准爸爸和孕妈妈的关爱。胎宝宝在孕妈妈或准爸爸抚摸的时候，会做出反射性的躯体蠕动，这可以促进大脑功能协调性的发育。

孕妈妈可以在进行抚摸胎教的时候融入触压拍打法对胎宝宝进行良性刺激。具体做法是：孕妈妈平躺，放松腹部，先用手在腹部从上至下、从左至右来回抚摸，并用手指轻轻按下再抬起，然后轻轻地做一些按压和拍打的动作，给胎宝宝以触觉的刺激。刚开始时，胎宝宝不会做出反应，孕妈妈不要灰心，一定要坚持且有规律地去做。一般需要几个星期的时间，胎宝宝会有所反应，如身体轻轻蠕动、手脚转动等。开始时每次5分钟，等胎宝宝做出反应后，每次5～10分钟。

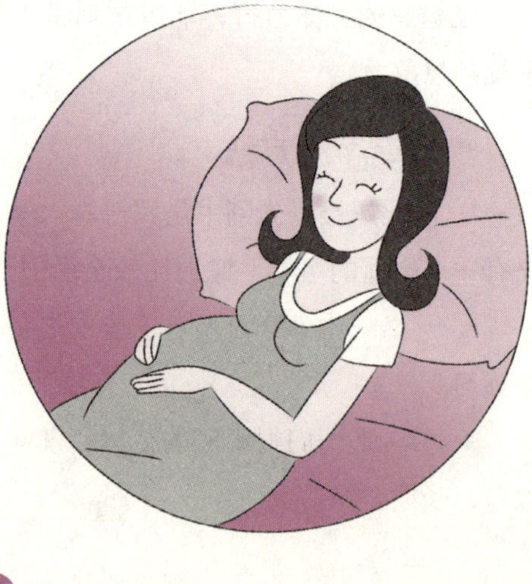

细节39 斯瑟蒂克胎教教程：如何选择胎教的环境

为了沟通母子间的心灵，使母子尽情地在美好的世界里畅游，需要一个安静和令人舒畅的环境。

斯瑟蒂克把家中为将来孩子准备的房间收拾布置起来，以作为斯瑟蒂克向腹中胎宝宝进行胎教的场所。一般孩子的房间通常从窗帘、墙壁到桌子、地板都采用鲜艳、活泼、热闹的装饰，而斯瑟蒂克则认为，理想的孩子房间应是朴素和平静的浅色调，可能的话，最好是自然色，因为这样做能使人的注意力不至于分散，有利于胎教的顺利进行。

胎宝宝和准妈妈是连体的，准妈妈可以通过思维的形象化、视觉化将知识传授给胎宝宝，而准爸爸就不行了，除非胎宝宝具备某种特殊的功能，但这并不是说准爸爸就不能关心胎宝宝的成长。

准爸爸首先要养成对胎宝宝讲话的习惯。胎宝宝对常常听到的声音有着特别敏感的反应，如果经常对他讲话，那么，他就会通过对你声音的感受，使记忆力的发育超出人们的想象。约瑟夫在早晨起床后说“早上好”，出门时说“我走了”，回家时说“我回来了”，睡觉前说“晚安，祝你做个好梦”等，至少一天4次向胎宝宝打招呼。

星期六和星期日两天以及星期一至星期五的下午，斯瑟蒂克主要是为胎宝宝传授自然科学知识而外出散步。有时斯瑟蒂克和约瑟夫一起去植物园和动物园，有时带饭盒去野营，有时去看湖中的野鸭和天鹅，有时在沙滩上享受日光浴，这对斯瑟蒂克来说是十分愉快的时光。

10月胎教细节同步指南

第六章　孕5月胎教细节：丰富胎教内容，不要错过胎教黄金期

本月生活建议

◆ 准妈妈应避免长时间站立及注意身体保温。

◆ 乳腺开始发育且乳房增大，有时甚至会出现乳汁分泌，要注意保持乳头清洁。

◆ 若发生小腿抽筋，应尽快按摩腿肚或一手压住膝盖一手将脚趾头往上用力压。

◆ 开始做育儿用品和产妇用品的计划安排。

本月胎教重点提示

◆ 胎教的实质性内容是对胎儿开展积极教育，应当有计划、有意识地对胎儿提供有益而适当的刺激，促使胎儿对刺激做出相应的反应，从而进一步刺激胎儿大脑的功能、躯体运动功能的生长发育。

◆ 孕中期是胎教的黄金季节，是音乐胎教、对话胎教的最佳时机。

◆ 聆听幻想情绪流动的古典音乐等，欣赏名画（色彩强烈、鲜明的魔幻变化或具有童趣的抽象画）：米罗、汉斯、毕加索、霍夫曼等画家的画。

本月语言胎教要点

◆ 与胎宝宝轻声说话或念一些优美的诗文。呼唤胎宝宝，摸摸肚子，轻柔地诉说妈妈、爸爸的爱。

◆ 经常唱歌（童谣、民谣）给宝宝听。

◆ 朗读优美的诗歌与宝宝分享。

◆ 英语童诗朗读。

◆ 每天早、晚与胎儿打招呼：“宝宝，早上好”、“宝宝，晚安”等。

◆ 多给胎宝宝讲童话故事，也可以在散步的过程中，把所见所闻说给胎宝宝听。

本月情绪胎教要点

◆ 做睡前潜意识祈祷：我的心神，现在感到安详、寂静，完全松弛了，身体柔软地漂浮在水面，随波而晃；微风轻柔地吹拂着全身的毛孔，细细地按摩着我与胎宝宝的每一个细胞，使我们充满着生命的活力。

◆ 选择数件自己喜欢的孕妇装，保持心情愉快。

◆ 可以涂些口红，使脸色看起来有精神。

◆ 准妈妈不要因身体不适而对胎宝宝产生怨恨心理，否则会导致胎宝宝精神上的异常反应。

◆ 多到户外呼吸新鲜空气，多参加社会活动，出外游玩，使精神得到放松，心情开朗。

◆ 平时多在生活中寻找乐趣，多做一些适当的文体活动，如下棋、唱歌、欣赏优美轻松的音乐，多和乐观开朗的人接触，交流思想，敞开胸怀。

本月运动胎教重点提示

◆ 继续进行游泳等水中运动，以预防腰痛和培养分娩时的体力。

◆ 此期间身体状况良好的准妈妈可以安排一些轻松的旅行，但一定要有家人在身旁。

本月营养胎教贴心建议

◆ 多食用富含DHA、EPA的海鲜食物。

◆ 多摄取富含有助于血液生成的铜元素、维生素B_6、维生素B_{12}、锌、叶酸等营养素的食物，如红薯、蜂蜜、海带、大枣、豆类、葡萄、南瓜等。

◆ 这个期间要少食多餐，并注意不要过量饮食，体重以一个月增加1千克为宜，避免过胖。

本月准爸爸胎教要点

◆ 准爸爸经常给准妈妈做按摩，以促进准妈妈下半身血液循环。

◆ 准爸爸可以把手放在准妈妈的腹部，和胎宝宝说话、讲故事等。

◆ 尽量开车送准妈妈外出，最好不要让准妈妈自己开车。

◆ 帮准妈妈测量宫底高度和腹围。

◆ 陪伴准妈妈进行产前检查。

本月常有的不适症状

◆ 会感到心悸和气喘。

◆ 开始感觉到胎动。

◆ 下半身循环变差，可能会出现静脉瘤或静脉曲张。

职场准妈妈胎教要点

◆ 长时间坐办公室的准妈妈不要长时间坐着，以免骨盆、大腿、背部无法伸展，可做一做伸展操。

◆ 在公司要避免吸入二手烟，有同事吸烟可请他去室外或吸烟区。

◆ 在工作的时候尽量不要让自己感到疲劳。

细节1 行为胎教：不要害怕B超检查

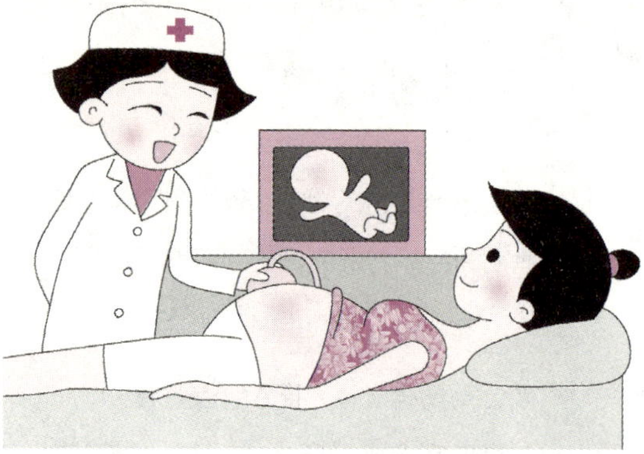

很多准妈妈对于做超声检查（尤其是在妊娠早期）存在很大的顾虑，因为有些资料认为过于频繁的应用超声检查在妊娠早期会增加流产和胎儿畸形的风险，而有些准妈妈则直观地把超声等同于一种声音，接下来产生的就是这种声音听多了会不会对胎儿听力造成影响的担忧。但是目前没有任何一项研究能够证明上面所提到的观点，仅有的关于超声对于妊娠早期影响的文献中所提到的，仅仅是有可能引起胚囊的轻微水肿和变形，但是在很短的时间内就能够恢复正常形态，不会造成流产或是胎儿畸形。与这些推测的危害和风险相比，B超检查的优点显而易见，它能够在妊娠早期动态检测胚芽的生长，及时发现胚芽和孕囊的异常，除外胎儿的复杂畸形，如先天性心脏病、消化道或是泌尿系统畸形等，在怀孕晚期检测胎盘功能、胎盘位置、羊水量等。总之，孕期检查很大一部分依赖于超声检查的结果，所以遵从医生的指导，定期进行超声检查非常重要。在发达国家一般产前检查每次都用B超看胎儿大小。

在大概孕16周左右，通过超声检查能够清楚地看到胎儿的性器官。但是在我国，受到计划生育相关法律的限制，医生是不会告知你宝宝的性别的，只有在宝宝降生的那一刻谜底才会被最终揭晓。当然，一些特殊情况下，比如要对一些伴性染色体遗传的特殊疾病进行产前筛查的时候，医生此时能够特别准确地告知准妈妈胎儿的性别，这也是产前筛查的目的——避免和减少出生缺陷的发生。

细节2 行为胎教：了解胎动的一般规律

孕18周时，胎儿四肢运动范围更大，部分准妈妈可感觉到胎动。孕20周时，胎儿四肢活动明显增加，大多数准妈妈可感觉到胎动，特别是夜间更为明显。孕29~38周为胎动最频繁的时期，接近足月胎动略为减少，如妊娠过期胎动次数减少。

胎动的强弱和次数个体差别很大，一般每小时胎动3~5次，12小时内胎动次数约为30~40次。在正常情况下，一昼夜胎动强弱及次数有一定的变化，一天之中以早晨次数最少，下午6点以后增多，晚上8~11点是胎动最活跃的时间，说明胎儿已有自己的睡眠–觉醒规律，即胎儿生物钟。胎动还与妈妈的性格、情绪、爱好以及外界环境的声音、光线和宫内压力有关，如巨大的声响、强光的刺激、触压准妈妈的腹壁等，均可使胎动次数增加。胎儿活动的方式有蠕动、踢撞、搅动和呃逆打嗝4种，怀孕6个月开始，胎儿有剧烈地踢脚或冲撞；产前3个月左右有缓慢地蠕动或扭动。

尽管现在的准妈妈都会定期到医院进行检查，但这种检查观察到的胎儿情况毕竟只能反映当时的情况，不能逐日连续监测，也不能预示实发、突发情况。胎儿对缺氧十分敏感，有时妈妈身体不佳或过于劳累会造成宫内缺氧，有时胎儿在转动过程中出现脐带绕颈，也会出现呼吸窘迫，这类情况如不及时发现常常会危及胎儿的生命。有时临床上会有这样的情况：一周前还正常的胎儿，一周后检查时被发现已胎死腹中。如何避免这种悲剧的发生呢？如果准妈妈自己学会在家中测胎动，就能及时发现胎儿是否缺氧。胎动对缺氧的反应比胎心要敏感明显，从胎动消失到胎心消失一般有数小时到3天的时间。所以准妈妈一旦发现胎动异常立即到医院就诊，一般可以挽救胎儿的生命。因此，监测胎动对保障胎儿的安全有着非常重要的意义。

专家提示

妈妈情绪差，宝宝胎动多

正常情况下，胎动多是好事，不但表明胎宝宝发育正常，而且预示着孩子出生后抓、握、爬、坐等各种动作将发展较快。但应注意，如果孕妇的情绪过分紧张，或极度疲劳，或腹部压力过重，都可使胎宝宝躁动不安，产生强烈的活动。这种反应是不好的征兆，应尽快去医院检查。

当孕妇情绪不安时，胎动次数会较平常多3倍，最多达正常的10倍。若胎宝宝体力消耗过多，出生时往往比正常婴儿轻。如果孕妇在孕期心情长期压抑，婴儿出生后往往出现功能失调，特别是消化系统功能容易出现紊乱。

细节3 行为胎教：刺激胎宝宝的味觉和嗅觉

胎宝宝在娘胎中能尝出味道

怀孕3个月左右，胎宝宝的味蕾便开始形成，到4个月大时，能辨别羊水的味道，从而决定吞咽与否，或吞咽多少。尽管羊水稍具咸味，胎宝宝还是能够津津有味地品尝。

科学家在准妈妈的羊水里加入糖精，发现胎宝宝会以高于正常一倍的速度吸入羊水。而当向子宫内注入一种味道不好的油时，胎宝宝就会立即停止吸入羊水，并开始在腹内乱动，明显地表示抗议。

这个实验证明，胎宝宝早就有了味觉功能，能分辨哪些是好吃的东西，哪些是不好吃的东西，看来孩子“挑食”的习惯在胎内就养成了。

另外，观察还发现，怀孕7个月的胎宝宝尝到甜味的时候会吸吮，尝到苦味时还会做出表示讨厌的吐舌头的动作。这个时候，准妈妈可以刺激胎宝宝的味觉和嗅觉，能让胎宝宝鼻灵舌敏。

闻一闻这是什么味道吧

胎宝宝的鼻子早在妊娠第2个月就开始发育，到了第7个月，鼻孔就能与外界相互沟通。但是，由于胎宝宝被羊水所包围，所以他虽然已经具备了嗅觉，却毫无用武之地，自然其嗅觉功能也就不可能得到较大的发展。尽管如此，胎宝宝的嗅觉一出生就能派上用场，新生儿在吃奶的时候能闻出母体的气味，而且以后只要他一接近母体就能辨别出来，所以新生儿在辨识母亲时不一定需要睁眼，光凭嗅觉就能敏感地加以分别。

胎宝宝闻到不好的气味也会皱眉头，因此，母亲在怀孕的时候最好不要使用浓郁的香水，或是浓郁香味的化妆品，以免引起胎宝宝的烦躁情绪，表现出不安的心理状态。

胎宝宝会感受到鲜花店及面包房中飘出的香味。准妈妈此时可以对胎宝宝说：“宝宝闻一下，多香啊。”在准妈妈吃美味食品时，其中的美味也会传达给胎宝宝。胎宝宝通过情绪和大脑来感受准妈妈所感受到的香气。这个时候准爸爸要绝对戒烟，胎宝宝可是不喜欢烟味的。准妈妈还要注意，无论是什么食物，最重要的是怀着喜悦的心情进食。准妈妈应认识到只有自己吃得香胎宝宝才能吃得香的道理。

细节4 情绪胎教：翻看相册，回忆甜蜜往事

孕妈妈可以做些自己喜欢做的事，一方面可以减轻身心因怀孕而不舒服的感觉；另一方面，这些努力与尝试也将有助于胎教和以后的亲子关系。可以通过与胎宝宝聊天或专门去做某些事情，来与胎宝宝沟通与交流思想感情。比如，可以整理一下相册，回想那些值得回忆的经历，并通过照片将故事说给腹中的胎宝宝听，让胎宝宝在潜意识里感受到你的爱。通过这些交流，你和胎宝宝都能得到快乐。甚至可以把怀孕后的点点滴滴录照下来，留待以后回味，想必更是一件有意思的事。这种交流与愉悦，对宝宝的乐观向上性格的形成是非常有帮助的。

细节5 环境胎教：职场孕妈妈要注意工作环境

注意工作中的饮食问题

如果公司食堂的菜不好吃或者是工作餐营养不均衡，孕妈妈可以从家里带饭到公司吃，既卫生又营养，也能按照自己的口味准备午餐，有利于营养的均衡摄入和吸收。注意不要去公司附近的路边摊、小饭馆等卫生条件不好的地方吃饭。另外，吃点健康小零食补充体力没问题，但千万不要为了图方便吃速食、小吃和热量高的零食来代替正餐。

经常开窗透气

写字楼里一般因为有空调所以很少开窗户，孕妈妈可以把座位调换到有窗户的位置，经常开窗透气。也可以买个小型的空气净化器放在办公室里。

工作中的休息和调整

怀孕期间人会变得容易疲劳或失眠，尤其到了孕中期的时候，这种情况更明显。上班时候昏昏欲睡、没有精神是很多职场孕妈妈的烦恼，所以孕妈妈可以利用午休的时间到会议室，或是员工休息室休息一会儿，半小时到一小时左右就能恢复精神。

工作到一半如果很想睡觉，就起来到户外走动一下，呼吸一下新鲜的空气，或者和同事聊几句，让自己兴奋起来，但不要用咖啡、茶之类的刺激性饮料提神。试试嚼口香糖，也可以使用一些温润型的精油来提神，而且这个时期孕妈妈最好调换一下工作内容。

专家提示

专家提示：孕妈妈要预防腰椎间盘突出

为了预防孕妈妈腰椎间盘突出，一定要增加孕期的锻炼。强健的腰背肌及腹肌能够帮助孕妈妈稳定脊柱，防止腰椎间盘突出。怀孕期间，孕妈妈在锻炼的时候运动方式不宜剧烈。

细节6 环境胎教：构架起胎宝宝与动物沟通的桥梁

小孩子对动物有一种天然的亲近感。很多孩子都跟自己饲养的小动物容易建立起深厚的感情，他们不只是把动物看作自己的玩伴，更多时候是把它们当成一个需要自己关心和照顾的朋友，亲密无间，彼此依赖。这对于完善孩子的性格，激发孩子对家庭、社会和自然的热情有着重要的作用。同样地，这对准妈妈腹中的胎宝宝也有着相同的作用，也会对塑造胎宝宝的性格和爱心有着很好的作用。因此，准妈妈在孕中就要培养胎宝宝热爱大自然，探索动物和大自然的兴趣，你不妨将构架胎宝宝与动物的桥梁作为一门胎教课程。

孕妈妈可以和家人一起去动物园，并且边看动物边给胎宝宝描述动物的样子和叫声，再娓娓讲述与该动物有关的童话故事，同时还让胎宝宝注意倾听动物的叫声，以训练胎宝宝的听力。但是为了安全起见，不要去人多的地方，也不要让自己太累，要注意休息，要以散步的心态做这件事情，同时还要注意不要离动物太近，以免受到动物的伤害。

细节7 营养胎教：孕5月准妈妈营养需求

从本月起，孕妈妈的基础代谢率增加，需要比平时更多的营养。孕妈妈的食欲增加，所以体重会上升会很明显，如果每周体重的增加在350克左右，则属正常范围。

钙与鱼肝油：本月孕妈妈应注意补钙，还要加服鱼肝油，但有些孕妈妈补钙心切，而大量服用鱼肝油，这是一种极不妥当的做法，因为过多服用鱼肝油，会使胎宝宝骨骼发育异常，造成许多不良后果。还要补充维生素D以促进钙的吸收。长期在室内工作，缺乏晒太阳机会的孕妈妈尤其要注意补钙。

动物肝脏：这个月还要多吃动物内脏，包括肾、肝、心、肺等，它们不仅含有丰富的优质蛋白质，而且还含有丰富的维生素和矿物质。本月，孕妈妈对维生素、矿物质、微量元素等需求明显增加，为此，孕妈妈至少每周1次选吃一定量的动物内脏。

宜吃的几种零食：红枣、板栗、花生、瓜子。

此外，绿豆是孕妈妈理想的食品，是孕妈妈补锌及防止妊娠水肿的食疗佳品。

由于食欲增加，孕妈妈的进食会逐渐增多，有时会出现胃中胀满。此时可服用1～2片酵母片，以增强消化功能。也可每天吃4～5次饭，既补充相关营养，也可改善因吃得太多而胃胀的感觉。

细节8 营养胎教：为胎宝宝牙齿发育准备足够的养分

怀孕4个月后，胎宝宝的恒牙胚在乳牙胚的深部开始发育，延续到宝宝出生后3～4年，再逐渐发育成恒牙。而在孕中期是宝宝发育最快的时候，如果这个时候孕妈妈不能及时地补充牙齿发育所需的养分，就会影响胎宝宝的牙齿发育，这种影响会一直延续到宝宝的乳牙时期。

钙对牙齿的发育很重要

牙齿发育必需的营养物质是钙，所以孕妈妈补充足够的钙对胎宝宝的牙齿发育十分重要。孕妈妈可以通过豆制品、芝麻酱、虾皮、海带等食品来摄取钙。

及时补充蛋白质

牙齿基质所需要的营养是蛋白质，蛋白质是牙齿有机基质的原料，为了促进胎宝宝牙齿的健康发育，孕妈妈要多吃鸡、鱼、肉、蛋、豆腐等食品。

维生素A也不能少

牙齿表面主要是珐琅质，而珐琅质的形成则需要维生素A，如果孕妈妈缺乏维生素A会造成胎宝宝的珐琅质形成异常。所以孕妈妈为了补充维生素A，可以多吃一些蛋、奶、胡萝卜、甜菜、南瓜、红薯、西葫芦、桃子和大比目鱼等。

维生素D很重要

维生素D有助于牙齿的钙化，是钙代谢所必需的，如果孕妈妈缺乏该营养素，会造成胎宝宝牙齿钙化不全。所以孕妈妈应多吃含维生素D丰富的食物，牛奶、鱼肝油、大骨头、白带鱼、猪肉和豆腐等都含有丰富的维生素D，孕妈妈可以多吃。另外，多晒太阳也可以补充维生素D。

细节9 营养胎教：孕中期食物选择宜与忌

蜂王浆能提高抵抗力

蜂王浆富含葡萄糖、核糖、蛋白质、脂肪、乙酰胆碱及丰富的维生素和多种酶，还含有促性腺激素样物质和抗生素类物质，能加强机体抵抗力及促进生长，有滋补强壮作用，能够满足胎宝宝的营养需求。

另外，蜂王浆还能给脑组织提供神经胶质细胞合成的重要原料，同时还能给神经胶质细胞提供营养，增加神经胶质细胞的数量。倘若孕妈妈从本阶段开始适量摄取蜂王浆，其中的营养素通过胎盘进入胎宝宝体内，对促进胎宝宝脑组织细胞的生长发育非常有益。

喝牛奶是补钙的重要方法

如果孕妈妈钙摄入不足，胎宝宝为了满足自己的生长需要，就会从妈妈的骨髓、牙齿中夺取，这样就会使孕妈妈血钙降低，容易发生小腿抽筋或手足抽搐。虽然很多食物中都含有钙，但是，现实生活中有很多因素会影响孕妈妈对钙的吸收。如有的蔬菜含有大量草酸盐，与钙结合后形成不溶性草酸钙而影响钙的吸收；谷类食物中的植酸也不利于钙的吸收；如果脂肪摄入过量，形成的不溶性皂化物也会降低钙的吸收。

因此，喝牛奶就成为补钙的一个很重要的方法。每100克牛奶中含钙约120毫克，牛奶中的钙最容易被孕妈妈吸收，而且牛奶中磷、钾、镁等多种矿物质搭配也十分合理。因此，孕妈妈补钙的最好方法是每天喝200～500克牛奶。

柑橘类水果不可多吃

据测定，500克橘子中含有50毫克维生素C、27毫克B族维生素。其中，维生素B_1的含量居水果之冠。柑橘所含的矿物质以钙的含量最高，而且还含有丰富的磷。常吃柑橘可以预防坏血病及夜盲症。而进入第5个月，胎宝宝生长发育速度都非常快，对钙和磷的需求也进一步增加，所以孕妈妈可以吃一些柑橘类的水果。

孕妈妈要注意的是，柑橘类水果再好也不能过量食用。柑橘有补阳益气的功效，过量食用会引起燥热，而使孕妈妈“上火”，造成口腔炎、咽喉炎等。大量食用柑橘后，身体内的胡萝卜素会明显增多，肝脏会把来不及排出的胡萝卜素转化了维生素A，进而使皮肤内的胡萝卜素沉积导致皮肤呈黄疸样改变，这样胎宝宝就会间接受到影响。为了避免这些情况出现，孕妈妈还是少吃柑橘类食物为宜。每天吃柑橘不应该超过3个，总重量在250克以内。

专家提示

孕妈妈应该在医生指导下每天服用补钙制剂，特别是已经有缺钙症状时。补钙制剂以副作用小、肠道吸收率高、服用方便、价格低的产品为好，每天早餐、晚餐后分别服一粒。提醒一点，以上方法仅是一种常规用法，每一位孕妈妈的具体情况可能有所不同，因此，在补充期间最好常去看医生，以便随时做适当调整。

细节10 营养胎教：适当吃些小米

怀孕4~6个月是胎儿迅速发育的时期。孕妇的害喜反应逐渐减弱，食欲变得日益旺盛。食物的大量摄取容易造成体重的骤然增加，所以此时应当注意对体重的控制。

为了胎儿的顺利成长，应当摄取足够的蛋白质和钙。做米饭时掺入一些小米，可以促进胎儿肾和胃的发育。小米还可有效地预防妊娠中毒症。另外，瘦肉、鱼贝类、山药、莲藕、黄米等食物也很有益。

细节11 音乐胎教：开始有计划的音乐胎教

音乐是感情和心灵的语言，它能使人张开想象的翅膀。从妊娠第5个月起，孕妈妈应该开始按计划进行音乐胎教。胎儿是有潜力的，他对外界的某些感官影响十分敏感，这些来自外界的影响也是其生后的生长发育条件之一。

不同的乐曲对于陶冶孩子的情操起着不同的作用。如巴赫的复调音乐能促使孩子恬静、稳定；圆舞曲促使孩子欢快、开朗；奏鸣曲激发孩子热情、奔放等。通过有针对性的训练，还能使孩子在气质上发生改变。

适合怀孕中期的音乐：圣桑《动物狂欢节》中第7曲《水族馆》，艾伦贝格《森林水车》，德彪西交响曲《大海》第2曲《波浪的游戏》、第1组曲《在船上》，亨德尔《水上音乐》组曲之《Alla·Hornpipe》，勃拉姆斯《雨之歌》，拉威尔《镜子》第3曲《海上孤舟》、《水之游戏》，约翰·施特劳斯《华尔兹》。

细节12 音乐胎教：欣赏著名乐曲《月光》

《月光》又名《明月之光》，是德彪西早期代表作《贝加马斯卡组曲》中的第3曲，创作于1890年。“贝加马斯卡”为意大利北部贝加摩地区流行的曲调。

德彪西曾于留学罗马期间，游历了风光秀丽的贝加摩地区，《贝加马斯卡组曲》就是根据这一印象所作。

乐曲为行板，一开始，明亮的旋律以缓慢的速度向下浮动，宛如月亮正把银色的光芒洒向人间。接着，在连续的和弦进行中，上声部轻轻地奏出优雅如歌的“月光曲”。中间部分由3个段落组成，是一个富于抒情意味的部分，好似抒写了人们在银色月光下浮想联翩、舒心歌唱的情绪。乐曲的再现部分，把淡淡的月色描绘得更加富于诗意。

由于这首乐曲的旋律清新而富于浪漫情调，较通俗易懂，因而流传较广，成为脍炙人口的标准钢琴小品。在这首钢琴曲里，作者采用了色调柔和而明净的和声与钢琴声，着意描绘了月夜幽静的景色，令人心旷神怡，它尤其适合于孕妈妈心情烦躁时听，以起到镇静和催眠作用。

细节13 音乐胎教：胎教音乐要重视孕妇的感受

一般家庭里都有自己喜欢听的CD，那些光盘可谓都是承载着二人美好而又浪漫的恋爱时光，属于最宝贵的感性珍藏。胎儿体内包含父母的文化兴趣与志向方面的遗传因子，因此对父母喜欢的音乐并不会感到陌生，所以只要充分利用家里收藏的CD就可以得到良好的胎教效果。但是，如果即使这样也很想倾听莫扎特的音乐，那么，也可以把收音机里播放的莫扎特的音乐刻录下来。

胎教音乐中至关重要的是孕妇的感觉。如果孕妇听到音乐时可以达到心旷神怡的境界，进而伴随着音乐手舞足蹈，那么，这将是最好的胎教音乐。

通俗音乐或爵士音乐也都可以成为很好的胎教音乐。如果不是本人喜欢的韵律，那么，听音乐的人肯定感受不到其中的美妙。犹如每天习惯穿西装的人，突然有一天让他穿上韩服，他一定会觉得很别扭。因此，如果孕妇本人一直喜欢听通俗音乐或其他爵士音乐，则完全可以继续按照自己的爱好倾听喜欢的音乐，不必刻意地将它更换成莫扎特的音乐。

听音乐的方法也可以有多种选择，用耳机听音乐时，只要不是太长时间就完全可以。另外，听音乐时，最好是听一些既有旋律又有歌词的音乐，这样可以促使胎儿的左脑与右脑共同发育。

细节14　音乐胎教：欣赏民乐《春天来了》

《春天来了》由雷雨声根据福建民间歌舞《采茶灯》曲调编成。作者运用丰富多变的配器、变奏等手法，充分表现了采茶姑娘欢快的劳动和对春天到来时的喜悦、赞美之情。这首三重奏曲，形式新颖，曲调华丽。

此曲的引子是节奏自由的散板，好似春回大地，万物苏醒。主部：以福建民歌《采茶扑蝶》为主部的、轻快活泼的旋律，歌唱春天的到来。

第1部：转为抒情的慢板。抒发了采茶姑娘们洋洋自得的喜悦之情；接着是主部的第1次再现，更增添了音乐的欢快气氛。

第2部：与主部的对比更强烈，它以云南民歌《小河淌水》的音调为主题，鲜明地刻画了春回大地的动人意境。尾声中速度不断加快，力度不断加强，最后在高潮中结束全曲。

这首乐曲适合孕妈妈在情绪忧郁时听。而孕妈妈在倾听音色丰富、配器多样、色彩华丽、形式新颖的乐曲时，要努力营造出自己内心的欢快喜悦之情，排解忧郁。

胎教小百科：音乐胎教六忌

一忌：过度嘈杂或不当的音乐，不要给胎宝宝聆听过度嘈杂或不当的音乐，他不喜欢听到高振动频率之音波。

二忌：音乐的节奏太快，太快的节奏会使胎儿紧张。

三忌：音量太大，太大的音量会令胎儿不舒服。

四忌：音乐的音域过高，因为胎儿的脑部发育尚未完整，其脑神经之间的分隔不完全；因此，过高的音域会造成神经之间的刺激串联，使胎儿无法负荷，造成脑神经的损伤。

五忌：音乐当中有突然的巨响，因为这样会造成胎儿受到惊吓。

六忌：胎教音乐过长，5~10分钟的长度是较合适的，而且要让胎儿反复地聆听，才能造成适当的刺激。等到胎儿出生后听到这些音乐就有熟悉的感觉，能够令初生婴儿有如待在母体内的安全感，对于安抚婴儿情绪有相当好的功效。

细节15 音乐胎教：一定要选择合格的胎教音乐

据报刊报道，一位女士带两岁半的儿子至某医院，医生发现该幼儿严重失聪，再仔细检查，孩子的耳蜗和听觉神经已损坏，且没有治愈的可能。原来，该女士在怀孕3个月时，听到了有关胎教好处的宣传，于是每天将耳机放在腹部让胎儿听1个小时的音乐，结果造成了胎儿听力的损害。

许多人认为，对胎儿来说，母亲的子宫是一个不受外界干扰的理想环境。而事实并非如此，胎儿在子宫内亦深受外界噪声之害。美国科学家实验发现，外界声音的基本音节能全部传入子宫，胎儿能清晰地听到3米外人们的讲话声、开门声和小车通过的声音，其所感受的声音只比外界低25～30分贝。

构成胎儿内耳一部分的耳蜗从孕妇妊娠第20周起开始发育，其成熟过程在婴儿出生后30多天内仍在继续进行。由于胎儿的耳蜗正处于发育阶段，极易遭受噪声损害，对2000赫兹以上的高音尤为敏感，所以胎教音乐中若出现2000赫兹以上高音时，必将损害胎儿的听力。

令人吃惊的是，不久前，国家优生优育协会和中科院声学研究所对市面上出售的胎教音乐进行随机抽样调查，音频超过2000赫兹的不合格胎教音乐大量存在。有的包装盒上标明音频范围是500～2000赫兹，但实际检测结果音频最高者竟达4000～5000赫兹。用这样不合规格的产品进行胎教，对胎儿听力造成的损害是可想而知的。

专家提示

进行音乐胎教或语言胎教时一定要选用合格的产品，最好是经过专业人士或机构审定的。－胎教音乐的节奏要平缓，流畅，音乐频响范围应为500～1500赫兹。

细节16 音乐胎教：给胎宝宝唱《小红帽》

从前有个人见人爱的小姑娘，喜欢戴着祖母送给她的一顶红色天鹅绒的帽子，于是大家就叫她小红帽。有一天，母亲叫她给外婆送食物，并嘱咐她不要离开大路，走得太远。小红帽在森林中遇见了狼，她从未见过狼，也不知道狼性残忍，于是把来森林中的目的告诉了狼。狼知道后诱骗小红帽去采野花，自己跑到林中小屋去把小红帽的外婆吃了。并装成外婆，等小红帽来找外婆时，狼一口把她吃掉了。后来一个猎人把小红帽和外婆从狼肚里救了出来。

细节17 音乐胎教：给胎宝宝听《小星星变奏曲》

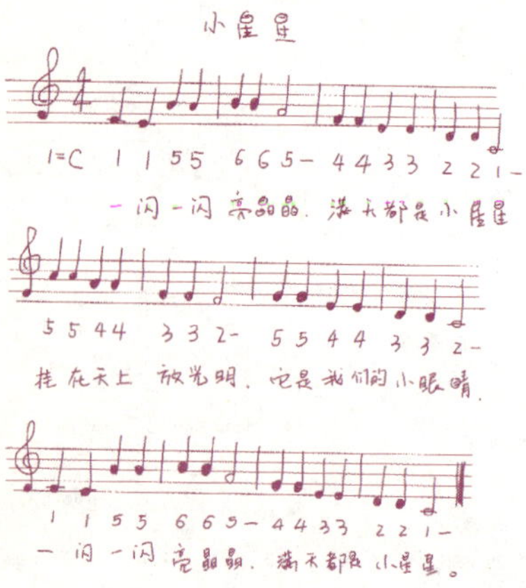

莫扎特的《小星星变奏曲》源自一首法国童谣《哦!妈妈，让我告诉您吧!》，这是一首描写情窦初开的少女向母亲表白的歌曲，莫扎特把它改编成钢琴曲《小星星变奏曲》，其中乐曲做了12次变化，生动地表现了小星星活泼可爱、变幻多端的模样。在这种欢快的节奏里，胎宝宝的情绪肯定是愉快无比的，而孕妈妈此时也会完全陶醉在其中。

细节18 语言胎教：来自阿尔卑斯的童话《海蒂》

《海蒂》是瑞士著名儿童文学作家约翰娜·斯比丽的代表作。这是一部永远也不会过时的小说。

《海蒂》是一部以情动人的文学名著，在这部书里，始终贯穿着一个浓缩于海蒂身上的“爱”的主题，作者通过优美的笔触，把一个无比可爱、充满爱心的海蒂栩栩如生地展现在读者眼前，使我们仿佛看到了一个爱的天使、爱的化身。

海蒂虽然出身贫寒，但却有一颗金子般的心。她的人格魅力，她的纯真善良，深深地感染着周围的人，使饱经磨难、离群索居的爷爷重新回到人们中间，对生活有了新的认识和感悟，在帮助他人的过程中实现着生命的价值。此外，长年与轮椅相伴的富家少女克拉拉，贪玩厌学的牧羊娃彼德，陷于丧女之痛的医生，在贫困和黑暗中艰难度日的瞎眼老奶奶，他们的生活都在海蒂的影响和帮助下发生了变化，变得美好并充满希望。

虽然海蒂是作者虚构出来的理想人物，但读者却不会产生虚幻之感，而是从她身上看到了人的本性，看到了你我的影子。《海蒂》的魅力，正在于它充分地展示了人性中善良美好的一面，在尔虞我诈、相互倾轧、人性扭曲的现实生活中，能唤醒人们心中的爱，重新思考何为幸福，何为生命的意义。因为人类的天性以善为本，爱与被爱是我们每个人一生中必有的行为和感受，是人人心中永不泯灭的渴望，是生命的根基。

《海蒂》之所以能成为百年经典之作，除了它的主题为世人所崇尚，内容感人至深以外，作者文笔之优美，描写之细腻，实令人叹为观止，读来身心愉悦，能获得极高的文学滋养。

推荐阅读版本：人民文学出版社由司马仝、王霹翻译的文字版。

胎教小百科：文学对胎教的意义

文学和音乐一样，容易对人的情绪产生影响，将优雅的文学作品以柔和的语言传达给胎儿，是培养孩子的想象力、独创性以及进取精神最好的教材。让胎儿与母亲一起感受文学的趣味，培养艺术的情感，促进大脑的发育。

文学是一种充满感性色彩的艺术，孕妈妈读了能激发爱子之情。比如朱自清的《荷塘月色》，那优美的意境、宁静的情韵，不仅会起到摆脱烦恼情绪、改善精神状态、促进身心平衡的作用，也能优化胎内环境，使胎儿出生后性格良好，情绪稳定。

孕妇阅读文学作品需要选择，许多文学名著思想性、艺术性都很好，但对孕妇不一定适宜。女性大多喜欢悲欢离合、缠绵悱恻的小说，常读这类小说会多思多虑，心理负担加重。描写暴力、色情的小说，也会使孕妈妈恐惧、悲伤、愤恨，应该回避这类小说。孕妇最好读一些童话、寓言、幼儿画册，并将其所展示的幻想世界，和你富于想象力的大脑放大并传递给胎儿，从而促使胎儿心灵健康成长。读一些古代散文、古诗词，在高尚纯洁的文学中，感受文学的趣味，达到怡情养性的目的。

孕妈妈阅读并与胎儿进行交流时，一定要倾注情感，一切喜怒哀乐都将通过富有感情的声调传递给胎儿。而且，不仅仅是朗读，对这些语言要通过你的五官使它形象化，以便更具体地传递给胎儿，因为胎儿对你的语言不是用身而是用脑来接受的。多读文学作品，可以使孕期生活艺术化，使孕妇的情感也得到优化。这不仅能使孕妇更好地度过妊娠期，而且能更好地维系母子的感情。

细节19 语言胎教：经典童话故事《狐狸和山羊》

一只狐狸失足掉到了井里，不论他如何挣扎仍没法爬上去，只好待在那里。

山羊觉得口渴极了，来到井边，看见狐狸在井下，便问他井水好不好喝？狐狸觉得机会来了，心中暗喜，马上镇静下来，极力赞美井水好喝，说这水是天下第一泉，清甜爽口，并劝山羊赶快下来，与他痛饮。

一心只想喝水信以为真的山羊，便不假思索地跳了下去，当他咕咚咕咚痛饮完后，就不得不与狐狸一起共商上井的办法。

狐狸早有准备，他狡猾地说："我倒有一个方法。你用前脚扒在井墙上，再把角竖直了，我从你后背跳上井去，再拉你上来，我们就都得救了。"山羊同意了他的提议，狐狸踩着他的后脚，跳到他背上，然后再从角上用力一跳，跳出了井口。

狐狸上去以后，准备独自逃离。山羊指责狐狸不信守诺言。狐狸回过头对山羊说：“喂，朋友，你的头脑如果像你的胡须那样完美，你就不至于在没看清出口之前就盲目地跳下去。”

细节20 语言胎教：经典童话故事《皇帝的新装》

许多年前，有一位皇帝，他为了穿得漂亮，不惜把所有的钱都花掉。

有一天，他的王国来了两个骗子，自称是裁缝。他们说，他们能织出人间最美丽的布。这种布不仅色彩和图案都分外美丽，而且缝出来的衣服还有一种奇怪的作用：凡是不称职的或者愚蠢得不可救药的人都看不见。

城里所有的人都在谈论这美丽的布料，皇帝很想亲自去看一次。“这是怎么一回事呢？”皇帝心里想。“我什么也没有看见！这真是荒唐！难道我是一个愚蠢的人吗？难道我不配做皇帝吗？这可是最可怕的事情。”

“哎呀，真是美极了！”皇帝说，“我表示十二分满意！”

第二天早晨，游行大典就要举行了。头一天夜晚，两个骗子整夜不睡，点起16支蜡烛。人们可以看到他们是在赶夜工，要把皇帝的新衣完成。他们装作从织布机上取下布料，用两把大剪刀在空中裁了一阵子，同时用没有穿线的针缝了一通。最后，他们齐声说：“请看！新衣服缝好了！”

皇帝亲自带着一群最高贵的骑士们来了。两个骗子各举起一只手，好像拿着一件什么东西似的。他们说：“请看吧，这是裤子，这是袍子，这是外衣。”

“现在请皇上脱下衣服，”两个骗子说，“好让我们在这个大镜子面前为您换上新衣。”

皇帝把他所有的衣服都脱下来。两个骗子装作一件一件地把他们刚才缝好的新衣服交给他。他们在皇帝的腰那儿弄了一阵子，好像是系上一件什么东西似的：这就是后裙……

皇帝就在那个富丽的华盖下游行起来了。“乖乖！皇上的新装真是漂亮！他上衣下面的后裙是多么美丽！这件衣服真合他的身材！”谁也不愿意让人知道自己什么也看不见，因为这样就会显出自己不称职或是太愚蠢。皇帝所有的衣服从来没有获得过这样的称赞。

“可是他什么衣服也没有穿呀！”一个小孩子最后叫了出声来。

“上帝哟，你听这个天真的声音！”孩子的爸爸说。于是大家把这孩子讲的话私自低声地传播开来。

“他并没有穿什么衣服！有一个小孩子说他并没有穿什么衣服呀！”“他实在是没有穿什么衣服呀！”最后所有的老百姓都说。皇帝有点儿发抖，因为他觉得百姓们所讲的话似乎是真的，不过他自己心里却这样想：“我必须把这游行大典举行完毕。”于是他摆出一副骄傲的神气，他的内臣们跟在他后面走，手中托着一个并不存在的后裙。

细节21 语言胎教：宝宝，我是你爸爸

这个月，胎宝宝已经具有辨别各种声音并能做出相应反应的能力，父母应该抓住这一时机经常对胎宝宝进行呼唤训练。坚持下去，孩子出生后就会马上识别出父母的声音。这对年轻父母来说是一个激动人心的时刻，对孩子来说也是莫大的安慰和快乐，可以消除由于环境的突然改变而带给他的心理上的紧张与不安。

曾有一位父亲从胎宝宝7个月开始经常一边向胎宝宝说：“小宝贝，我是你的爸爸!”一边摸着胎宝宝，以后每当这句话一出现胎宝宝就会兴奋地蠕动起来。当这个孩子出生后，因环境的突变产生不安而哭闹不止时，他的父亲马上说：“小宝贝，我是你的爸爸!”话刚出口，婴儿就像着了魔法一样突然停止了哭声，并掉转头来寻找发出声音的方向，后来竟高兴地笑了。以后每当孩子哭闹时这句话就会使孩子从哭闹中安定下来。

可见父母通过声音和动作与腹中的胎宝宝进行呼唤训练，是一种积极有益的胎教方法，在对话过程中，胎宝宝能够通过听觉和触觉感受到来自妈妈亲切的呼唤，增进彼此生理上的沟通和感情上的联系，这对胎宝宝的身心发育很有好处。

细节22 语言胎教：英语胎教

英语教育的先决条件

若要以英文和腹中的胎宝宝说话，先决条件是准妈妈本身的英语能力要好，能够在日常生活中很自然地说出标准、流利的英语，能够轻松地运用两种语言来交流。

有的准妈妈觉得自己的英文能力有限，发音不够标准，或者觉得在“非英语为母语”的环境中实行英语胎教有一定困难，那么就不要勉强进行英语胎教，可以选择一些句型简单、内容健康、重复性高的英文音像制品，借助它有趣的内容、清晰的发音、活泼的气氛，同样可以起到很好的效果。

进行英语启蒙教育

准妈妈可以和腹中的胎宝宝一起“学习”。平时可以看些卡通英语视频，这样方便准妈妈理解，学得既正宗又有趣。还可以播放一些儿童英文歌曲给腹中的胎宝宝听。准妈妈可以每天进行2或3小时，但一次绝不要超过45分钟。

此外，准妈妈周围营造出练习英语的环境也很重要。可对胎宝宝讲一些简单的英语，如：“This is Monday”、“It’s a nice day”、“That is a cat”，将自己看见、听见的事情，以简单的英语对胎宝宝说。如果已经知道胎宝宝的性别，或者已经替即将出生的胎宝宝取好了名字的话，准妈妈就更可以常常呼唤胎宝宝的名字啦！

测测胎宝宝的英语水平

在准妈妈进行了一段时间的英语胎教后，不妨试试其成效。

具体的方法是：准妈妈对着胎宝宝说些英文语句时，胎宝宝听到后是否每次都有反应，例如会用脚踢准妈妈的肚子；当用英文叫胎宝宝别再踢时，胎宝宝是否可以平静下来。准妈妈若是怀孕时进行英语胎教，那么在胎宝宝出生之后，仍要持续与宝宝进行英文沟通，不然，宝宝对英文的熟悉程度便会日久生疏。

细节23 美育胎教：编织，让宝宝“心灵手巧”

运动医学研究证明，如用筷子夹取食物时，会牵动肩、胳膊、手腕、手指等部位30多个关节和多条肌肉，尤其是“右利者”更是如此。而这些关节和肌肉的屈伸活动，只有在中枢神经系统的协调配合下才能完成。管理和支配手指活动的神经中枢在大脑皮层占面积最大。手指的动作精细、灵敏，可以促进大脑皮层相应部位的生理活动，提高人的思维能力。

孕妈妈选择编织的种类可以是给胎宝宝织毛衣、毛裤、毛袜或线衣、线裤、线袜等，也可以用钩针织婴儿用品，或者是绣花。不管编织的东西样式是否好看，只要是用心去做，带着好心情去做，那么胎教目的也就达到了。

实践证明，孕妈妈在编织的时候频繁地活动手指，而且精神也会高度集中，大脑思维活跃，这样可以促进胎宝宝大脑发育和手指的精细运动，让胎宝宝心灵手巧。

细节24 美育胎教：给宝宝折个小青蛙

今天，我们来学习一种既能打发时间又能开发胎宝宝审美能力的小游戏——折纸，希望孕妈妈能在游戏中得到快乐，也希望胎宝宝长大后能成为一个心灵手巧的人。

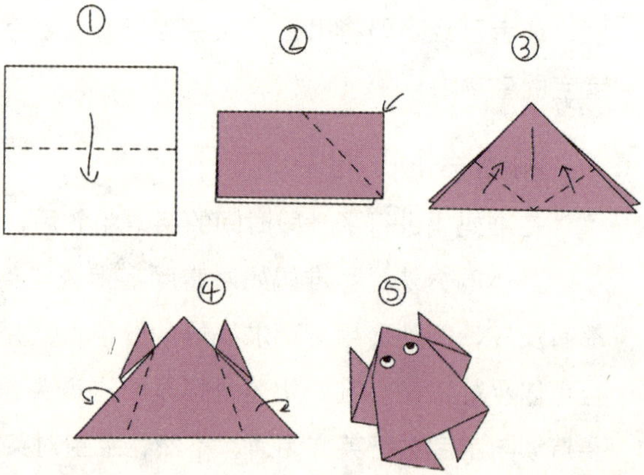

1. 选一张正方形的纸，沿着中间对折。

2. 压折其中一个角。

3. 两个角全部压折以后，将面对你的那一面的两个角向上翻折，作为青蛙的两条前腿。

4. 再将青蛙反过来，使其两个前腿着地，将对着你的这个面的两个角沿着虚线向内折，当成青蛙的两个后腿。

5. 最后再为青蛙画上眼睛。这个好玩的小青蛙就大功告成了。

细节25 美育胎教：欣赏拉斐尔的《圣母子》

圣母、圣婴原本是典型的宗教题材，在中世纪的绘画作品中，为了强调圣母、圣婴的神灵身份，一直被描绘得冰冷呆板、毫无生气。文艺复兴三杰之一的拉斐尔在此幅作品中摈弃传统的创作思维，把圣母描绘成一位温柔秀美、洋溢着爱意、微微丰腴的人间妈妈。三角形构图是拉斐尔惯用的手法，金黄、酒红、墨绿，华丽的色彩让画面洋溢着温暖欢快的调子，同时也是文艺复兴时期的画商、教堂等喜爱的颜色。圣母正在沉思，而膝上的圣婴则是活泼的、动态的，比例上稍大于人间男婴，肥肥的质感非常可爱逼真，激起观者的抚摸欲，与圣母一静一动、相映成趣。背景是拉斐尔的故乡——意大利托斯卡纳的美丽山地乡村。这是文艺复兴时期的杰出作品，也是人类美术史上的珍品之一。

细节26 美育胎教：准妈妈学剪纸

准妈妈闲暇时，不妨准备一些彩纸和一把剪刀，剪出一些美丽的图案，并制作一个剪纸册，和准爸爸一起粘贴在册子上，这样不仅能够达到一定的艺术胎教效果，而且以后当孩子长大时，还可以拿给宝宝看，具有一定的纪念意义。

什么是剪纸

剪纸，又叫刻板、窗花或剪画，区别在于创作时，有的用剪子，有的用刻刀。虽然工具有别，但创作出来的艺术作品基本相同，人们统称为剪纸。早在我国汉、唐时代，民间女性即有用金银箔和彩帛剪成方胜、花鸟贴在鬓角为饰的风尚。后来逐步发展，在节日中，用色纸剪成各种花草、动物或故事人物，贴在窗户上叫“窗花”，贴在门楣上叫“门签”。

剪纸的胎教意义

剪纸是一种镂空艺术，其在视觉上给人以透空的感觉和艺术享受。准妈妈可以用纸张、树叶、布、皮或革等片状材料来做剪纸。一般民间剪纸的创作过程，是指通过夸张的手法经过现实生活的“真”，向艺术的“美”演化、深化的过程。准妈妈在制作剪纸的过程中可以表达自己的思想感情、审美心理和对美的追求、体现。准妈妈可以将自己对生活的观察和领悟，通过剪纸来实践。准妈妈要了解剪纸的规律，将平衡、参差、疏密以及规则的线条自由组合，构成美妙的动律和节奏，既增添了情趣，又向胎宝宝传递深深的“爱”，传递了“美”的信息。另外，剪纸还能锻炼手的精细动作，更有助于锻炼准妈妈和胎宝宝的大脑。注意，准妈妈在剪纸时千万别怕麻烦，别说没时间，别说不会剪，其实问题不在于自己剪的好坏，而在于你是否用心。准妈妈可以边剪边以讲故事的形式描述所剪的内容，给胎宝宝传递更多的日常常识。

细节27 美育胎教：孕妈妈读书时间《荷叶母亲》

父亲的朋友送给我们两缸莲花，一缸是红的，一缸是白的，都摆在院子里。八年之久，我没有在院子里看莲花了——但故乡的园院里，却有许多；不但有并蒂的，还有三蒂的，四蒂的，都是红莲。

九年前的一个月夜，祖父和我在园里乘凉。祖父笑着和我说：“我们园里最初开三蒂莲的时候，正好我们大家庭里添了你们三个姊妹。大家都欢喜，说是应了花瑞。”

半夜里听见繁杂的雨声，早起是浓阴的天，我觉得有些烦闷。从窗内往外看时，那一朵白莲已经谢了，白瓣儿小船般散飘在水里。梗上只留个小小的莲蓬，和几根淡黄色的花须。那一朵红莲，昨夜还是菡萏的，今晨却开满了，亭亭地在绿叶中间立着。

仍是不适意！——徘徊了一会子，窗外雷声作了，大雨接着就来，愈下愈大。那朵红莲，被那繁密的雨点，打得左右欹斜。在无遮蔽的天空之下，我不敢下阶去，也无法可想。

对屋里母亲唤着，我连忙走过去，坐在母亲旁边——一回头忽然看见红莲旁边的一个大荷叶，慢慢的倾侧了下来，正覆盖在红莲上面……我不宁的心绪散尽了！

雨势并不减退，红莲却不摇动了。雨点不住的打着，只能在那勇敢慈怜的荷叶上面，聚了些流转无力的水珠。

我心中深深地受了感动——

母亲啊！你是荷叶，我是红莲，心中的雨点来了，除了你，谁是我在无遮拦天空下的荫蔽？

细节28 运动胎教：让注意力集中的呼气法

这种呼吸法要在胎教训练开始之前进行，不仅如此，而且要在每天早上起床时、中午休息前、晚上临睡时，各进行一次这样的呼吸法。这样，妊娠期间动辄焦躁的精神状态，就可以得到改善。

实施这种呼吸法时，可以任意选择场所。床上、沙发上，甚至坐在地板上也可以。

呼吸方法：要尽量使腰背舒展，微闭双眼，全身放松，两手可以放在身体两侧，也可以放在腹部，衣服尽可能穿宽松些。准备好以后，用鼻子慢慢地吸气，以5秒钟作为标准，在心里一边数“1、2、3、4、5……”，一边吸气。吸气时，要让自己感到气体被储存在腹中，然后慢慢地将气从嘴或鼻子呼出来。呼气的时间是吸气的两倍。也就是说，如果吸气是5秒的话，呼气就是10秒。就这样，反复呼吸1~3分钟，你就会感到心情平静、头脑清醒。

实施呼吸法的时候，尽量不去想其他事情，要把注意力集中在吸气和呼气上，一旦习惯了，注意力就自然集中了。这种呼吸法在胎教开始前进行，对稳定情绪和集中注意力是行之有效的。掌握这一呼吸法，在分娩时就会轻松得多。

在进行胎教之前做这样的呼吸，对于增强注意力，顺利地按课程进度进行胎教有很大帮助。

细节29 运动胎教：抚摸加轻压

孕妈妈可以用双手捧着胎儿，从上至下，从左至右，反复轻轻抚摸。然后再用一个手指反复轻压胎儿，心里可想象着你的双手真的爱抚在可爱的小宝宝身上。有一种喜悦感和幸福感，深情地轻轻说出："小宝宝，妈妈真爱你！小宝宝快长大，长成一个聪明可爱的小宝宝"等言语。

在抚摸胎儿时，随时要注意胎儿的反应，如果胎儿对抚摸刺激不高兴，就有可能用力挣扎或者蹬腿，这时应马上停止抚摸。若胎儿受到抚摸后，过一会儿就轻轻蠕动做出反应，这种情况可以继续抚摸，一直持续几分钟再停止，或改为语言、音乐刺激。抚摸的时间一般可在傍晚胎动频繁时，每天1~2次，每次5~10分钟。

细节30 运动胎教：做做颈部和坐姿运动

怀孕后由于身体不适，孕妈妈可能会有紧张焦虑的情绪，这会对身心造成负面影响。要做一个快乐的孕妈妈，首先要学会放松，而夫妻间的按摩、体操就是比较好的放松方法，不仅能促进夫妻间的沟通，同时腹中的宝宝也会感受到来自爸爸的关怀。

颈部运动

运动功效：舒张颈部肌肉，减轻颈部压力。

1.孕妈妈和准爸爸相对而坐，准爸爸十指交叉抱住孕妈妈的头颈后部。

2.孕妈妈头颈尽量向后仰，准爸爸要轻轻施力向前拉，每次持续10秒左右。

注意事项：孕妈妈自己一个人的时候最好不要做这个运动，一定要在准爸爸的帮助下进行。

坐姿运动

运动功效：增加氧气的吸收量，为胎宝宝提供充足的氧气。

1.准爸爸和孕妈妈相对而坐，互相抓住对方的手腕，两腿打开，两脚相对，如果准爸爸和孕妈妈的腿足够长，可以交叉放在一起。

2.两人保持同步呼吸。呼气时二人同时向前面压。

3.两人同时吸气，并向后仰，然后再呼气恢复到步骤1。

注意事项：如果担心运动中有意外的话，可以在孕妈妈周围放一些靠垫和其他软的东西，预防孕妈妈发生磕碰。

细节31 运动胎教：给宝宝补充“空气维生素”

在室内呆久了，连空气也变得不那么新鲜了。那就在一个风和日丽的日子里，去户外，听听来自大自然的天籁之音吧。这时，妈妈可以唱一支动听的歌，也可以让爸爸在空旷的绿野里来一曲纯粹的山歌，或者谁也不唱，就静静地手牵手，听小鸟啁啾，听小溪哗啦啦的声音，听树叶沙沙的响声，听田野里的蛙鸣……爸爸妈妈还可以告诉肚子里的宝宝，“哗哗”响的是一条小溪，小溪边有一片什么颜色的不知名小花……这种和谐的感觉是制作多么精良的CD都无法比拟的。不过孕妈妈要注意休息，不能太过劳累。如果是夏天，准爸爸还要照顾好爱人，提防蚊虫的叮咬。

散步是一项很适宜孕妈妈的运动，它温和安全，即能调节心情，又能促进健康，一定要坚持到孕晚期、甚至到生产前一天。然而，在人多车多的闹市区，空气中含有大量一氧化碳、铅及氮和硫的氧化物，尤其是铅，被吸收到孕妈妈的血液中后，会进入胎宝宝体内，影响大脑发育及造血系统和泌尿系统功能。所以最好选择幽静的林荫路，或到森林公园中做“空气浴”。这些地方的空气新鲜、含尘量低、噪音低，这样既可怡情养性，又能得到充足的“空气维生素”——空气负离子。

专家提示

孕妈妈要避免铅中毒

水污染、墙壁油漆、工业废气和汽车尾气等都可以使孕妈妈铅中毒，进而对胎宝宝非常不利的影响。另外，孕妈妈被动吸烟、家庭成员接触铅、居室临近马路、居住环境周围有煤烟污染、以煤作为家用燃料、孕妈妈喜欢吃松花蛋等，这些都是胎宝宝铅中毒的危险因素。

细节32 抚摸胎教：和胎宝宝玩踢肚游戏

进入孕5月后，孕妈妈已经能明显感觉到胎动了，此时，孕妈妈可以与胎宝宝玩踢肚游戏。

具体做法为：孕妈妈感到胎动时，轻轻拍打被踢部位，等待胎宝宝第二次再有相同的动作。一般来讲，1～2分钟后胎宝宝就会有第二次动作。这时孕妈妈可再轻轻地拍几下，等胎宝宝再踢时，如果这时孕妈妈改换拍的部位，胎宝宝便会向改变的地方踢去，但是孕妈妈要注意改变的位置不要离胎宝宝一开始踢的地方太远。

这个游戏每天可以进行2次，每次进行5分钟。如果准爸爸和孕妈妈一起做抚摸胎教效果会更好，既可以增进夫妻感情，又能增进父子间的感情。

细节33 光照胎教：让胎宝宝沐浴阳光

孕妈妈可以在天气不错的时候来个日光浴，在晒太阳的同时，还可以和胎宝宝进行交流，比如一边晒太阳一边和腹中的宝宝对话："宝宝，不要睡懒觉了，今天太阳很好，快出来晒晒太阳！"

至于什么时候晒太阳，应根据季节、时间以及每个人的具体情况灵活掌握。如果是夏天的话，每天阳光都很强烈，就不用专门晒太阳，树荫里的散射阳光就足以满足孕妈妈的需要了，而且孕妈妈外出的时候还要防晒。一般来说，春秋季在每天上午9点到下午4点，冬季在每天上午10点到下午1点晒太阳比较合适，因为这些时候阳光中的紫外线最为充足，孕妈妈可选择在这段时间晒太阳。

晒太阳的时间以每天1小时为好，在太阳下晒得时间过长，太阳光可使皮肤受到紫外线的伤害，进而产生皮炎。特别是在强光的照射下，孕妈妈的皮肤没有足量黑色素的保护，更容易使皮肤发炎。另外，长时间晒太阳还会加重脸上的色斑，出现妊娠蝴蝶斑或使之加重。由此看来，孕妈妈要恰当掌握晒太阳的时间。

进行日光浴时不宜空腹，不可入睡，酌情暴露身体，还要经常转换体位。夏天要戴草帽和太阳镜以保护头、眼，预防中暑；夏天在进行日光浴前，外露部位应涂抹润肤油或防晒露。冬天要适当穿得厚一些，一般不宜外露身体，预防患感冒和其他疾病。日光浴后不要立即洗澡。

细节34 斯瑟蒂克胎教教程：准备胎教卡片

“闪光卡片”就是用彩色笔在白纸上写上语言、文字、数字的卡片，其内容包括：图形、英文字母、汉字、数字以及用这些数字进行加法、减法、乘法、除法时的算式，在将上述内容制成卡片时，还要考虑相互间的色彩搭配，要用鲜艳的色彩勾画，并用黑色勾边，使卡片的边缘具有醒目和有利于区别的作用。这就是为了在进行胎教的过程中强化母亲的意念和集中注意力，并促使母亲获得明确的视觉感。

斯瑟蒂克将这些卡片称为“闪光卡片”，她是从怀孕第5个月开始做的，我们不妨借鉴一下她的经验，在孕早期将这些“教材”准备好。

鲜艳的纸，清晰的字

纸以浅色（纯白色、淡黄、淡粉、淡蓝等）为宜，尺寸约12厘米见方；写字的笔是深色的，可以是彩色，也可以是黑色，这样可以让写上去的字显得清晰，能让准妈妈在胎教过程中强化意念和集中注意力，并促进准妈妈获得明确的视觉感。

简单的内容

数字、拼音、大小写的英文字母、汉字，都是卡片的内容，有图片辅助最好，这在不久的将来，都将用得上。

使用方法

闪光卡片是孕中期和孕晚期最重要的一种学习道具，准妈妈在学习的时候要集中精力，通过意念，把你学到的知识灌输给胎宝宝。

例如教算术的时候，孕妈妈一面正确发音，一面用手指临摹字形，并将注意力集中在字的色彩上以加深印象。使胎教成功的诀窍是不要以平面的形象而要以立体形象把信息传递给

胎宝宝。例如教1+1=2的时候，可以说："这里有1个苹果，又拿来了1个苹果，现在一共有2个苹果了。"将具体的、有立体感的形象，也就是将三维概念导入胎教中去。教图形时，先用彩笔在卡片上描绘出圆形、方形、三角形，将其视觉化后传递给胎宝宝，然后找出身边的实物来进行讲解。

孕妈妈只有保持平静的心情和集中注意力才能使自己的感觉和思考的内容与胎宝宝吻合。在学习开始前，孕妈妈最好把呼吸调整得深沉而平静，然后将要教的内容在头脑中描绘出来。

接下来的几个月，要加强对闪光卡片的学习，最好一周学习三次。可以根据自身情况，做好学习计划。

细节35 斯瑟蒂克胎教教程：胎宝宝学数字"1"

从现在起，我们就要开始数字的学习了。

准妈妈集中注意力凝视"1"的形状和颜色，让它在头脑中留下鲜明的印象。

然后开始联想，"1"像什么呢？竖起来的铅笔、笔直的电线杆、手指、妈妈的毛衣针等，将这些形象印在头脑里传递给胎宝宝，加深胎宝宝对"1"的印象。

接下来你可以利用身边的事物，表达"1"的意思，一个苹果、一根手指、一只筷子、一部电话，不断地想象，不断地强调，加强胎宝宝对这个数字的认识。

斯瑟蒂克的提示

在学习的过程中，准妈妈尽可能从身边的事物中，找出合适的材料进行联想举例，这样会更明确，印象也会更深刻。而且准妈妈要准确地发出"1"的读音，这也很重要。

10月胎教细节同步指南

第七章　孕6月胎教细节：向宝宝传递积极乐观的信息

本月生活建议

- 随时观察白带颜色，如果白带呈茶褐色，表示有出血的可能，伴随发痒与疼痛的黄色白带有可能是阴道发炎引起的。
- 平时勤换内裤，勤洗澡，保持外阴清洁。
- 检查分泌物的颜色、腹部膨胀的状态，以预防早产。
- 参加准妈妈学校，学习孕产及胎教知识。
- 性生活时要注意不可压迫腹部。
- 避免长时间站立，睡觉时可在脚下垫个垫子。
- 上下楼梯宜踏稳脚步，将身体重心放在前脚，避免突然摔倒。

本月胎教重点提示

- 孕妈妈沉浸在美好的想象之中，格外珍惜腹中的宝宝，以其博大的母爱关注着自己胎宝宝的变化。胎儿通过感官得到的是健康的、积极的、乐观的信息，这就是胎教最好的过程。
- 晚8点左右，准妈妈仰卧在床上放松，双手轻轻抚摸腹部10分钟左右，增加和胎宝宝的谈话次数，每次开始前，先叫胎儿的乳名，时间为1分钟。
- 聆听幻想情绪流动的古典音乐等，欣赏名画（色彩强烈、鲜明的魔幻变化或具有童趣的抽象画），并细细解说其意境、美感与典故。
- 如果觉察到胎宝宝对准妈妈的抚摸、言语等胎教刺激产生烦躁反应或者感到疲倦时，要及时停止。

本月语言胎教要点

- 增加和胎儿的谈话次数，给胎儿讲故事、朗诵诗、唱歌、哼唱曲等。
- 呼唤宝宝，赞美宝宝，对宝宝说悄悄话。
- 每天早、晚与胎儿打招呼：“宝宝，早上好”、“宝宝，晚安”。

本月情绪胎教要点

- 多听优美动听的音乐，以改善准妈妈的不良情绪，产生美好的心境，并把这种信息传递给胎宝宝，平复胎宝宝的躁动不安。
- 为了缓解压力和疲劳，调整情绪，不妨尝试进行森林浴。

本月运动胎教重点提示

- 跟随音乐的节奏，准妈妈试着和胎宝宝一起轻歌曼舞。
- 不论任何时间、任何地点，你都可以用手轻轻抚摸腹部，以便让腹中的胎宝宝感受到你对他的爱和关怀。

- 运动胎教中，千万不要操之过急，要循序渐进，温和而适当。
- 这个时期的胎宝宝状况已很稳定，准妈妈除可继续做孕妇体操、散步、游泳外，应当积极给胎宝宝做运动，动作较以前可以稍大些。
- 每逢胎动时，准妈妈可与胎宝宝做拍腹游戏，引导胎宝宝做出意识性反应。

本月营养胎教贴心建议

- 妊娠6个月的孕妈妈和胎宝宝都需要一定数量的维生素，只有均衡的饮食才能保证维生素的含量。应多吃这些食物：牛奶、鸡蛋、胡萝卜、蔬菜叶、鱼油、带壳的果实、谷类、柠檬、苹果、青椒、白菜、土豆等。
- 铁的补充也不可缺少，孕妈妈应该多吃一些富含优质蛋白质和铁元素的食物（如牛奶、瘦肉、鱼、猪肝、大叶青菜、水果等）。中度以上贫血的孕妈妈，口服铁剂治疗也是十分必要的。此外，还可以服用小剂量的叶酸，效果也不错。
- 这个阶段准妈妈容易出现便秘，应该多吃富含膳食纤维的蔬菜、水果、粗粮等。
- 此阶段容易出现浮肿和妊娠高血压疾病，应注意避免摄取过多的盐分、水分。

本月准爸爸胎教要点

- 陪伴妻子做孕妇体操，以保护妻子的安全。
- 胎动出现的时候与胎宝宝说说话。
- 辅助准妈妈进行各项胎教活动，如听音乐会、做音乐游戏、看芭蕾舞剧、看画展、去郊外游玩等。
- 跟准妈妈一起参加孕妇学校，学习孕产知识和分娩知识。

本月常有的不适症状

- 开始出现妊娠纹。
- 流出带茶色的分泌物。
- 腹胀频繁，出现脚浮肿。
- 便秘、腰痛等。

职场准妈妈胎教要点

- 创造舒适的办公环境，将自己的办公区域按自己的喜好重新布置。
- 确保工作圆满顺心，不要对自己要求太苛刻，在孕期可适当放低对自己的工作要求。
- 在工作的同时也能进行胎教，以愉悦的心情进行工作。
- 避免办公室的空调对着自己吹，可以调整一下自己的位置。
- 做好保暖工作，避免下半身着凉，夏季在空调房中要穿着长裤。
- 尽可能避免从事会使小腹用力的工作。

细节1 行为胎教：孕妈妈学习一种乐器

孕妇学乐器的现象现在已经很普遍，它对于胎教有着非常积极的作用，因此值得大力提倡。事实证明，某些孕妇自从学习弹钢琴以来，胎儿的胎动明显变得活跃起来。妈妈的这种学习不仅有利于胎儿的发育，同时，它对孕妇也可以起到安神的作用。另外，吉他也是广大孕妇可以学习的乐器之一。

但是并不提倡孕妇学习用口吹的乐器。在吹笛子的过程中，孕妇会因为过分热衷于演奏而导致对胎儿的供氧不足。同样道理，学吹口琴就不如学弹钢琴了。

细节2 行为胎教：带胎宝宝外出旅行

很多人都说，孕妇多看漂亮可爱的东西对宝宝有好处；也有些作母亲的人半开玩笑地说，要想生个漂亮孩子，就得天天盯着漂亮的明星看。尽管这只是一些类似玩笑的话，但孕妇经常接触些美丽悦目的东西和事物，其本身就是一种良好的胎教。比如孕妇在丈夫的陪伴下，到美丽的大自然中去旅行，也是一种理想的胎教形式。

当怀孕到了第6个月的时候，由于孕妇已经逐渐适应并习惯了妊娠生活，腹中的孩子也安定了下来，趁着身子还不那么沉，还好活动的时候，外出换换环境，改善一下自己和孩子的生活，还是非常有必要的。这时，可以走出拥挤喧闹的都市，避开人多拥挤的地方，选择那些又近又舒适的去处，比如到气候适宜的海边进行一次旅行。安排这样的旅行，必须先制定一个计划，不要把日程安排得太紧，也没必要非去很远的地方，重要的是，这样的旅行是爸爸、妈妈和腹中的胎儿一起进行的。所以，不仅要选择空气新鲜，能令人心情愉快的地方，而且要保证舒适，使准妈妈不觉得太累。

细节3 行为胎教：孕妈妈外出要注意安全

自己开车要小心

到了孕中期，孕妈妈的肚子越来越大，有可能会顶住方向盘，反应也会变得比较慢。基于安全考虑，孕妈妈在开车的时候一定要注意以下几点：

- 调整至最佳驾驶位置。最佳驾驶位置是：两手腕放置于方向盘3点、9点的位置后，两手臂呈自然无力状下垂。安全带系在腹部以下耻骨处，腿部要自然伸直，大腿弯处位置要稍高于臀部。
- 背部要紧靠在椅背上，也可以垫个靠枕支撑腰部。
- 开车的时候不要穿高跟鞋，可以在车里放一双比较舒服的鞋备用。
- 如果孕妈妈是长发的话一定要扎起来，以免头发影响视线。
- 车里的空调温度不能太低，吹自然风比较好。
- 孕妈妈在开车时一定要随身携带手机，并且要保持通讯正常，这样才能在遇到紧急情况时及时求助。

专家提示

开车前先通风换气

车子里到处充满有毒的挥发气体，尤其是在夏天，再加上太阳长时间的暴晒，使车内有毒挥发气体的浓度更高。有研究显示，车内甲苯含量本来就比室内标准高了4倍，在日晒后甚至会达到20倍，这对人体极有可能会造成伤害。吸入过多甲苯会使孩子患白血病，会使孕妈妈流产；装饰过的车子很容易挥发甲醛，也会致癌；车子内的芳香剂含有甲醇，可能导致人的脑神经受损。所以，医生建议：孕妈妈上车后别急着把车子开走，可先打开窗户，或将冷气开到通风状态，花个5~10分钟，让毒气散发出去，以避免吸入过多有毒气体。

乘坐地铁时要注意

孕妈妈乘坐地铁时，要注意不要在上下地铁的时候排在人群的最前面，尽量站在靠后的位置，否则容易有被后面的人推搡而跌倒的危险。上车后不要站在车厢与车厢之间的连接处，这个位置相比其他位置稳定性差。

乘坐地铁的时候最好穿舒适的鞋，帮助减轻脚的负担。在地铁没座位又没有人让座的情况下，不要站在没有扶手的危险位置，也不要长时间以一种姿势站立，要不时地调整一下站姿，重心不要总是放在一条腿上。尽量站在靠近车门的地方，在到站车门打开的时候能够偶尔换换气。

细节4 行为胎教：洗一个美美的“放松浴”

孕妈妈在睡觉前最好舒舒服服地洗个温水澡，但注意水温不要太高。温水浴可以让肌肤彻底放松，不但能消除一天的疲劳、积蓄体能，同时也是练习深度放松、愉悦心情的好方法。孕妈妈还可以把“放松浴”看作是一次与胎宝宝亲密接触的好机会。

细节5 行为胎教：预防及缓解孕期水肿

到了21周左右，有些孕妈妈就会发现水肿已经潜伏在自己身边了，所以预防水肿一定要早点开始。事实上很多孕妈妈在孕期都会出现水肿，尤其是当孕妈妈久坐或久站时，水分就会在下肢聚积，这时水肿就出现了。这种情况一般卧床休息后就会消退，不要对此过分担心，这是孕期的正常生理现象。从孕中期开始，不断增大的子宫压迫下肢静脉，导致下肢血管中的血液压力增加，水肿就出现了。

出现水肿之后孕妈妈要注意换穿比较宽松的鞋子，饮食上也要注意多吃些利水消肿的食物，红豆汤就是一个很好的选择。孕期水肿严重的要警惕妊娠高血压综合征，所以孕妈妈一定要注意定期进行产检。当然注意一些生活方式也可以预防水肿：

- 要多休息。因为孕期水肿与子宫压迫有关，所以多休息是有帮助的。
- 坐着的时候把脚垫高，有助于血液回流，很适合还在上班的孕妈妈。
- 睡前泡脚有助于血液循环，不但可以改善和缓解水肿，还有助于睡眠。
- 经常按摩小腿。按摩是缓解水肿的有效方法，孕妈妈可以请准爸爸帮忙。

细节6 行为胎教：养成良好的睡眠习惯

孕妈妈的睡眠习惯对胎宝宝的影响很大。所以，孕妈妈必须养成良好的睡眠习惯，这样有利于使宝宝出生后也能有这样的好习惯。

孕妈妈可以按照下面几点去做：

- 白天遇到烦心的事，晚上不要总是心中盘算、懊悔、烦忧，要想得开，放得下，做到心境安宁，没有杂念，避免出现不良情绪。
- 早睡早起，每天最好能够定时入睡。
- 睡前不要谈论让人很高兴的事情，这会让大脑过于兴奋，难于入睡。
- 睡前不要看煽情的小说和电视剧，也不要饮用带有刺激性的饮料，避免大脑因刺激性饮料、小说、电视

专家提示

为了确保孕妈妈能有优质的睡眠，除了在身体和精神上做好准备之外，把周围的环境营造出愉悦的氛围也是很重要的。室内温度高会影响睡眠，房间温度保持在18℃较为理想。如果温度超过24℃，就很难进入深度睡眠。夏天尤其要注意温度的调节。要选择优质的床垫，仰卧在床上，将手伸到腰下方，如果手指被夹得很紧，说明床垫过软；如果能轻松地将手伸入则说明床垫过硬。应当选择介于两者之间的床垫。床上的褥子最好选择天然白棉布为罩、内填棉花的样式。

节目而兴奋过度。

■ 最好先上趟厕所，排空膀胱，并用温水洗脚，使脑部血液下流，不再充血，减少大脑皮质的兴奋。

细节7 情绪胎教：孕妈妈调节情绪的方法

释放法：可以找准爸爸、爸爸妈妈或者朋友诉说自己的不满与苦恼，甚至哭一场，释放心中的压力、委屈和不安。

告诫法：当你有坏情绪时，告诫自己“不要生气，生气解决不了问题，现在肚子里还有个宝宝正在看着你呢。”

转移法：这是一种较常用的方法，即当自己情绪不好时，可以通过一些你所喜欢的活动，如听音乐、看画册、郊游等等，转移自己的注意力。

总之，一旦出现坏情绪，一定要想办法改善和调节，从而使自己的情绪得到积极的感染，从中得到满足和快慰。

记孕期日记也是调节、释放不良情绪的好方法，把自己的身体变化、怀孕期的心路历程、胎宝宝的成长变化等等都记录下来，作为珍贵的记忆收藏。

细节8 情绪胎教：让心情平静的呼吸法

这种呼吸法要在胎教训练开始之前进行，不仅如此，而且要在每天早上起床时、中午休息前、晚上临睡时，各练习一次，对稳定情绪和集中注意力很有帮助。而且，掌握了这一方法分娩时就会轻松很多。

练习这种呼吸法可以任意选择场所，床上、沙发上，甚至坐在地板上都可以。练习时要尽量使腰背舒展，微闭双眼，全身放松，手可以放在身体两侧，也可以放在腹部，衣服

专家提示

练习呼吸法的时候尽量不去想其他事情，要把注意力集中在吸气和呼气上，一旦习惯了，注意力自然就集中了。

尽可能穿宽松些。准备好以后，用鼻子慢慢地吸气，以5秒钟作为标准，在心里一边数“1、2、3、4、5……”一边吸气。吸气时，要让自己感到气体被储存在腹中，然后慢慢地一点点将气呼出来，从嘴或鼻子呼出来都可以。呼气的时间是吸气的两倍，也就是说，如果吸气是5秒的话，呼气就是10秒。就这样，反复呼吸1～3分钟，你就会感到心情平静、头脑清醒。

细节9 情绪胎教：情感上接受即将到来的胎宝宝

研究发现，胎宝宝能对妈妈相当细微的情绪、情感差异做出敏感的反应。胎宝宝在母腹之中，母子之间不但血脉相连，休戚相关，而且情感相通，心灵互应，妈妈与胎宝宝在彼此传递着情感。因此，在胎教过程中，最为关键的莫过于妈妈的爱心——这就是我们所提倡的“无为而治”。

妊娠6个月以后，胎宝宝开始明确自我，能把感觉转换为情绪。这时，胎宝宝的性格逐渐根据妈妈的情感信息得以形成。胎宝宝不断接收妈妈传递的信息。最初，他只能接受极简单的成分，但是随着记忆和体验的加深，胎宝宝的性格变得越来越复杂。胎宝宝的精神世界由无意识的存在，发展为能够记忆和理解复杂情感与情绪的存在。所以每一天，孕妈妈保持良好的心态和豁达开朗的心境，就是一种“无为而治”的胎教方式。

胎宝宝喜欢的是轻松、温馨、平和、愉快和幸福的内外环境，准父母首先要在情感上接受胎宝宝，并且为胎宝宝的即将到来感到欣喜。

孕妈妈要常常告诉准爸爸说：“这一定是个漂亮、聪明的宝宝，眼睛会像你，嘴巴会像我，肯定会很漂亮。”因为胎宝宝是你们爱的结晶，是生命的延续，你们肯定会格外地珍惜这个胎宝宝，慎起居、美环境，注意营养、戒烟酒，以爱关注着胎宝宝的变化。这是一种极好的胎教，胎宝宝通过感官会得到健康的、积极的、乐观的信息，这也是你们给胎宝宝最好的胎教。

相反，当一个孕妈妈还没有在情感上做好接受即将出世的胎宝宝的准备时，内心肯定会充满矛盾和不快，她不愿意承担起做妈妈的责任，或者是持模棱两可的的态度，准爸爸也对此漠不关心。面对这种心理状态，对胎宝宝而言，无疑是痛苦的经历和沉重的压力，这样对胎宝宝出生后的成长很不利。

细节10 营养胎教：为胎宝宝补充“脑黄金”

在胎宝宝脑组织中，神经和神经胶质分化速度最快的第一个高峰就是孕23周左右（第二个高峰在接近预产期时），如果孕妈妈摄入的热量和蛋白质不足，将使胎宝宝脑细胞分化速度减慢，最终使脑细胞总数减少。

保证蛋白质的摄入量

现在要为日后分娩及乳汁分泌时的消耗储备大量能量，尤其是蛋白质。日常饮食要保证摄入优质足量的蛋白质，每天的摄入量要比孕早期多15克，且动物蛋白质应占全部蛋白质的一半以上。孕妈妈还应适当增加植物油的摄入量，也可以适当吃些花生仁、核桃仁、芝麻等必需脂肪酸含量较高的食物。

保证碳水化合物和脂肪的摄入量

胎宝宝开始在肝脏和皮下储存糖原及脂肪，此时，如碳水化合物摄入不足，将导致母体内的蛋白质和脂肪分解失衡，易造成蛋白质缺乏和酮症酸中毒，所以应保证热量的供给。除需大量葡萄糖供给胎宝宝迅速生长和体内糖原、脂肪原储存外，还需要有一定量的脂肪酸，尤其是亚油酸。此时是胎宝宝大脑细胞增殖高峰，大脑皮层增殖迅速，丰富的亚油酸可满足大脑发育所需。

胆碱的补充要及时

胆碱是卵磷脂的组成成分，也存在于神经鞘磷脂之中，可促进脑发育、提高记忆能力。对孕妈妈来说，胆碱的摄入量是否足够，会影响到胎宝宝的大脑发育。研究表明，从怀孕23周开始，主管人们记忆的海马体就已经开始发育，并一直持续到宝宝4岁。所以，如果在海马体发育初期，孕妈妈摄入的胆碱量不充足，就会影响胎宝宝的记忆能力。

尽管人体可以合成胆碱，但由于女性在孕期、哺乳期对胆碱的需求量会增加，所以，专家建议孕妈妈多吃含胆碱的食物，进行额外补充。富含胆碱的食物主要有：蛋类、动物的脑、动物心脏与肝脏、绿叶蔬菜、啤酒酵母、麦芽、大豆卵磷脂等。

细节11 运动胎教：练一练脑呼吸胎教

刚开始做脑呼吸时，先在安静的气氛下简短做5分钟左右，在逐渐熟悉方法后，可增加时间，吃饭前，身体处于轻快的状态下会更有效果。下面介绍一些脑呼吸胎教的基本动作。

观察脑部，感觉脑部。首先熟悉脑各个部位的名称和位置，闭上眼睛，在心里按次序感觉大脑、小脑、间脑的各个部位，想象脑的各个部位并叫出名字。孕妈妈这时要集中意识，这样做可提高注意力，能清楚地感觉到脑的各个部位。

用手感觉。安稳地坐下后，两只手放在距胸前5厘米左右的地方，然后闭上眼用心地感觉双手的部位，这时感觉一下充斥在双手间的气息，先合掌，然后再慢慢地张开双手。

通过脑呼吸与胎儿进行对话。想象一下肚子里的孩子，想象胎儿的各个身体部位，从内心感觉孩子。如通过超声波照片来看的话，形象更容易想象。与脑呼吸一起进行胎教，或写胎教日记，会使胎儿和母亲更容易进行交流。

细节12 运动胎教：孕妈妈散步要注意

散步姿势：孕妈妈收下颚，目光直视前方数米处，脸不能朝下；使用腹式呼吸，放松身心；肩膀力量也放松，背不要驼；手肘轻轻弯曲，前后大幅度摇摆；步幅太大容易疲倦，会造成身体的负担，可稍微减小步幅，放慢步行的速度。

散步4要点：

1.不要超过你的锻炼需要。在怀孕期间，散步的目的是维持身体所需要的锻炼水平，而不是与其比赛，超出身体能够承受的范围。

2.注意调整你的平衡性。隆起的腹部会影响你的重心，所以你需要时间去习惯。

专家提示

如果你以前有散步习惯的话，继续保持；假如你在孕前不经常散步的话，慢慢开始。你可以每天都进行至少30分钟的练习。

3.天气特别炎热的时候，不要出来散步。最好就是留在室内做简单的运动。

4.散步运动要适度，口渴、疲劳或者头晕都会对胎宝宝不利。

细节13 运动胎教：游泳虽好也要适度

任何形式的有氧练习都可以增强身体运输和利用氧气的功能，这对孕妈妈和胎宝宝都极为重要。而游泳可以提高孕妈妈的循环能力，增强肌肉的品质和力量，同时锻炼孕妈妈的耐力，还可使睡眠得到改善，同时能够更好地处理怀孕所带来的生理和心理的变化。

- 要选择卫生条件好、人少的地方游泳。下水前先做一下热身，下水时戴上泳镜，还要防止别人踢到腹中的宝宝。游泳场地要有专职医务人员在场。
- 最佳的游泳时间是在怀孕5～7个月。
- 孕晚期，为避免羊水早破和感染，应停止游泳运动。值得注意的是，胎膜破裂后应停止此项运动。
- 最好在温水中进行，水太冷容易使肌肉发生痉挛。
- 游泳以无劳累感为佳。

有以下症状的准妈妈禁止游泳：

妊娠未满4个月，有过流产或早产、死胎史、阴道出血、腹部疼痛，患有心脏病、妊娠高血压、癫痫症，以及患有耳鼻喉方面的疾病等。

孕妇游泳对水质要求较高，游泳池的水必须经过严格消毒，如果某些细菌含量超标，就有可能引发妇科炎症。

细节14 运动胎教：适当干些家务活

很多孕妈妈在整个孕期都小心翼翼，不敢“轻举妄动”。其实孕妈妈可以在孕期尝试着做一些力所能及的家务，这样做不仅能舒缓紧张情绪，提高自身的耐力、肌肉强度，预防骨骼耗损和肌肉疲劳等这些孕期常见的问题，还可以解决胎宝宝体形过大带来的问题，有助于孕妈妈顺利分娩和产后的体形恢复，降低产后忧郁症的发病率。在胎教方面，亦能发挥独特的功效。实践证明，在孕期做一些家务的孕妈妈生出的宝宝远比不活动或少活动的孕妈妈生的宝宝有活力、健康。

专家提示

适度劳动有益妊娠

“劳动是最好的医生”，这是当年流行在欧洲的一句名言。适当地干些家务活能使孕妈妈气血和畅、经络疏通、精神愉快，是一种很好的胎教，对胎宝宝未来的成长有着深远的意义。

细节15 运动胎教：玩转七巧板

玩过七巧板吗？那简简单单的七块板，竟能拼出千变万化的图形。谁能想到呢，这种玩具是由一种古代家具演变来的。

宋朝有个叫黄伯思的人，对几何图形很有研究，他热情好客，发明了一种用6张小桌子组成的“宴几”——请客吃饭的小桌子。

后来有人把它改进为7张桌组成的宴几，可以根据吃饭人数的不同，把桌子拼成不同的形状，比如3人拼成三角形，4人拼成四方形，6人拼成六方形……这样用餐时方便，气氛更好。

后来，有人把宴几缩小改变到只有七块板，用它拼图，演变成一种玩具。因为它十分巧妙好玩，所以人们叫它“七巧板”。

到了明末清初，皇宫中的人经常用它来庆贺节日和娱乐，拼成各种吉祥图案和文字，故宫博物院至今还保存着当时的七巧板呢！

18世纪，七巧板传到国外，立刻引起极大的兴趣，有些外国人通宵达旦地玩它，并叫它“唐图”，意思是“来自中国的拼图”。

七巧板对于开发宝宝的形状概念、视觉分辨、认知技巧、视觉记忆、手眼协调、扩散思考、创作能力等有极大的帮助，妈妈在此时了解七巧板、练习七巧板，对于胎儿的大脑开发有着很好的作用，宝宝长大后，作为早教的重要内容，妈妈也可以和宝宝一起玩。

细节16 运动胎教：试一试芭蕾舞

你曾经有过跳芭蕾舞的梦想吗？现在，你可以在怀孕后通过胎教来实现这个梦想啦！芭蕾和瑜伽一样，都是通过腹式呼吸和伸展动作进行练习。身体在音乐的伴奏下有节奏地活动，正好适合那些不愿做高难动作或者不愿静静等待的孕妈妈们。

芭蕾可以从怀孕4个月后开始练习，但不需要像专业舞者一样穿芭蕾舞鞋，做高难度动作。芭蕾中的基本动作可以舒展肩部和腰部，达到矫正孕妈妈体形的效果，放松脚踝的动作可以帮助孕妈妈减轻腿部浮肿，向后屈膝再伸展开的动作可以使骨盆得到放松。通过反复练习这些动作锻炼肌力和体力，以帮助产后迅速恢复身形和体能，这也是芭蕾胎教最大的优点。

做所有的运动前都要进行热身，芭蕾也一样。在开始前和结束后的5分钟内，可以做一些轻松的准备活动和结束活动，避免身体疲劳。

芭蕾胎教的好处

帮助骨盆肌肉收缩：芭蕾胎教里有很多活动骨盆肌肉的动作，反复练习双脚并拢，脚尖向外的站立动作，或打开髋关节的平衡动作，会帮助分娩时顺利地打开关节，完成自然分娩。

腹式呼吸让宝宝变聪明：做芭蕾动作时，需要一直用腹式呼吸法。腹式呼吸法可以加大氧气的吸入量，让宝宝的头脑更灵活。

听芭蕾音乐就是胎教：大家都知道常听莫扎特、柴可夫斯基的曲子可以稳定胎儿情绪、促进胎儿的头脑发育。跟随音乐律动身体，可以增强妈妈和宝宝的艺术感受力。

芭蕾的矫正姿势还可以达到减肥的效果，让身形变得更美。练习芭蕾首先要摆出正确的姿势，所以，可以通过学习孕妇芭蕾来矫正孕妈妈们因怀孕而走形的身材。

细节17 音乐胎教：教胎宝宝唱歌

根据医学专家对妊娠第154天子宫外胎宝宝脑电波记录的研究证实，听觉能记录于脑电波中是在胎龄第20～24周，至胎龄24周左右，耳蜗的形态和听神经的分化基本完成。因此，从22周开始，音乐胎教中应该增加孕妈妈和准爸爸教胎宝宝"唱"音符的内容。虽然胎宝宝不会张嘴唱歌，但是，只要父母持之以恒地坚持教唱，定能收到好的效果。

教胎宝宝唱歌的方法

具体做法是：孕妈妈或准爸爸采用练习音符发音。例如："1、2、3、4、5、6、7、i"、"i、7、6、5、4、3、2、1"。反复轻声教唱若干遍，每唱完一个音符停顿几秒钟，正好是胎宝宝复唱的时间。在教唱时，孕妈妈应该充分地发挥自己的想象力，就好像子宫中的胎宝宝神奇地张开蓓蕾似的小嘴，随着父母虔诚的音律和谐地跟着学唱。准妈妈还可以选好一支优美快乐的歌曲，伴随着音乐，准妈妈先自己唱一句，随即凝思胎宝宝在自己腹内学唱。

尽管胎宝宝不具备唱歌的能力，但通过准妈妈的想象力，利用"感通"的途径，能使胎宝宝得到早期教育。虽然父母选唱的是一些简单的乐曲，时间一长，音符刺激可以在胎宝宝的大脑中构成记忆，奠定后天音乐基础。

值得注意的是，在教胎宝宝唱音符时，室内应保持安静，尽量避免噪音干扰。每天教唱1～2次，每次3～5分钟。最好定时教，并拟定一个施教计划，由夫妻二人交替进行。

唱歌时的注意事项

教胎宝宝唱歌的声音有乐音和噪音之分。当然对胎宝宝的刺激也就有“有益”与“有害”之分。伴奏的迪斯科舞曲、架子鼓的声音，在某些时候可以创造欢乐的气氛，但对于准妈妈和胎宝宝来说，这种节奏强烈、带有震撼性的声音无异于噪声。所以，准妈妈不能听这类音乐。而舒缓轻柔与欢快相间的E调、C调才是最适宜的。

细节18 音乐胎教：给胎儿唱《摇篮曲》

“睡吧睡吧我亲爱的宝贝，妈妈的双手轻轻摇着你，摇篮摇你快快入睡，夜已安静被里多温暖。睡吧睡吧我亲爱的宝贝，妈妈的双臂永远保护你。世上一切幸福愿望，一切温暖全部属于你。”这样，胎儿听着妈妈柔美的歌声，在母爱的包围下沉沉入睡，在音乐中体会母亲的情感。

在这里介绍一种胎教法——母教胎唱法。孕妈妈选好了一支优美快乐的歌曲，伴随着音乐，孕妈妈先自己唱一句，随即凝思胎儿在自己腹内学唱。尽管胎儿不具备唱歌的能力，但通过妈妈的想象力，利用“感通”的途径，使胎儿得到早期教育。

细节19 音乐胎教：做一做音乐游戏“舞动的纱巾”

每个孕妈妈各自有擅长的感受音乐、感受美的方式；有些在听觉方面的能力强，有些则有独特的视觉能力或触觉能力，可以根据自己的喜好来选择不同的音乐胎教方式。

在音乐世界里，最难能可贵的，就是它无法以文字和语言代替的部分。试想，一个带着愉快笑容歌唱的准爸爸，和一个随着音律节拍舞动纱巾的孕妈妈……他们当时的感觉和心情，就像正在绽放的璀璨花朵，充满一股难以言喻的生命力，令人不仅为之莞尔。

你所选用的纱巾最好是有鲜艳色彩而且是透明的，这样会给你带来一种梦幻般的感觉，明亮色彩给你来明朗的心情。最好能多准备几条各种颜色的纱巾，因为多看各种明丽的颜色，也是一种很好的色彩胎教呢！把它们叠成各种可爱的小饰物，也是不错的选择。总之，在你摆弄这些物品时，心情应该是放松和愉悦的。

请听着音乐做以下的呼吸和律动，你的心情会随着放松。

舞动的纱巾在空中画圈圈，（空空空空）

舞动的纱巾在空中跳跳跳，（空空空空）

舞动的纱巾在空中飘飘飘，（空空空空）

舞动的纱巾在空中落下来。（空空空空）

（“空”字处是你做动作的时间）

细节20 音乐胎教：欣赏《E小调第九交响曲》

德沃夏克（1814～1904）是19世纪捷克最伟大的作曲家之一，在他杰出的9部交响曲中，《E小调第九交响曲》（又叫《自新大陆》），是人们最熟悉的

一首，用“也许没有一个乐队没有演奏过它，也没有一个指挥没有指挥过它”来评说，大概并不为过。作品表现了德沃夏克对美国这个新大陆的印象和感受，并倾注着对遥远的祖国和家乡的思念。

全曲共分4个乐章：第1乐章，音乐开始是一段慢板序奏，为整个交响曲的戏剧性叙述做了铺垫，同时又给人们以丰富的联想：仿佛作曲家正在体验着初到美国时的感受。他站在甲板上凭栏望岸，那里是他心目中怎样的一个新世界呢？第2乐章非常感人，有的评论家把它视为所有交响曲慢乐章中最动人的一个。它充满奇异的色彩和神妙的情趣，沁人肺腑，体现了一种黑人歌谣风与斯拉夫民族气质结合的独特韵味。第3乐章具有舞曲性质，据说是受到舞蹈场面的启发。全曲的几个主题充满内在的对比，或热烈欢愉，或温文尔雅，或思念祖国，或幽默欢趣。第4乐章是一个激动人心的乐章，它气势宏大而雄伟，充满活力与热情，是整首交响曲戏剧发展的高潮，也是全部乐曲发展的总结。

乐曲表现出的深邃的意境、沉思的韵味、鲜明的民族色彩、感人至深的旋律，不仅能让孕妈妈陶醉，而且还能给孕妈妈独特的美感，尤其适合音乐胎教。

专家提示

怀孕21周的时候，胎宝宝大脑沟回增多并且已经基本定型，这时候的音乐胎教会发挥更大的作用。

细节21 音乐胎教：听莫扎特的《春泉》

音乐是情趣转化的产物，音乐胎教不仅可促进胎儿的身心发育，还能培养儿童对音乐的兴趣。孕妈妈不妨静下心来听听莫扎特的音乐，感受一下音乐给自己带来的感官上的享受和放松的心情。莫扎特的音乐清明高远，乐天愉快，淳朴优美，真挚温暖，有如天籁一般，常常被誉为“永恒的阳光”。《春泉》就是其中比较有代表性的一首曲子。莫扎特在严酷命运的摧残之下默默地承受着、孕育着、奉献着……像殉道的使徒般唱着温馨甘美的音乐安慰着自己，安慰着整个世界。他的音乐有人性的关怀，有真、善、美。沐浴在这样的音乐光芒里，胎儿和孕妈妈应该能感受到平静和祥和。

专家提示

在胎宝宝满6个月以后，听觉神经已经发育得比较成熟了，孕妈妈可将传声器扣在腹壁上将音乐声波传导进去，这样能刺激胎宝宝的听觉，从而促进大脑细胞数目和树突增多以及建议更多的突触联系，使胎宝宝的大脑网络更加丰富。但要注意音乐的音量不能太大。

细节22 音乐胎教：和胎宝宝一起玩节拍游戏

今天，孕妈妈可以和胎宝宝一起玩一个节拍游戏。首先，孕妈妈要选择有声音的玩具，比如摇铃，或用筷子敲击碗、木头等都可以，也可以轻轻地用手掌拍击，要用不同的节奏进行击打，让胎宝宝慢慢感受四拍、三拍、二拍的不同节奏。孕妈妈也可以利用家里的多种器具，组成一个超级随意的打击乐队，也可以让家里的毛绒玩具与可爱娃娃加入。孕妈妈要充分发挥自己的想象力，多想出几个游戏和胎宝宝一起玩，在开心之余，胎教任务也完成了。

细节23 语言胎教：教宝宝唱英文歌

教育学家指出："只需一个袖珍筒式录音机，一盘磁带和英文唱的摇篮曲，就可以使胎儿将来成为精通两种语言的人才。"英语胎教的意义在于通过语言向孩子传递自己的爱和真心。如果一开始不熟练或羞于用英语表达自己的感情，不妨先用："I love you sweetie…"之类表达爱意的话作为开端。罗列出脑海中浮现的单词也有助于英语胎教的顺利进行。逐一地想出并说出自己掌握的单词，渐渐地就能串成句子，讲给孩子听。

英语胎教最重要的是妈妈多听英语，把听到的讲给孩子，让胎儿听到妈妈的声音。孕妈妈可以按照自己的生活习惯确定一个时间段（例如每天5～20分钟），用英语进行对话胎教。如果平时喜欢英文经典歌曲，不妨多听一听。也可以挑选一些绘图精美的儿童英文读物来阅读。

细节24 语言胎教：经典童话故事《咕咚来了》

一只可爱的小白兔，住在美丽的湖边。湖边种了一棵木瓜树。有一天，小白兔正在湖边玩耍，忽然听见"咕咚"一声，吓得小白兔撒腿就跑。

小狐狸碰上了小白兔就问："小白兔，你怎么了？"小白兔边跑边回答："咕咚来了，快跑啊！"小狐狸吓得也跟着跑了起来，慢慢地，森林里的动物越来越多，有小鹿、松鼠、大象等。

他们的跑声惊动了正在睡觉的森林之王狮子，狮子大吼一声问："你们怎么了，出了什么事情？"这个时候大家才你看我我看你，不明白到底是怎么回事。后来小白兔说："湖边好像有一个可怕的怪物，我听到它的声音咕咚、咕咚的，就把我吓跑了。”狮子说：“大家跟我来，我不相信谁比我还厉害。”大家纷纷跟着来到了小白兔的家，就在这时又听到“咕咚”一声，原来是成熟的木瓜掉到湖里了。大家互相看着对方大笑了起来，原来是虚惊一场。

细节25 语言胎教：经典童话故事《小猫钓鱼》

在树林旁边，有一条小河，河里有许多小鱼在水里游来游去。

一天早晨，猫妈妈带着猫弟弟到河边去钓鱼。他们刚坐下，一只蜻蜓飞来了。蜻蜓真好玩，飞来飞去像架小飞机。猫弟弟看了真喜欢，放下钓鱼竿，就去捉蜻蜓。蜻蜓飞走了，猫弟弟没捉着，空着手回到河边。一看，猫妈妈钓了一条大鱼。

猫弟弟又坐在河边钓鱼，一只蝴蝶飞来了。蝴蝶真美丽，猫弟弟看了真喜欢，放下钓鱼竿，又去捉蝴蝶。蝴蝶飞走了，猫弟弟又没捉着，空着手回到河边。一看，猫妈妈又钓了一条大鱼。

猫弟弟说：“真气人，我怎么一条小鱼也钓不着？”猫妈妈看了看猫弟弟，说：“钓鱼就要一心一意，不要三心二意。你一会儿捉蜻蜓，一会儿捉蝴蝶，怎么能钓着鱼呢？”

猫弟弟听了猫妈妈的话，很难为情，从此就一心一意地钓鱼了。蜻蜓又飞来了，蝴蝶也飞来了，猫弟弟就像没看见一样，一步也不走开。不一会儿，钓竿上的线往下沉，钓竿也动起来了，猫弟弟使劲把钓竿往上一甩，“哎哟”一条大鱼钓上来啦。鱼摔在地上，噼噼啪啪地乱蹦乱跳，小猫赶紧捉住这条大鱼，高兴地喊了起来：“我钓到大鱼啦，我钓到大鱼啦！”猫妈妈和猫弟弟一起抬着大鱼回家了。

细节26 语言胎教：告诉胎宝宝一天的生活

怀孕的第6个月，胎儿已经有了记忆和学习的能力，因此，孕妈妈要时刻牢记胎儿的存在，经常与之谈话，这是十分重要的。这一时期语言胎教主要采用同胎儿谈话的方式，以逐渐加强对胎儿的语言刺激，以语言手段来激发胎儿的智力发育。

孕妈妈可以告诉胎儿一天的生活，从早晨醒来到晚上睡觉，自己或家庭成员做了什么，想了什么，有什么感想，说了些什么话，这些都可以用语言讲给胎儿听。这是母子共同体验生活节奏的一种方法。如早晨起来，先对胎儿说一声“早上好”，告诉他新的一天已经开始了。打开窗户告诉胎儿：“早上空气真新鲜”，“啊，太阳升起来了，阳光洒满大地”，“今天是一个晴朗的好天气”。关于天气，可教的有很多，如阴天、下雨、飘雪花等，气温的冷热、风力的大小、温度的高低等都可以作为话题。在洗手间也有很多可以同胎儿说的话，如天天要洗脸，饭后要刷牙，便后要洗手，衣服要经常换，爸爸为何要刮胡子，妈妈为什么爱梳妆，肥皂为何起泡泡，吹风机为什么能把头发吹干等，都是很好的说话内容。

孕妈妈还可以告诉胎儿，今天穿的衣服是什么样式的，什么颜色的，什么布料的。接着把镜子里的自己视觉化，将信息传递给腹中的胎儿，如“今天很冷，穿风衣吧”，“应邀赴会，还是穿套服的好”，“这件上衣，还是配蓝色的领带合适”等。吃饭时，先深深地吸口气，问胎儿：“闻到了吗？饭菜真香啊！”还可以告诉胎儿各种蔬菜的名称、味道、营养和制作方法，要胎儿出生后喜欢吃各种蔬菜。

此外，孕妈妈可在散步时把眼前的景色生动地讲给胎儿听：“瞧，公园真美丽，青青的草，红红的花，鱼儿在池塘里游来游去。”孕妈妈还可以利用诸如打扫房间、洗衣服、做饭、买东西、上银行、去医院，或者织毛衣、看电视、洗澡等活动同胎儿谈话。

准爸爸对胎儿的讲话也是很重要的，准爸爸的声音更易被胎儿所接受，通过与胎儿讲话，可以培养父子感情。并且，准爸爸对胎儿进行胎教，还可增进夫妻感情。准爸爸与胎儿讲话时，孕妈妈应仰卧或端坐在椅子上，准爸爸把头俯在孕妈妈的腹部，嘴巴离腹壁不能太近也不能太远，一般以3～5厘米为宜。准爸爸同胎儿讲话的时间，一般选在晚上睡觉前为好，每次讲话时间以5～10分钟为宜。如就寝前，可以由准爸爸通过孕妈妈的腹部轻轻地抚摸其中的胎儿，同时与胎儿谈话："爸爸来啦，起来活动吧，对啦，小手伸出来，小脚又在哪里呢？让爸爸摸一摸，啊，会蹬了，再来一个……再见！"

细节27 语言胎教：经典胎教故事《孟母三迁》

孟子，名柯。战国时期鲁国人（现在的山东省境内）。三岁时父亲去世，由母亲一手抚养长大。孟子小时候很贪玩，模仿性很强。

他家原来住在坟地附近，他常常玩筑坟墓或学别人哭拜的游戏。母亲认为这样不好，就把家搬到集市附近，孟子又模仿别人做生意和杀猪。孟母认为这个环境也不好，就把家搬到学堂旁边。孟子就跟着学生们学习礼节和知识。孟母认为这才是孩子应该学习的，心里很高兴，就不再搬家了。这就是历史上著名的"孟母三迁"的故事。

对于孟子的教育，孟母更是重视。除了送他上学外，还督促他学习。有一天，孟子从老师子思那里逃学回家，孟母正在织布，看见孟子逃学，非常生气，拿起一把剪刀，就把织布机上的布匹割断了。孟子看了很惶恐，跪在地上请问原因。孟母责备他说："你读书就像我织布一样。织布要一线一线地连成一寸，再连成一尺，再连成一丈、一匹，织完后才是有用的东西。学问也必须靠日积月累，不分昼夜勤求而来。你如果偷懒，不好好读书，半途而废，就像这段被割断的布匹一样变成了没有用的东西。"

孟子听了母亲的教诲，深感惭愧。从此以后专心读书，发愤用功，身体力行、实践圣人的教诲，终于成为一代大儒，被后人称为"亚圣"。

细节28 语言胎教：说说绕口令

绕口令可以锻炼发音，使人口齿伶俐，孕妈妈不妨练习一些绕口令，让腹中的宝宝也接受一些潜移默化的教育。

1.蚕和蝉

爬来爬去是蚕，
飞来飞去是蝉。
蚕常在桑叶里藏，
蝉藏在树林里唱。

2.分清巾金睛景

小金到北京看风景，
小京到天津买纱巾，
看风景，用眼睛，
还带一个望远镜。
买纱巾，带现金，
到了天津把商店进。
买纱巾，用现金，
看风景，用眼睛，
巾、金、睛、景要分清。

3.石小四和史肖石

石小四，史肖石，一同来到阅览室。
石小四，年十四，史肖石，年四十。
年十四的石小四爱看诗词，年四十的史肖石爱看报纸。
年四十的史肖石发现了好诗词，忙递给年十四的石小四，年十四的石小四见了好报纸，忙递给年四十的史肖石。

4.半半和盼盼

半半摆碗，盼盼摆盘。
半半不能摆盼盼的盘，
盼盼不能摆半半的碗，
只能摆完盘子再摆碗，
或者摆完碗再摆盘。
半半摆完碗帮盼盼摆盘，
盼盼摆完盘帮半半摆碗。

细节29 美育胎教：欣赏维米尔的《倒牛奶的女仆》

《倒牛奶的女仆》是17世纪荷兰最独特的风俗画家维米尔的代表作品。作于

1685年，构图不很复杂，轮廓较清晰，环境纯朴。将一个简朴的厨房画得很有感情，甚至能令不少观者产生不同的怀旧心理。女佣人是个健壮的村妇，她塞起了胸前围裙的一角，正忙着准备早餐。左边墙角有一扇窗户，一边挂着一只藤篮和一盏马灯。桌上杂乱地摆着一些食物。所有人和物的质感都很强烈。

约翰内斯·维米尔，是荷兰优秀的风俗画家，被看作“荷兰小画派”的代表画家，荷兰黄金时代绘画大师，与梵高、伦勃朗合称为荷兰三大画家。维米尔的作品大多是风俗题材的绘画，基本上取材于市民平常的生活。他的画画面温馨、舒适、宁静，给人以庄重的感受，充分表现出了荷兰市民那种对洁净环境和优雅舒适的气氛的喜好。他在艺术风格上也别具特色，他的绘画形体结实、结构精致、色彩明朗和谐，尤善于表现室内光线和空间感。维米尔的绘画给人一种真实性，除了日常生活中的真实之外还使人感到一种信仰上的真实感。

细节30 美育胎教：带宝宝去看芭蕾舞剧《睡美人》

故事时间为16世纪中叶。国王弗洛伦斯坦和皇后正在为他们的女儿奥芙罗拉公主举行洗礼仪式。美丽的紫丁香仙女带领众仙子前来祝贺，她们带来了礼物以及纯洁、活跃、慷慨、智慧、情感五位仙女的祝福。由于典礼官卡泰拉布特忘记了邀请恶仙女卡拉包斯，因此她怒不可遏，预言奥芙罗拉公主长大后会被纺锤刺伤而死。然而，紫丁香仙女能够克制卡拉包斯的魔力，她预言：奥芙罗拉公主只会迷人地睡着，而不会死去，等到一位英俊王子的亲吻，她就会苏醒。由于对卡拉包斯预言的忌讳，弗洛伦斯坦国王在他的宫殿中禁止使用纺锤。

第一幕：奥芙罗拉公主16岁的生日

在皇宫的大花园里，典礼官卡泰拉布特发现三位手持纺锤的纺织女，国王下令将她们斩首，在众人及王后的请求下，国王赦免了她们。前来祝贺的八对青年男女手持花环，跳起了愉快的华尔兹舞蹈。奥芙罗拉公主与邻国求婚的四王子跳起了“玫瑰之舞”。伪装成纺织女的恶仙女卡拉包斯送给公主纺锤把玩，公主被刺伤手指晕倒。卡拉包斯现出了原形，她在受惊吓的宫廷面前再一次诅咒奥芙罗拉公主死去。紫丁香仙女提醒他们她曾给奥芙罗拉的承诺：奥芙罗拉不会死，整个王国都将沉睡在森林花草之中。

第二幕：

第一场　幻影

一百年后，弗洛里蒙德王子与他的随行人员狩猎来到森林之中，王子希望自己独处，不与同行人员一起狩猎。紫丁香仙女乘魔舟来到森林，向王子显示奥芙罗拉公主的幻影，奥芙罗拉和林中仙子一起出现，王子被她的美丽所吸引，并爱上了她。紫丁香仙女带着王子乘魔舟到远方弗洛斯坦王国去寻访公主。

第二场　唤醒

卡拉包斯千方百计阻止王子弗洛里蒙德见到奥芙罗拉，并欲置之于死地。紫丁香仙女的法力使卡拉包斯的魔力消失了。王子见到沉睡百年的公主，在紫丁香仙女的启发下，弗洛里蒙德亲吻了奥芙罗拉，公主醒来，整个王宫恢复了往日的生机。

第三幕：奥芙罗拉公主和弗洛里蒙德王子之婚礼

国王、王后和宫廷中的宾客们为奥芙罗拉公主和弗洛里蒙德王子举行盛大的婚礼。童话中穿靴子的猫、蓝鸟和菲洛林娜公主；还有金、银、蓝宝石、钻石等也前来表演节目，祝贺两位新人的结合。弗洛里蒙德王子和奥芙罗拉公主跳起了著名的双人舞。最后，宾主共舞，场面热烈欢腾，共同庆祝这美好时刻的到来。

细节31　美育胎教：欣赏拉斐尔的《西斯廷圣母》

拉斐尔·桑西是意大利杰出的画家，和达·芬奇、米开朗琪罗并称文艺复兴时期艺坛三杰。他的作品博采众家之长，形成了自己独特的风格，代表了当时人们最崇尚的审美趣味，成为后世古典主义者不可企及的典范。其代表作有油画《西斯廷圣母》、壁画《雅典学院》等。

《西斯廷圣母》完成于1541年，这幅祭坛画被指定装饰在为纪念教皇西科

斯特二世而重建的西斯廷教堂内的礼拜堂里。最初它被放在教堂的神龛上，1574年后一直保存在西斯廷教堂里，故得此名。现为德国德累斯顿博物馆收藏。

拉斐尔这幅《西斯廷圣母》中的圣母既像一位善良的民间女性，又具有女王式的严肃。西斯廷圣母所具有的文雅、温柔与美貌，致使一位俄国画家感慨地赞美道："拉斐尔画的圣母，本身就是对人类的想象力的创造。"这一庄严而典雅的圣母形象，可以说是画家所有圣母像中集大成者，是最成功的一幅圣母像。拉斐尔在画面里创造了一个具有崇高牺牲精神的母性形象。为拯救人类，圣母将儿子送向人间。画中绿色帷幕解开后，圣洁而美貌的圣母赤着双脚，怀抱耶稣，在光辉普照的天空的背景中徐徐下落来到人间。她似乎正在挪动轻盈的步子，从云端里走下来，一对晶莹的目光注视着苦难的人间，被紧紧搂着的耶稣瞪着两只小眼睛，似乎等待圣母为他决断未来的命运。整幅画面虚实相生而又流畅平稳，分散的人物实际上是在一个圆形的色彩联合体内。观者既能领悟到直观的形象，又使自己产生一种和谐的幻觉。

《西斯廷圣母》是对圣母的讴歌，也是对人间母性和母爱的歌颂。

细节32 美育胎教：欣赏安格尔的《泉》

安格尔（1780 ~1867）是法国画家，新古典主义画派的最后一位领导人。安格尔的画风线条工整，轮廓确切，色彩明晰，构图严谨，对后来许多画家如德加、雷诺阿，甚至毕加索都有影响。他的主要作品有《土耳其浴女》、《泉》、《路易十三世的宣誓》、《奥德利斯克与奴隶》以及一系列肖像画和大量的素描，还有类似中国画白描的只用线描勾轮廓的作品。

《泉》是安格尔最著名的裸体油画杰作，这幅画虽属希腊画风之作，但画中裸女却有一种自然的生气。

画面表现的是一个手托水罐正面站立着的少女形象，她的美丽面庞和优美匀称的体态可以引起人们无限的联想，但画家的匠心则主要体现在他对理想美的思考和追求上。

少女的造型在整体上是遵循了古希腊雕刻的三段式原则，左边以高举的手臂组成圆和三角的几何结构，胸部和腹部的转折起落形成波浪式的曲线，与左边的单纯与宁静形成对比。从少女的头部开始，经过耻骨到脚底的S形是中轴线，正是这根无形的中轴线，统一了画面的运动和变化，达到了高度的和谐，寄托了安格尔对美的全部理想，而水罐倾流的泉水，既起着寓意少女青春纯洁的点题作用，又使画面产生匀称和谐的旋律。

《泉》这幅画创作出的不仅是一个纯洁少女的化身，更创造了恬静、典雅、抒情诗般的意境。

细节33 抚摸胎教：和胎宝宝一起嬉戏

妊娠的第6个月，可以在孕妈妈腹部明显地触摸到胎儿的头、背和肢体，是进行抚摩胎教的好时机。抚摩胎教可以在起床后和睡觉前进行，应避免在饱食后进行。一般每天可进行3次，每次约5分钟。具体的方法是：孕妈妈排空小便，平卧床上，下肢膝关节向腹部弯曲，双足平放于床上，全身放松。此时孕妈妈腹部柔软，利于触摸。

抚摸可由孕妈妈进行，也可由准爸爸进行。先用手在腹部轻轻抚摸片刻，再用手指在胎儿的体部轻压一下，可交替进行。有的胎儿在刚开始进行抚摸或按压时就会做出反应，随着孕周的增加，胎儿的反应会越来越明显，当胎儿习惯指压后，他会主动迎上来。怀孕28周以后，轻轻的触摸配合轻轻的指压可区别出胎儿圆而硬的头部、平坦的背部、圆而软的臀部以及不规则且经常移动的四肢。当轻拍胎儿背部时胎儿有时会翻身，手足转动，此时可以用手轻轻抚摸以安抚之。在用手触摸胎儿的时候，别忘了还要同时轻轻地、充满柔情地对胎儿说话，让胎儿更强烈地感受到父母的爱意。父母也可以在触摸胎儿的时候谈谈心，交流交流感情，憧憬一下宝宝出生后美好的生活，营造出温馨、亲密的气氛，这样有利于加深一家三口间的感情。

在进行抚摸胎教时，抚摸及按压的动作一定要轻柔，以免用力过度引起意外。有的孕妈妈在怀孕中、后期经常有一阵阵的腹壁变硬，可能是不规则的子宫收缩，此时不能进行抚摸胎教，以免引起早产。孕妈妈如果有不良分娩史，如流产、早产、产前出血等，则不宜使用抚摸胎教。

做完抚摸后，可用双手轻轻推动胎儿在宫内“散步”。这样反复的锻炼，可以使胎儿建立起有效的条件反射，并增强肢体肌肉的力量。经过锻炼的胎儿出生后肢体的肌肉强健，抬头、翻身、坐、爬、行走等动作都比较早。训练时，手法要轻柔，要循序渐进，不可急于求成，即使在怀孕7～8个月的训练高峰期，每次也不能超过5分钟，否则只能是拔苗助长，适得其反。一旦胎儿出现踢蹬不安时，便应立即停止刺激，并轻轻抚摸之，以免发生意外。在进行抚摸胎教过程中，思想一定要集中，心里应有幸福喜悦的感受。

有些孕妇对抚摸胎教怀有戒心，生活中常常看到一些孕妇用手捂住肚子等待胎儿反应，好像害怕锻炼会损害胎儿似的。其实，这种担心是多余的。胎儿在4个月时，胎盘已经很牢固，胎儿在羊水中活动不会受到直接冲击，因而也不会受到任何伤害。相反，经常采用抚摸胎教法会收到很好的效果。

细节34 光照胎教：促进胎宝宝的视觉发育

胎儿在妊娠第8周时，眼睛已经开始发育，但直到怀孕25周左右的时候，对光才有了最初的反应。当一道亮光穿过母亲的皮肤、甚至子宫壁到达胎儿时，胎儿的眼睛就开始在黑暗中一开一合，似乎在为出生后做练习。怀孕27周以后，胎儿的大脑才能感知外界的视觉刺激。怀孕30周以前，胎儿还不能凝视光源，直到怀孕36周，胎儿对光照刺激才能产生应答反应。

如果从怀孕24周开始，每天定时在胎儿觉醒时用手电筒（弱光）作为光源，照射孕妇腹壁胎头方向，每次5分钟左右，结束前可以连续关闭、开启手电筒数次，这样做可促进胎儿视觉功能健康发育。因为有研究表明，当用手电筒照射孕妇腹壁胎头部位时，可感到胎儿心率增快的现象，持续照射数分钟，胎心率又恢复至照射前的状态。光照5分钟，通过刺激胎儿的视觉信息传递，使胎儿大脑中动脉扩张，对胎儿脑细胞的发育有益。

因此，孕妈妈可以利用胎儿所具有的视觉功能，对其进行胎教，以锻炼胎儿的视觉，并且有助于提高胎儿的智力。但需注意的是，在对胎儿进行光照刺激时，切忌强光照射，并且时间也不宜过长。

细节35 斯瑟蒂克胎教教程：胎宝宝学数字“2”

今天要和胎宝宝一起学习数字“2”了。

集中注意力，将“2”的形状和颜色深深地印在头脑之中，加深对“2”的印象。

接下来开始联想，“2”像什么呢？“浮在水面上的天鹅”或者“飘扬的丝带”又或是“倒过来的秤勾”。你还可以发挥自己的想象力，进行联想，印象越深越好。

“2”是怎样的概念呢？你同样可以用身边的事物进行解释，“2块饼干”、“2个盘子”、“2根手指”，而且可以和“1”进行比较，这样胎宝宝的印象会更深。

斯瑟蒂克的提示：为了加深胎宝宝的记忆力，准妈妈可以每天重复同样的练习。

细节36 斯瑟蒂克胎教教程：胎宝宝学字母

学习英语从字母开始，放松心情，保持平和，和我们的胎宝宝一起开始吧！

A好像一顶尖帽子。一边联想着一顶尖尖的帽子，从上往下努力勾画其形象，一边反复正确地发音，同时用手指临摹字形，将“A”的形象印在脑海中并传递给胎宝宝。

B就是贴墙摞着两个半圆。这个字母胖乎乎的，像个大胖子。反复读这个字母，让这个字形印入脑海，同时手指按卡片进行描画。

学习字母“C”时，准妈妈可以联系以前的生活内容：“宝宝记得《月亮船》吗？C长得就像弯弯的月亮。”

在开始前，孕妈妈要准备一些工具：白纸、彩色笔。孕妈妈先在白色的纸上，利用各种色彩来描绘字母，加强视觉效果。

教英文字母时，除反复念之外，还要用手描绘字形，记住，要使用漂亮的颜色（当然指的是能够使你心情愉快的那种）。

而且，还要有形象化的解说，以A为例，可以轻声地对胎宝宝说，A好像是一顶高尖的帽子，然后选出一个以A为首的单词教给胎儿，如“Apron（围裙）”，并跟胎儿说，这是妈妈在厨房做饭时要穿的，今天这件的图案很大，此外，妈妈还有好多件。以后，妈妈会穿着它做饭给你吃。这种“游戏”很有意思，孕妈妈在尝试的同时，肯定可以获得很大的乐趣——仿佛宝宝就在身边瞪大眼睛笑眯眯看着你一样。

10月胎教细节同步指南

第八章　孕7月胎教细节：音乐、语言胎教的最佳时期

本月生活建议

■ 外出时，不要去人群拥挤嘈杂的地方。

■ 如果腿上出现静脉瘤或浮肿，睡觉时可用垫子垫高脚，这样会轻松许多。

■ 男性精液中杂菌如果进入子宫的话可能会引起感染，所以性生活时最好使用安全套。

■ 不要忘记定期产前检查，要注意保持身体清洁。

■ 走路时宜保持抬头挺胸的姿势，坐时要有支撑，且不要长时间坐着。

■ 进食后不要马上躺下，可采用半坐卧式。

■ 此时发生孕期糖尿病或贫血症，应根据医生的建议进行防治。

本月胎教重点提示

■ 这个时期的胎宝宝初步形成的视觉皮质就能接受通过眼睛传达的信号，能够区分外部的明暗，并能间接体验孕妈妈的视觉感受。胎儿的脑神经已经发达起来，具有了思维、感觉和记忆功能，是音乐胎教、语言胎教的最佳时期。

■ 聆听旋律优美、细腻的古典音乐，如钢琴曲《春之声》、《蝴蝶》、《月光》、《小狗圆舞曲》等。

■ 呼唤胎宝宝，给胎宝宝介绍妈妈所生活的外在世界以及大自然的美好。

■ 经常去一些博物馆和美术馆等地，对胎宝宝进行美育胎教，欣赏艺术功力深厚，人性情感刻画细腻、生动、感人的名画作品，并细细解说其意境、美感与典故。

本月情绪胎教要点

■ 可以去SPA中心或者美容中心做一做美容，也可以自己在家敷面膜，以此来转换一下心境。

■ 经常想象一下胎宝宝的样子，增强准妈妈的爱子之情。

本月运动胎教重点提示

■ 准妈妈的身体如果没有出现异常状况，就可以比较安心地享受性生活了。但是也要注意，一定不要压迫到准妈妈的腹部。

■ 这个时期应该进行适当的运动，多运动可以控制体重的增长，减少脂肪的摄取，以防止生出巨大儿，有利于自然分娩。

■ 散步是这个阶段最好的运动方式之一，建议每天散步1个小时左右，也可以做一些简单的孕妇瑜伽，这对准妈妈和胎宝宝都是非常有益的。

本月营养胎教贴心建议

- 锌、烟酸和钙等成分有助于脑的发育，这些物质大量存在与泡菜、萝卜茎叶、圆白菜、豆类食物中，栗子、糙米、糯米等食物对胎宝宝也是益处多多。
- 应当充分摄取富含增进循环系统活力的镁元素的食物，如香蕉、玉米、酸奶、豆芽、海草等都是不错的选择。
- 从现在开始到分娩，准妈妈每天应增加谷物的摄入量，因为胎宝宝需要更多的营养。
- 适当多吃富含膳食纤维的食品，如全麦面包及其他全麦食品、豆类食品、粗粮等，以预防便秘的发生。
- 在饮食上除了应该注意多吃一些含铁丰富的食物外，还应注意多吃一些含维生素C较多的食品，以帮助身体吸收更多的铁。

本月准爸爸胎教要点

- 准爸爸要以喜悦的心情，期待宝宝的降临。
- 准爸爸可以经常给准妈妈做按摩，以舒缓妻子的紧张情绪。
- 做好准妈妈的各项安全保障。

本月常有的不适症状

- 可能会有出血或腹胀。
- 可能会出现身体浮肿。
- 可能会有血压上升、贫血等症。
- 腿上可能会有静脉瘤。
- 可能会出现便秘和痔疮。
- 可能会出现羊膜早破。
- 可能会出现腰酸腿痛。
- 可能会有频繁的子宫收缩及少量阴道出血。
- 可能会出现早产。

职场准妈妈的胎教要点

- 工作中需要长时间站立的话最好暂停工作。
- 在公司出现尿痛或疲劳时，可利用一些简单的体操来缓解。
- 避免在高峰时刻上下班，最好由丈夫开车接送。

细节1 行为胎教：过年过节不要太劳累

春节的时候事情特别多，要准备年货，要打扫房间，这个时候孕妈妈一定要小心行事。专家提醒孕妈妈们，衣食住行要多留神，才能轻松愉快地度过节日！

打扫卫生要小心

对于本月的孕妈妈来说，在春节前的大扫除中要注意一下几点：过年打扫卫生时千万不能长时间接触冷水，因为孕妈妈着凉的话也会影响胎宝宝的健康。不要长时间蹲着，因为长时间采用蹲着的姿势会使骨盆充血，而且也会挤压胎宝宝。

不要远行

中国人习惯在过年的时候回家团圆，但是对于家在外地的孕妈妈来说，最好不要长途跋涉，因为旅行造成的劳累、饮食不洁、睡眠不足等都会影响胎宝宝的健康。

最好让家人帮忙买年货

如果孕妈妈大腹便便地去超市、商场等人多的地方购买年货，就面临着被人挤压碰撞的危险，而且这样的场所人多、空气污浊，孕妈妈还可能被传染上疾病，这些对腹中的胎宝宝来说都是很危险的。所以孕妈妈最好避免去这些地方，把购置年货的任务交给家人。

一定要注意多休息

春节期间孕妈妈的活动量也会相对增多，而且经常熬夜，这样会使孕妈妈疲惫不堪。准爸爸及家人要多体恤孕妈妈的辛苦，让孕妈妈每天要有足够的时间休息，白天最好能有1小时的午睡时间。另外，孕妈妈自身也要控制一下，娱乐要适度，累了就要及时休息，晚上也要尽量早点睡。此外，要避免长时间站立与步行，休息时或睡前可抬高双脚，以促进下肢血液回流，缓解水肿症状。

避免因过年而忌医

春节期间孕妈妈千万不要因为过年有一些传统而不去看医生，只要身体有不适就要去看医生，如突然出现腹部阵痛、有水肿的阴道分泌物或阴道出血等，这些都是胎宝宝异常的表现，都应该及时就医。

要注意饮食

过年的时候好吃的东西特别多，这时候孕妈妈要注意不能过多食用油腻、生冷的食物，这些食物对胎宝宝都有一定的不利影响。

细节2 行为胎教：孕妈妈不要浓妆艳抹

因为怀孕，孕妈妈的内分泌发生变化，黑色素沉淀增加，容易出现色斑。有些孕妈妈为了掩饰色斑，就化很浓的妆，这种做法是不对的。因为在这个时期，孕妈妈的皮肤比较敏感，使用过多化妆品会对皮肤产生刺激，引起过敏反应，从而对胎宝宝造成影响。这个时期要特别注意，不要用美白化妆品，因为这类产品大多含有重金属铅，会对胎宝宝的神经发育造成不利影响。可以适当地用些乳液或面霜，如果孕妈妈喜欢化妆，可以化淡妆，且确保所用化妆品不含化学成分，无任何毒副作用。可尝试自己做一些纯天然的护肤品，比如纯天然的面膜：

1.橄榄香蕉油保湿面膜

原料：香蕉1根，橄榄油1小匙。

做法：香蕉压成泥状，在压挤过程中加入适量橄榄油，搅匀后就成了香蕉面膜，每周两次敷脸，可以让皮肤变得细嫩光滑。

2.苦瓜片保湿面膜

原料：苦瓜1根。

做法：把苦瓜洗净后，用保鲜膜包好放入冰箱冷藏15分钟。然后将冷藏后的苦瓜切片，均匀地敷满整张脸（包括眼睛），约20分钟即可。苦瓜要待使用时才切片，否则很容易会令水分流失，保湿效果不够显著。

孕妈妈不要烫发和染发，因为绝大部分染发剂都含有化学物质，而且孕妈妈的皮肤又比较敏感，接触染发剂后可能会出现一些不良反应，引起头痛和脸部肿胀，眼睛也会受到伤害。另外，在染发、烫发过程中难免要用到冷烫精，尤其是到了孕中期以后，孕妈妈的头发往往比较脆弱，并且极易脱落，如果采用冷烫精来烫头发，会加剧头发的脱落。

细节3 行为胎教：孕妈妈好学影响胎宝宝

如果怀孕的母亲既不学习也不思考，胎宝宝也会深受感染，变得懒惰起来。显然，这对于胎宝宝的大脑发育是极为不利的。而倘若母亲的求知欲始终很旺盛，则可使胎宝宝不断接受刺激，促进大脑神经和细胞的发育。

因此，怀孕的母亲要从自己做起，勤于动脑，勇于探索，在工作上积极进取，努力创造出第一流的成绩。在生活中注意观察，通过视觉把自己看到、听到的事物传递给胎宝宝。要拥有浓厚的生活情趣，凡事都要问个为什么，不断探索新的问题。对于不理解的问题，可以到图书馆查阅资料或请教他人。充分调动自己的思维活动，使胎宝宝受到良好的子宫内教育。

细节4 行为胎教：美容也是一种胎教

孕妈妈生活美本身对于胎宝宝来说，也就是一种胎教。孕妈妈怀孕后身体的一系列变化，都是怀孕的正常表现。

胎宝宝发育长大，使得孕妈妈腹部日渐膨大起来；为了适应将来哺乳的需要，乳房也渐渐丰满；孕妈妈要吸进两个人的氧气，呼吸量和胸部的起伏都增大，因而胸围也增大。有的孕妈妈这时候觉得不能接受自己的变化，情绪很不好，还有的孕妈妈索性比以前更臃肿了，干脆也不用注重自己仪表，生完宝宝再说。

其实，就是在怀孕期间，孕妈妈也可以打扮得很漂亮。虽然暂时告别了美丽身段，但孕妈妈完全可以变得更可爱。别忘了那句话："可爱的一定是美丽的。"事实上，美容、穿衣也是胎教。

孕妈妈精心打扮自己，这一方面是自娱的一种方式，对自己容颜、服装的关心会使孕妈妈忘掉妊娠中不快的反应；另一方面，孕妈妈打扮漂亮了，气色也会变好，使自己心态上保持自信、乐观、心情舒畅。孕妈妈的美会使胎宝宝潜移默化中受到熏陶。因此，美容、打扮无论对自己还是对胎宝宝都是很有意义的。

怀孕虽然使孕妈妈以前的体态美消失了，但同时又是一种美。这时候孕妈妈的皮肤较以往会变得更加细腻红润，如果以前额头上有皱纹，这时也会消失。并且发质也比以前好得多。

细节5　情绪胎教：与生俱来的母爱是最好的胎教

母爱对于胎宝宝来说更是至关重要的，是妈妈以极大的爱，用自己的身体孕育了胎宝宝。在几百天的等待过程中，妈妈倾听着胎宝宝的蠕动，关注着胎宝宝的成长，祈求着胎宝宝的平安，并积极地把爱付诸行动，用自己的心血精心周到地疼爱、照料着腹中的生命：增加营养，锻炼身体，避免有害因素的刺激，创造良好的孕育环境，施行胎教，最后又在痛苦中把胎宝宝降生到了人世间。

在整个孕育过程中，妈妈的情感逐步得到爱的升华，产生出一种对胎宝宝健康成长极为重要的母子亲情。正是这种感情，使意识萌发中的胎宝宝捕捉到爱的信息，为形成热爱生活、乐观向上的优良性格打下基础。可以说，母爱是最美也是最有效的胎教。

孕妈妈应注意丰富自己的精神生活，例如听音乐、看书、读诗、旅游或欣赏美术作品等，这些美好的情趣都有利于孕妈妈调节情绪、增进母子的健康、陶冶孕妈妈的情操。研究发现，广泛的情趣还能改善大脑的功能。有人认为乐队指挥、画家、书法家等生活情趣较丰富的人之所以具有创造力，与他们经常交替使用大脑左、右半球，促进左右脑的平衡有关。如果孕妈妈的生活情趣很丰富，可以促进胎宝宝左右脑的发育。

胎教小百科：胎宝宝能理解孕妈妈感情

日本幼儿开发协会理事长井深大先生曾经利用B型超声波仪对两组孕妈妈和胎宝宝进行观察，结果得出：胎宝宝能够理解孕妈妈的情感。

一组是孕妈妈因为担忧而哭泣。从映像来看，胎宝宝开始时动作比较缓慢，接着是吃惊般的动作，后来动作越来越奇怪了。头部、胸部及腹部抽动着，也曾出现了轻微的痉挛，最后全身抽搐起来。

另一组是孕妈妈因为高兴而哭泣。从映像上看，胎宝宝总是缓慢而不停地活动着。随之，胎宝宝的脉搏跳动也逐步加速，但却没有出现痉挛或其他特殊的动作，一直是比较舒畅的大动作。

孕妈妈与胎宝宝，在生理上并非只有一个大脑和植物神经机构，而是分别有其独自的神经系统和血液循环系统。

细节6 营养胎教：增加食物粗纤维的摄入

怀孕25周之后，不断长大的胎宝宝会压迫孕妈妈的胃，引起胃部灼热，还可能会引起便秘。这时应注意多摄入富含粗纤维的食物，这些食物中所含的粗纤维有刺激消化液分泌、促进肠蠕动、缩短食物在消化道通过的时间等作用，还能使粪便松软、容易排出，对保证消化系统的健康很重要，也能够减轻便秘，还有助于维持稳定的血糖水平。

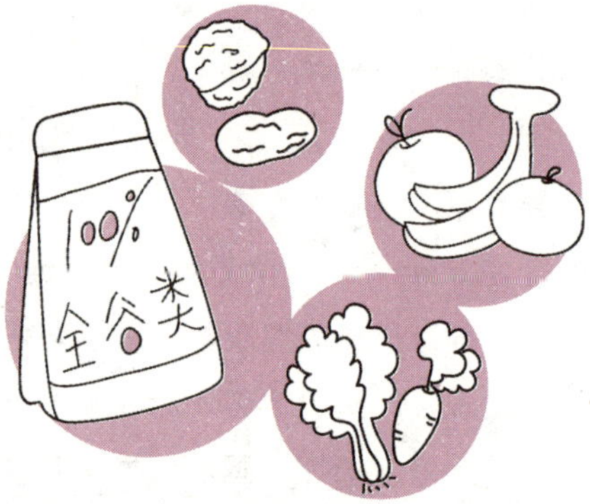

全谷类食物是获取膳食纤维的重要途径，标有“100%全谷类”的食物是最好的。需要注意的是，不要被一些食品包装上的“多种谷类”、“6种谷类”、“用无漂白面粉制造”等字样所误导，这些食品大多是精制谷类食物。另外，没有标明“全谷类”字样的黑麦和小麦面包同样也是使用精制面粉为原料的。蔬菜、水果、坚果和植物种子中也含有丰富的膳食纤维，如芹菜、青菜、丝瓜、菠菜、萝卜、苹果等。

由于身体的变化，这个月孕妈妈的行动会越发不便。子宫已经变大，占据了大半个腹部，孕妈妈的胃部被挤压，因此常常有吃不饱的感觉。在这个时期，母体基础代谢率大大增加，而且胎宝宝的生长速度也很快。此时，孕妈妈应该尽量补足因胃容量减少而少摄入的营养，可以采用少食多餐、一日多餐等饮食方法来均衡摄取各种营养素，满足身体对营养的需要，以保证胎宝宝的发育速度。

细节7　营养胎教：孕中期应多吃的4种食物

玉米

玉米富含镁、不饱和脂肪酸、植物蛋白、淀粉、矿物质、胡萝卜素等多种营养成分，能够促进大脑细胞的新陈代谢，有利于排除脑组织中的氨。孕妈妈常吃可以预防及治疗口角炎、舌炎、口腔溃疡等核黄素缺乏症；还能美容，降低胆固醇的含量，防治动脉硬化及冠心病。玉米须煎水代茶饮，有利尿、降压、清热、消食、止血、止泻等功效，可用于防治妊娠高血压综合征、肝胆炎症以及消化不良等疾病。

玉米薏仁粥

材料：玉米100克，薏米20克。

做法：将薏米洗净，玉米渣放入锅中加水，上火煮开，加入薏米，小火煮约2小时，待粥黏稠即可。

红薯

红薯富含淀粉，其氨基酸、维生素A、维生素B、维生素C及纤维素的含量都高于大米与白面。它还富含人体必需的铁、钙等矿物质，是营养全面的长寿食品。

咸味红薯饭

材料：红薯1斤、米半斤、葱屑2大匙、油1匙、盐1/2大匙。

做法：

1.红薯洗净、切成块状，沥干水份；

2.在炒锅里加入油，把红薯放在锅里翻炒至香加入盐；

3.再加入适当的水，然后把米饭倒在红薯上，小火焖熟即可。

糙米

糙米也十分适合孕妈妈食用。明代药物学家李时珍在《本草纲目》中称赞糙米具有“和五脏、好颜色”之妙用。

南瓜糙米饭

原料：糙米2杯、南瓜600克。

调味料：盐2克。

做法：

1.糙米洗净，加水3杯浸泡1小时，连同浸泡的水放入电锅，外锅加水1杯，煮饭。

2.南瓜去皮洗净、切丁，10分钟后拌入米饭中，同时加盐调味，略微拌匀再煮。

3.待电锅开关跳起，再焖片刻即可盛出食用。

杨桃

杨桃的营养价值很高，果汁中含有大量柠檬酸、苹果酸等，能提高胃液的酸度，促进食物的消化。另外，杨桃含有大量的挥发性成分、胡萝卜素类化合物、糖类、有机酸及B族维生素、维生素C等，可帮助消除孕妈妈咽喉炎症及口腔溃疡。

杨桃所含的营养成分还能让孕妈妈减少对脂肪的吸收，对预防肥胖，降低血脂、胆固醇有很好的疗效，对高血压、动脉粥样硬化等心血管疾病有很好的预防作用。同时它还可以保护孕妈妈的肝脏，帮助孕妈妈降低血糖。

杨桃的果汁充沛，能迅速补充孕妈妈体内的水分，生津止渴，利于通过小便排出毒素，还可以帮助孕妈妈消除疲劳。

蛋奶炖杨桃

材料：杨桃1个去硬边去核切小块，鸡蛋2只，牛奶250毫升。

调味料：糖5克。

做法：

1.先把杨桃块、牛奶、糖放在锅里用小火煮至糖溶熄火，摊凉（杨桃同煮是为了令奶汤有杨桃的香味）；

专家提示

食用粗粮要适度

粗粮虽然含有丰富的营养成分，但不容易消化。长期大量进食高纤维食物会使人的蛋白质补充受阻，脂肪摄入量不足，微量元素缺乏，从而造成骨骼、心脏、血液等脏器功能的损害，降低孕妈妈的免疫能力。过多摄入粗粮还会导致营养缺乏，无法满足孕妈妈和胎宝宝的营养需要。每天粗粮的摄入量以30~60克为宜，但也可根据孕妈妈个人情况适度调整。

2.接着滤出奶液，往奶液中加入打散的鸡蛋里拌匀，过筛滤去泡沫及打不散的蛋白，最后加入杨桃块，盖碟用大火蒸至凝固即可。

细节8 营养胎教：孕7月禁忌食物

这个月孕妈妈食欲增加，但在饮食方面应注意减少高脂肪食物的摄入。

因为本月得妊娠高血压综合征的概率比较大。本月不宜多吃动物性脂肪，日常饮食以清淡为佳，减少盐的摄入量，忌吃咸菜、咸蛋等盐分高的食品。水肿明显者要控制每日盐的摄取量，限制在2～4克之间。忌用辛辣调料，多吃新鲜蔬菜和水果，适当补充钙元素。

孕妈妈这个月时常出现肢体水肿。因此，首先要少饮水，少吃盐；少吃或不吃不易消化的、油炸的、易胀气的食物（如白薯、土豆等），忌吸烟饮酒。

增加烹调所用植物油，即豆油、花生油、菜油等的量，可保证孕中期所需的脂质供给；其次要选富含维生素B、C、E的食物，增加食欲，促进消化，有助利尿和改善代谢的作用。

细节9 运动胎教：练习身体放松法

手腕放松法：孕妈妈找一个舒服的坐姿，准爸爸在一旁用右手轻轻地握住孕妈妈的左手腕，用左手活动孕妈妈的手腕，使其上下活动。此项运动能增加腕关节的灵活性，预防及缓解手部麻木。

头部放松法：孕妈妈躺在床上，全身放松，准爸爸用双手轻轻地托起孕妈妈的头部，帮助孕妈妈放松颈部。此项运动能有效缓解头、颈部疲劳，需要注意的是孕妈妈和准爸爸的用力方向要一致。

脚踝放松法：孕妈妈采取舒服的坐姿，右脚向前伸，准爸爸用右手轻轻地托住妻子的脚踝，准爸爸用左手推动孕妈妈的脚趾使其前后运动。此项运动能疏通下肢经络，缓解脚部压力。需要注意的是爸爸用力程度以孕妈妈感到舒服为准。

膝盖放松法：准爸爸用左手握住孕妈妈的膝盖，右手握住孕妈妈的脚踝，将孕妈妈的膝盖反复弯曲、伸直。准爸爸还可以适时按摩孕妈妈的小腿。此项运动能改善下肢动脉曲张和水肿带来的不适。

细节10 运动胎教：练习腹式呼吸

练习腹式呼吸的方法是：孕妈妈盘腿而坐，腰背部挺直，全身放松，双手自然地放在两个膝盖上，想象胎宝宝正处在一个宽广的空间；然后用鼻子吸气，直到腹部鼓起为止。吐气时稍微将嘴巴撅起，慢慢地用力将体内空气全部吐出，吐气时要比吸气更为缓慢而用力。每天可练习3次以上，早上、中午、晚上各做1次，练习时尽量放松身体。此项练习能够缓解身体压力，为分娩做准备。孕妈妈需注意呼吸的频率，才能体会出腹式呼吸带来的舒适感。

专家提示

通过腹式呼吸为胎宝宝补足氧气

本月孕妈妈最适宜进行腹式呼吸，因为现在孕妈妈子宫内的空间对胎宝宝而言已经有些小了，氧气也会减少。倘若孕妈妈经常练习腹式呼吸，就能给胎宝宝提供更加充足的氧气。

细节11 运动胎教：享受森林浴

在森林中一边呼吸新鲜空气一边休憩的森林浴，可以使胎宝宝和孕妈妈变得更加健康。走在绿色的森林中，顿时就会感到神清气爽，这是因为人体内堆积的代谢废物被排除到体外，血液变得更清洁的缘故。此外，树木所释放的芬多精成分可以促进孕妈妈的新陈代谢，预防和治疗头痛、感冒、高血压等症状。

森林浴胎教的要点是：切忌使身体疲惫，要进行充分的休息。只要是空气清新，有茂密树林的地方，都可以获得良好的森林浴效果。时间以一小时为宜，但要避免太早或太晚。

为了提高森林浴的效果，需要注意呼吸方法。对胎宝宝最好的呼吸是利用腹部肌肉进行的腹式呼吸。腹式呼吸时的肺通气量要比胸式呼吸时大得多，能够向胎儿提供更多的氧气，同时还能锻炼腹肌，有效缓解腹部周围的疼痛。

腹式呼吸时要借助腹部的力量，吸气时要深且缓，感受空气已经抵达腹部，呼气时腹部用力深深吐气。不要“呼”一下子就把气体迅速吐出来，而应像发“嘶”音一样尽量缓慢地吐气。每次吸气和呼气的时间长度应控制在3秒钟左右为宜。

细节12 音乐胎教：让胎宝宝学会聆听

节奏与生命的关系最近，自然世界中节奏的元素无处不在，比如，脉搏和心跳是按照一定的节奏进行的，世界万物都有着不同的生长和消亡的节奏，就连季节都是按照一年四季的节奏更替的。我们在不知不觉中，过着与音乐交叠、息息相关的日子。

音乐是自然赋予人的一种本能、一种语言，它使人与自然更加和谐。透过音乐，我们能看见高山、大海，阳光、小溪，我们更能够看到自己——来自自然的生命。透过它我们能交流爱的信息，破解天才们的密码。我们还能通过它找寻心灵的圣地，找回我们自己。自然世界中的声音简直是太丰富了，这些声响就是胎宝宝对外界最初的认识，孕妈妈也应该充分享受这种生活，打开身体和心灵，去拥抱大自然。

Listen，Listen，哗啦啦，哗啦啦；

大雨，大雨，哗啦啦，哗啦啦。

Listen，Listen，嘀嘀嗒，嘀嘀嗒；

小雨，小雨，嘀嘀嗒，嘀嘀嗒。

Listen，Listen，呼呼呼，呼呼呼；

大风，大风，呼呼呼，呼呼呼。

Listen，Listen，沙沙沙，沙沙沙；

什么？什么？原来那是树叶，沙沙沙。

方法：

1.请你注意倾听各种声音，并对胎宝宝轻声描述这些自然界的声响。

2.按节奏朗读歌谣，象声词读得要有感情，讲出大雨、小雨、风、树叶要说的话。

3.给胎宝宝读一读描写自然世界的童谣吧，要有节奏地读，配合律动，并留给胎宝宝复读的时间，也就是出声读一遍，然后心里默念一遍。

散步时要让胎宝宝和阳光对话，还要和各种声音对话。

细节13 音乐胎教：欣赏圆舞曲《蓝色多瑙河》

圆舞曲《蓝色多瑙河》全名《在美丽的蓝色的多瑙河畔》，是约翰·施特劳斯所作170首圆舞曲中最具代表性的一首。

1866年，奥地利在普奥战争中惨败，维也纳陷入了深深的消沉之中。为振奋人心，作者受维也纳男声合唱协会领导人赫贝克的委托，写作象征维也纳生命活力的圆舞曲。曲名和创作动机源自德国诗人卡尔·贝克题献给维也纳城的诗句，“在多瑙河旁，美丽的蓝色的多瑙河旁”。半年后，作者把它改编成为管弦乐曲，在巴黎万国博览会上公演，获得了极大的成功，并很快被介绍到英国、美国及其他国家，被誉为奥地利的第二国歌。而后合唱曲也开始流行，歌词由诗人格尔纳特重新创作。

这支著名的圆舞曲旋律优美动人，节奏富于动感，适合孕妈妈在怀孕中、晚期听。孕妈妈在欣赏这首作品时，通过想象能感受鲜明的音乐形象，从而进一步理解奥地利人民热爱生活、热爱故乡的深厚感情。

细节14　音乐胎教：准爸爸亲自为胎宝宝唱歌

如果特别喜欢听巴洛克音乐，那么随时随地就可以听到最生动的巴洛克音乐，即爸爸说话的声音与爸爸的歌声。

成年男子的中低音是与巴洛克音乐极其相似的数字低音。它可以形成与胎儿在处于冥想状态时产生的脑波类似的形态，因此，爸爸的歌声或者夫妻二人喜欢唱的歌曲都可成为很好的胎教音乐。

很多准爸爸羞于在怀孕的妻子面前为胎儿唱歌，我们必须改变这种思维模式。

在一周里最少要在妻子和胎儿面前开一个“三分钟个人演唱会”。至于歌曲的种类与范围可以是随意的。如果你是一个音乐盲爸爸，那么就要更加努力地为腹中的胎儿演唱歌曲。即使生下音乐盲的儿子或女儿也没有关系，至少日后你可以对他们说：“为了不让你们成为音乐盲，我是多么的努力过。”

细节15　音乐胎教：给胎宝宝唱《雪绒花》

宝宝越来越大了，你的体重也越来越重了，行动也会有些不便，脸上还会出现一些斑点，生活中的一些琐事让你心烦了，身体变得懒散了……建议你一定要有坚持的决心，坚定自己的信念，因为这些努力都是值得的，你在孕期所做的一切都是会有效果的，要有耐心。其实，音乐胎教的过程也是孕妈妈自己修身养性的过程，做妈妈的心情愉悦了，才会给胎宝宝带来积极的影响。

现在，就请你随着雪绒花的旋律深呼吸，放松一下心情，来探寻你内心深处的一片晶莹世界吧。

它是广阔无边的银白世界，地上开满了雪花，小而亮，洁而白。雪绒花在天空中悄悄绽放，漫舞在楼台亭阁和你的身旁。雪白的花蕾晶莹剔透，鲜艳芬芳。伴着它的飘落，轻轻的伸出双臂，迎接它的到来；伴着它的绽放，把幸福的歌儿轻轻吟唱。

请想象自己已经置身其中，有无数片雪绒花从天而降，瞬间又化成清凉的气息，渗透进你的身体。深吸一口气，把晶莹世界的清凉吸进体内，再吐一口气，吐出所有的烦恼和忧虑。

专家提示

可以动手制作一个“雪绒花”，写上你此时的感受和想对宝宝说的话，然后，放到一个晶莹透明的瓶子里，收藏起来。等宝宝长大识字后，可以把这个礼物送给他，这就是最珍贵的“爱的箴言”。

细节16 音乐胎教：欣赏圣桑的《天鹅》

这是作者在这部作品中唯一允许在他生前可以演出的乐曲。后来被改编成各种乐器的独奏曲，还被改编成了芭蕾舞。乐曲描绘了天鹅在如镜的湖面上悠然自得、昂首游动的神态。钢琴的伴奏似是它游动时的涟漪，水波在荡漾，显得那么安闲和幽静。优美的旋律形象地刻画了天鹅洁白高雅、不容侵犯的性格。

法国作曲家圣桑用大提琴奏出舒展的旋律，用深厚优美的音色表现天鹅的纯洁之心。听着听着，这种优雅的信息也会潜移默化地渗透到你的身体当中，成为你气质的一部分，胎儿也会接收到来自母体的感受，感到舒适和惬意。

细节17 音乐胎教：欣赏莫扎特G大调弦乐小夜曲

在工作之余，不妨经常哼唱这段莫扎特的曲调，把自己愉快的心情通过歌声传递给胎儿，和宝宝共同分享。唱的时候尽量使声音往上腹部集中，唱得甜甜的，胎儿一定会十分愉快。而且，经常听天才作曲家的曲调，就好像和天才在对话一样，会让你的宝宝更聪明。

莫扎特是全世界公认的天才作曲家，他的音乐包罗万象，人们不禁为其中所表达的广泛内容而叹赏不已：苍天与大地、自然与人类、悲剧与喜剧、情感之各种形式的表露与深沉的内在宁静、圣母玛利亚与超凡的魔鬼、笨伯与聪明人、贵族与农夫……

莫扎特的作品很多，如果你对莫扎特的音乐非常感兴趣，可以找来《魔笛》、《钢琴奏鸣曲》和《单簧管协奏曲》来听，相信你会有更多更美妙的感受。

细节18 语言胎教：一边数胎动一边与胎宝宝对话

进入孕中期以后，孕妈妈有一件每天都做的事情，那就是数胎动。其实，孕妈妈在数胎动的时候，可以和胎宝宝说话，比如："宝宝现在动的是小胳膊还是小腿呢？你是不是很想告诉妈妈？"在这个过程中对宝宝的美好祝福与愿望都可以说出来，因为胎动时也是胎宝宝比较活跃的时刻，这是对他进行语言胎教的最佳时机。

由于胎宝宝对男性低沉的声音较为敏感，所以在语言胎教中准爸爸起着举足轻重的作用。因此准爸爸可以一边帮孕妈妈数胎动，一边和胎宝宝说说话，让未来的宝宝也熟悉一下爸爸的声音。孕妈妈可以先对胎宝宝说："乖孩子，爸爸就在旁边，你想听他对你说什么吗？"这时，准爸爸应该坐在距离孕妈妈50厘米的位置上，用平静的语调开始和胎宝宝说话。开场白可以设计成："宝贝，我是你爸爸，我会天天和你讲话，我会告诉你外界的一切。"话题最好事先构思好，可以是一段小故事、一首浅

专家提示

准妈妈从怀孕7个月就应该开始数胎动。测胎动时，准妈妈取侧卧位或半坐位，两手轻放在腹壁上。每日测3次，早、中、晚各一次，每次一个小时。正常胎动为每小时4～5次，3小时胎动次数相加乘4等于12小时的胎动次数，12小时内正常胎动数为30次左右。若下降至20次以下，或每小时少于3次，或比以前减少一半，或胎动频繁，结合胎心有异常变化，表示胎儿宫内有异常，胎儿可能有危险，应立即就医，做进一步的检查。

显的古诗，也可以谈自己的工作及对周围事物的认识。随着对话内容的展开逐渐提高声音，对话结束时，要对胎宝宝给予鼓励："宝贝学习很专心，真聪明！好吧，今天就学习到这儿，再见！"

细节19 语言胎教：欣赏诗集《繁星》

你读过篇幅非常短小的诗吗？那是一种被称作为"小诗"的文学形式，五四运动后曾盛行一时。在众多小诗中，最引人注目的还是冰心的《繁星》和《春水》。这两部诗集是冰心在大诗人泰戈尔《飞鸟集》的影响下写成的，用她自己的话说，是将一些"零碎的思想"收集在一个集子里。虽说是杂乱的思绪，但也有规律可寻：这两本诗集大致包括三方面内容，一是对母爱的歌颂；二是对童真的歌颂；三是对大自然的歌颂。

孕妈妈如果能经常欣赏一些以爱为题材的文学作品，对提升爱子之情、培养爱心有着非常积极的作用，对提高个人修养、培养胎宝宝的良好性格也有着非常深远的意义。

万千的天使，
要起来歌颂小孩子；
小孩子！
他那细小的身躯里，
含着伟大的灵魂。

充满纯真童趣的世界才是人间最美的世界，这是诗人对童真的真实歌颂。

母亲啊，
天上的风雨来了；
鸟儿躲在它的巢里；
我心中的风雨来了，
我躲在母亲的怀里。

这首诗以生动的比喻表达母爱之情，写得情真意切、感人肺腑，这与她颂歌母爱的思想十分相投。

造物者
倘若在永久的生命中，
只容有一次极乐的应许，

我要至诚地求着：

“我在母亲怀里，

母亲在小舟里，

小舟在月明的大海里。”

这首诗把对母爱的歌颂、对童真的呼唤、对自然的咏叹完美地融合在一起，营造出一个温馨的、充满着母爱的、至善至美的世界，趣味优雅的语言，让人回味无穷。

细节20 语言胎教：诵读经典，感受美好

《春日》

作者：朱熹

胜日寻芳泗水滨，无边光景一时新。

等闲识得东风面，万紫千红总是春。

诗人在泗水边观赏春景，感受春光无限。后两句采用虚实结合的手法，把春天的景色描绘得生机勃勃、欣欣向荣。风和日丽来到泗水边赏景，一望无际的风光焕然一新，处处可以领略到春天的面容，万紫千红都呈现出春的意境。

自然赋予我们生命，也赋予我们孕育生命的过程，享受这一过程就是享受幸福。因为有了孩子，一切都有了改变。孩子会给你的生活带来更多的动力、更多的希望，如同诗人见到春来之时的感受，一切都是那么清新，无与伦比。

《春夜喜雨》

作者：杜甫

好雨知时节，当春乃发生。

随风潜入夜，润物细无声。

夜径云俱黑，江船火独明。

晓看红湿处，花重锦官城。

初春时节，残枝微透嫩绿，一场小雨过后，你会发现春天的小雨把所有尘埃都荡涤无存。那些新绿像婴儿般娇嫩，就连太阳也宛如羞涩的少女出现在眼前。在这样雨后初晴的日子里，到室外走走，让清新的空气沁入心肺，让所有的不适和烦恼都融入自然，让心情也融入其中，体会生命的精髓，体会诗词的幽远古雅。在孕期，每一场雨都会给你带来不一样的心情，每一番值得回味的心得都

是雨带给你的舒畅。让淅淅小雨伴你入眠，忘却所有的烦恼。春天的雨，滋润万物，使万物新生，也给人们带来了新的希望。

《古朗月行》

作者：李白

小时不识月，呼作白玉盘。
又疑瑶台镜，飞在青云端。
仙人垂两足，桂树何团团。
白兔捣药成，问言与谁餐？

朗月行是乐府古题。细细品味这首诗，你是不是觉得它更像是一个古老的神话传说呢？宝宝一定很好奇月亮到底是什么，它到底是多么美妙的东西呢？你可以轻轻告诉宝宝，月亮里美妙神奇的故事，这便是吟诵这首诗时所需要的意境。请你用轻柔的声音来吟诵，想象月亮挂在空中，可爱的宝宝坐着香甜的梦的美景，你是不是觉得很幸福呢？

细节21 语言胎教：给胎宝宝讲故事注意5点

1.为了让准爸爸妈妈的感觉与思考能和胎宝宝达到最充分的交流，最好是保持平静的心境并保持注意力的集中。

2.如果时间不是很充裕，只能匆匆地念故事给胎宝宝听，至少也要选择一页图画仔细地告诉胎宝宝，尽量将书画上的内容“视觉化”地传达给胎宝宝。“视觉化”就是指将鲜明的图画、单字、影像印在脑海中的行为。研究发现，每天进行视觉化的行为，会逐渐增强将讯息传达给胎宝宝的能力。

3.在选择胎教书籍时，先入为主的观念要不得，不要自以为胎宝宝会喜欢哪些书籍，尽量广泛阅读各类书籍。

4.在念故事前，最好先将故事的内容在脑海中形成影像，以便传达给胎宝宝生动形象的故事。

5.讲故事的方式可以根据准爸爸妈妈的具体情况而定。内容可以任意发挥，讲随意编就的故事，也可以读故事书，还可以给胎宝宝朗读一些轻快活泼的儿歌、诗歌、散文等。

细节22 语言胎教：语言胎教重在简单与重复

怀孕第7个月的胎宝宝有明显的听觉和感受能力，不仅能对准爸爸妈妈的言行做出一定的反应，还能在脑子里形成记忆。准爸爸妈妈在给腹中的宝宝进行语言胎教时，就是要使胎宝宝不断接受语言波的信息，训练胎宝宝在空白的大脑上增加语言的“音符”。父母用优美的语言和胎宝宝对话，反复进行，可以促进胎宝宝大脑的发育。

准爸爸的声波以中低频为主，很容易透入宫内，是宝宝非常喜欢的声音。所以，准爸爸可不要把语言胎教的工作都推给劳累的孕妈妈，应该主动经常和胎宝宝对话，既对孕妈妈是一种安慰，对胎宝宝的情感发育也有莫大好处。

细节23 语言胎教：经典故事《想看冬天的小熊》

冬天快要到了，小熊一家该去冬眠了。可是小熊说什么也不肯回洞里睡觉：“妈妈，我想看看冬天，我不想睡觉！小松鼠告诉了我所有关于冬天的事儿，他说每个地方都是雪，一切都是白茫茫的，还有很多孩子在堆雪人。妈妈，我不想睡觉，我想看看。”

熊妈妈摸摸小熊的头，说：“孩子，冬天对我们来说可不是好季节。我们应该在洞里舒舒服服地睡觉，好躲避严冬的寒冷。来吧，小熊，我们快回洞里去，要下雪了！”

“不嘛，不嘛，我想看看冬天！”小熊哭闹起来。

熊妈妈把他抱回了洞，搂在怀里，哼着歌儿哄他入睡。慢慢的，小熊睡着了……

这时候，奇怪的事情发生了：小熊感到自己不是在洞里，而是站在外面的雪地里。外面到处都是雪，就像小松鼠告诉他的一样。小熊看见冰柱从城里房子的屋顶上垂挂下来，还看见了雪车，听见“叮叮当当”的铃铛声。

小熊还看见孩子们坐在雪橇上从山上滑下来，一些孩子在池塘的冰上溜来溜去，还有一群孩子在街道两旁堆雪人、打雪仗……

“冬天真美呀！”小熊想着，还喃喃地说着：“妈妈，我看见冬天了。”小熊蜷着胖乎乎的身子，睡得很香很香。

细节24 语言胎教：英语胎教从短句开始

用英语进行对话胎教可以为孩子出生后的英语教育做好准备。起初可以从简短的句子开始，渐渐地可以增加对话的内容。另外还可以给胎儿讲英语绘本读物，应选择画面较为丰富、通过阅读画面可以传递情感的书籍，妈妈和宝宝就能实现心灵沟通。还可以反复听英语录音、背诵句子的要点，慢慢地跟着录音一起朗读。

一些胎教短句：

I love you，baby. 我爱你，宝贝。

Sweetie，mommy is really happy to have you. 宝贝，妈妈多么高兴能拥有你。

Baby，you are happy like mom，aren't you? 宝贝，你和妈妈一样感到幸福，对不对？

I can't stop thinking about you，baby. 我满脑子都是你，宝贝。

I wonder who you look like，dad or mom? 你究竟像谁呢？像爸爸还是

像妈妈呢?

Son or daughter whoever you are，I'll always love you. 无论你是儿子还是女儿，我都会永远爱你。

As long as I'm living，I will love you. 我的生命存在多久就会爱你多久。

细节25 语言胎教：给胎宝宝读《登鹳雀楼》

“白日依山尽，黄河入海流。欲穷千里目，更上一层楼。”王之涣的这首《登鹳雀楼》可谓家喻户晓。今天，孕妈妈就可以为胎宝宝有感情地朗读一下这首诗。

“白日依山尽，黄河入海流”，是写诗人登楼远眺落日之景，远眺天际仿佛感到天边像是从山那头渐渐消失；俯瞰黄河，滚滚流入东海，中华大地山河是何等辽阔壮美。虽是写景，却抒发了诗人内心的感慨与想象力。

“欲穷千里目，更上一层楼”，从字面上看，是说要想看得更远，必须登上更高一层楼。“穷”是极尽的意思。但从意境上却有更深远的意思。古人好登高，是民俗，是习惯，更是为抒发内心的感慨，因此常常把追求事业新高度与登高作比。然而要取得更大成就必须更尽一把力，再往高处走，再高些、更高些，才能达到一种新的眼界，新的意境。

此句与杜甫“会当凌绝顶，一览众山小”的才情有异曲同工之妙，只是少一分霸气，多几分默默攀登的谦逊和探寻真理的志向。因此它一直被当作一种追求崇高境界的象征，千百年来为人们所传诵。孕妈妈可以耐心为胎宝宝解读此诗，再加上自己的思索与体会，就可以让胎宝宝感受到此诗的意境了。

细节26 语言胎教：经典童话故事《十二生肖的故事》

十二生肖有老鼠、牛、老虎、兔子、龙、蛇、马、羊、猴、鸡、狗、猪。

为什么小小的老鼠排在第一名呢？这里有个故事。

报名那天，老鼠起得很早，牛也起得很早。它们在路上碰到了。牛个头大，迈的步子也大，老鼠个头小，迈的步子也小，老鼠跑得上气不接下气，才刚刚跟上牛。老鼠心里想：路还远着呢，我快跑不动了，这可怎么办？它脑子一动，想出个主意来，就对牛说：“牛哥哥，牛哥哥，我来给你唱个歌。”牛说：“好啊，你唱吧……咦，你怎么不唱呀？”老鼠说：“我在唱哩，你怎么没听见？哦，我的嗓子太细了，你没听见。这样吧，让我骑在你的脖子上，唱起歌来，你就听见了。”牛说：“行罗，行罗！”老鼠就沿着牛背一直爬上了牛脖子，让牛驮着它走，可舒服了。它摇头晃脑的，真的唱起歌来：

牛哥哥，牛哥哥，过小河，爬山坡，驾，驾，快点儿罗！

牛一听，乐了，撒开四条腿使劲跑，跑到报名的地方一看，谁也没来，高兴得叫起来：“我是第一名，我是第一名！”牛还没把话说完，老鼠从牛脖子上一蹦，蹦到地上，吱溜一蹿，蹿到牛前面去了。结果是老鼠得了第一名，牛得了第二名。所以，在十二生肖里，小小的老鼠给排在最前面了。

细节27 语言胎教：经典童话故事《小蝌蚪找妈妈》

今天孕妈妈可以讲一个童话故事——《小蝌蚪找妈妈》。

暖和的春天来了，池塘里的冰融化了，青蛙妈妈睡了一个冬天，也醒来了。她从泥洞里爬出来，扑通一声跳进池塘里，在水草上生下了很多黑黑圆圆的卵。春风轻轻地吹过，阳光照着大地。池塘里的水越来越暖和了。青蛙妈妈生的卵慢慢地都活动起来，变成一群大脑袋长尾巴的蝌蚪，他们在水里游来游去，非常快乐。有一天，鸭妈妈带着她的孩子到池塘中来游水。小蝌蚪看见小鸭子跟着妈妈在水里划来划去，就想起自己的妈妈来了。小蝌蚪你问我，我问你，可是谁也不知道。“我们的妈妈在哪里呢?”故事在这里到达了高潮，然后，孕妈妈可以发挥自己的语言技巧，再加上童话书中的情节，绘声绘色地给胎宝宝讲小蝌蚪经过怎样的努力，最后终于找到妈妈的美好结局。孕妈妈在最后还可以对胎宝宝说：“宝宝不用到处去找妈妈，我就是你的妈妈，在等着宝宝的到来呢!”

细节28 语言胎教：日本经典童话《戴斗笠的地藏菩萨》

从前，在日本的乡下里住着一对和蔼可亲的老夫妇。虽然他们努力工作，却依然很穷，几乎是三餐不继。

过年的时候，家里只有一点点糯米，只够做一个小饭团了。可是家里的小老鼠也饿得不行了，围着妈妈直哭。老公公便将那些糯米给了这群饥饿的老鼠。当老公公和老婆婆正在吃稀饭的时候，看见了小老鼠们搬来了许多可以做斗笠的叶子，来到了他们的面前。

老婆婆看着这些叶子，突然想到一个主意："老伴，你看这么多的叶子，我们何不将这些叶子编成斗笠呢?如此一来，拿到街上卖了，还可以买些糯米啊！你说好不好呢?"

"真是个好主意！"老公公回答。于是他们就动手编起斗笠来了，小老鼠看到了也都跑出来帮忙。

他们终于完成了五个斗笠，于是老公公道："这样可以拿到街上去卖了。等我赚了钱回来，我就顺道买些糯米，还有胡萝卜跟青菜！"老公公便在老婆婆和小老鼠们的道别中踏出家门，上街卖斗笠去了。这时候雪下得很大，地面上已经堆积了厚厚的一层。

没多久，老公公看见了前方站着六个人，他走向前一看："啊！原来是地藏菩萨啊！怎么头上都堆满了雪?"于是老公公便动手将地藏菩萨们头上的积雪挥去。

"老公公要到街上去卖斗笠。等老公公赚了钱，再回头买些糯米做成年糕来供养菩萨们。但现在我只有用这些雪做成雪球来供养菩萨，请菩萨们先忍耐一下吧！"

老公公来到了人来人往热闹的街上。这时候整条街道都是忙着采购年货的客人。尽管老公公那样使劲地叫卖，但是在这样的大年夜里，有谁会去买斗笠呢?等了好久，也没有一个人来。人们几乎都戴了斗笠出门的，因为雪实在是下得太大了呀。就这样也不知站了多久，太阳已经下山，天色暗了下来。老公公一个人寂寞地走着，走着，好不容易才走到了村子附近。

当老公公抬起头看到白天的地藏菩萨，雪又覆盖了他们的头。于是老公公

伸出已冻僵了的手，开始一个个的为他们清除头上的积雪，这时候的老公公已经饿得一点力气也没有了。

“菩萨啊！老公公今天一顶斗笠也没卖出去，本想买些年糕来供养你们，可是现在已办不到了。请你们要原谅呀！如今只剩下这些斗笠，如果不嫌弃，让我来为菩萨们戴上去吧！”

老公公于是将斗笠一顶一顶地帮地藏菩萨戴了上去，并且将带子系好。但是最后却少了一顶，原来小老鼠们给的叶子只够编成五顶斗笠，如今有六尊菩萨，这下可该如何是好?

六尊菩萨真够老公公伤透脑筋了，五顶斗笠，六个菩萨，真头痛。老公公终于决定将自己头上的布拿下来。当他解下头巾时，这头巾已经被雪给淋湿了。“没办法，只好请菩萨委屈一下了。”如此一来六尊菩萨的头可不必再受雪冻了，老公公于是蹲在地上，将雪揉成六个雪球，将它们一一地供奉在地藏菩萨面前，然后回家去了。

连自己的头巾都给了地藏菩萨的老公公，头上被雪覆盖得白白的。他大声地说：“老婆婆！我回来了！”老婆婆赶忙从里头跑出来。

“辛苦你了，老伴。那些斗笠全都卖光了吗?”

“全部都脱手了。”老公公回答。老公公便将今天所发生的事情详细地告诉了老婆婆，还担心老婆婆会大发脾气。

但是，没想到老婆婆却笑了起来，一点儿也不生气，老公公感到很奇怪。

“这是好事啊！你做了这件好事我怎么会生气呢?外面这样大的风雪，你一定会被冻僵了吧?快到炉边来取暖吧，别冻坏了身子。”老婆婆说道。

正在这个时候，忽然从外面传来一阵阵“嘿哟！嘿哟！”的声音。这似乎是谁在拉着雪橇，用力吆喝的声音，老婆婆和老公公都听见了。

原来，这是今天被老公公戴上斗笠和系上头巾的六位地藏菩萨。他们拉着一辆很大的雪橇渐渐地往老公公的家走来。雪橇上面载了很多的糯米、胡萝卜和蔬菜、味噌等。他们来到了老公公住的地方。

老公公和老婆婆便将门打开，可是在那一瞬间，地藏菩萨已经不见了踪影，只留下了雪橇的痕迹。老公公和老婆婆都被这些突来的事给吓得目瞪口呆不知所措。

眼前是那些堆积如山的食物。面对着地藏菩萨所赏赐的东西，老公公和老婆婆都虔诚地合掌膜拜。

老公公与老婆婆吃了一顿非常丰盛的年夜饭。他们又把附近的狐狸、小熊、兔子也全都叫了过来一起享受这顿晚餐。

细节29 语言胎教：贝贝熊的故事

贝贝熊的形象在美英等国与“米老鼠”、“唐老鸭”一样家喻户晓。

故事围绕贝贝熊一家展开，这个家庭由熊爸爸、熊妈妈和一双儿女组成，就像我们很多普通的家庭。这个家庭和睦友爱，但在对子女的教育上也存在很多无法避免的问题。比如熊哥哥和熊妹妹啃指甲、怕黑、作噩梦、懒惰、不愿完成作业、乱花钱、见啥要啥、迷恋电视、不会与他人相处、爱吃零食、爱逞能等。当父母发现了这些问题时，总是努力试图了解孩子们的感受，用他们容易接受的方式去引导，所有的教育都从点滴小事做起。如小熊妹妹对遇到的所有陌生人

都不防备，都有着最天真的信赖，这是令家长对小女孩最担忧的事。书中的熊爸爸刚开始用报纸上孩子被拐骗的报道教育她，可熊妹妹从此就不再喜欢去公共场所，见到陌生人都一律害怕，变得成天不快乐；熊妈妈买来苹果又给她讲了一个道理：外表看起来干瘪的苹果不一定就是坏的，而又红又漂亮的那个，心里可能已经长了虫。

这个形象的比喻使小妹妹高兴地知道了不和陌生人说话并不等于陌生人都是坏人的道理。

当孩子被噩梦惊醒而感到恐惧时，父母会亲吻孩子，让他说出梦的内容，帮他分析白天的经历怎样扭曲地出现在噩梦中，以消除孩子的紧张感。熊妈妈面对撒谎的孩子，并不简单斥责，她会说：“信任一旦打碎就再粘不起来了”等。熊爸爸和熊妈妈对孩子的爱渗透在每一个细节里，但读者却看不到丝毫溺爱的痕迹。

《贝贝熊》的故事源于作者自己一家的生活经历和对日常生活的细微观察，篇篇洋溢着浓郁的亲情，充满了人文关怀。在当今这个启蒙教育、行为教育、素质教育呼声愈来愈高的时代，层出不穷的方法论和各种潮流挑战着家长们接受的极限，而贝贝熊一家将带给我们一种以人为本、崇尚平等的行为教育理念和轻松自由的精神空间。

细节30 美育胎教：与胎宝宝一起看《星空》

一本轻松幽默的书能让孕妈妈心情愉快、富有朝气，尤其是好看的漫画书，很容易激发孕妈妈的想象力，进而影响胎宝宝，这对激发胎宝宝的创造潜能很有帮助。但注意每次不能看太久，阅读半个小时到一个小时后要起身活动活动。

孕妈妈可以到书店购买一些漫画书，只要有空闲时间，就找个安静舒服的地方欣赏一番，也可以一边欣赏一边发挥个人想象力，将看到的、想到的讲给宝宝听。

《星空》描述了一个关于长大的故事：有个不爱说话的少女，认识了一个不爱说话的少年，他们都不是最快乐的孩子。有一天，他们逃离城市，翻山越岭，来到少女的爷爷曾经住过的山中小屋。在山里的夜晚，他们看到了最美丽的星空。后来，少女病了，而少年不知去向……他们究竟经历了什么，才能走出心理的阴影呢？《星空》以一种年龄的视角，描绘了一类无法和世界沟通的孩子，从对社会的恐慌、逃避到逐步认识自我的过程。画面精美、震撼、美轮美奂，是几米目前最受欢迎的绘画作品。

作者几米，台湾大学美术系毕业，在广告界、插画界工作多年，1998年开始创作其绘本。首开成人绘本风气之先，作品风靡海内外。

细节31 美育胎教：欣赏大师绘画，提升美学修养

齐白石——现代著名画家、书法家、篆刻家，曾任中国美术家协会主席，被誉为“人民艺术家”。在齐白石的众多作品中，虾占据了很重要的地位，堪称为画坛一绝。齐白石所作的虾具有非常显著的特点：灵动活泼、栩栩如生、神韵充盈。用淡墨掷笔，绘成躯体，浸润之色，更显虾体晶莹剔透；以浓墨竖点为睛，横写为脑，落墨成金，笔笔传神，细笔写须、爪，刚柔并济、凝练传神，显示了画家高妙的绘画功力。

齐白石所绘的虾，灵感大多来自于日常生活，但又超越生活，其大胆的想象，简约的绘制，更显传神妙笔。相信这些栩栩如生的虾定能激发孕妈妈热爱生活的情怀，从而疏解孕期不适，这对胎宝宝的健康成长非常有益。另外，孕妈妈经常欣赏名画，还能提升个人的审美能力，并将自身的审美意识传递给胎宝宝，由此激发胎宝宝的审美潜能。

细节32 抚摸胎教：帮助胎宝宝做体操

现在胎宝宝已经7个月大了，他的头会继续增大，大脑发育也会非常迅速。这个时期胎宝宝的活动更加丰富了，他可以在孕妈妈的肚子里吞咽羊水、眯眼、吮拇指、握拳头、伸展四肢、转身，还能翻跟斗。此时，孕妈妈更要频繁地与胎

宝宝进行互动。孕妈妈可以通过前面介绍的抚摸方法把关爱传递给胎宝宝，还可以用手在腹部帮助宝宝做体操。

本月孕妈妈可伴着轻松的音乐，按照前几月的抚摸方法，给胎宝宝做抚摸胎教。可按从上到下、从左到右的顺序，轻轻反复在腹部做抚摸动作。一开始，先用中指和食指轻轻并反复触压胎宝宝，然后双手稍握拳，轻轻叩击腹部。胎宝宝会立即有轻微胎动表示反应，不过有时则要过一阵子，甚至一连好几天都没有反应。此时，孕妈妈不要着急，这属于正常现象，但如果以前做过抚摸胎教，且胎宝宝每次都能做出反应，到了本月胎宝宝连续多次对抚摸没有反应，就要联系医生，检查究竟出了什么问题。

到了本月，胎宝宝已经发育到足够大了，妈妈的腹壁也越来越薄，所以抚摸胎教的时间不宜过长，每天2～3次，每次5分钟左右。而且，抚摸及触压胎宝宝的身体时，动作一定要轻柔，不可用力。

实践证明，经过此项胎教的胎宝宝，出生后大动作的发育要比未经过该项胎教的宝宝早，特别是小肌肉的发育更加明显。

细节33 光照胎教：有效刺激胎宝宝视网膜发育

在胎宝宝的感觉功能中，比起听觉和触觉，视觉功能的发育较晚，但在孕妈妈怀孕7个月时，胎宝宝的视网膜已具有感光功能，对光有反应。光照胎教可继续按照怀孕6个月时光照胎教方法进行。

将手电筒紧贴孕妈妈的腹壁，光线透入子宫，羊水因此由暗变红。而红色正是胎宝宝比较偏爱的颜色。用手电筒进行光照胎教正可谓投其所好。

光敏感训练的具体步骤：孕妈妈每天定时用手电筒微光紧贴腹壁反复关闭、开启手电筒数，一闪一灭照射胎宝宝的头部位置，每次持续5分钟。手电筒的光亮度比较合适，不要用强光照射，而且时间也不宜过长。当用光源经孕妈妈腹壁照射胎儿头部时，胎头可转向光照方向，并出现胎心率的改变，定时、定量的光照刺激是这个时期的光照胎教内容。

专家提示

不要在胎宝宝睡觉时进行光照胎教，以免打乱胎宝宝的生物钟，还是要配合胎宝宝的作息时间，仍然要在胎动明显时，即胎宝宝醒着的时候做光照胎教。孕妈妈经过这么长时间和胎宝宝的相处，也应基本知道胎宝宝的作息规律。当然也有作息不太规律的胎宝宝，这就需要孕妈妈细心体察了。只要是不太刺激的光线，皆可给予胎儿脑部适度的明暗周期，刺激脑部发达。孕妈妈利用晴朗天气外出散步时，也可让胎儿感受到光线强弱的对比。

细节34 斯瑟蒂克胎教教程：胎宝宝学数字“3”

今天我们要学习数字“3”了。

准确清晰地读出这个数字“3”，用手指描摹这个数字，反复多次，然后展开想象：“3”的形状像什么呢？一只小耳朵、漂亮的门把手、蝴蝶的一扇翅膀，在屋子里找找看，或者闭上眼睛仔细想想，把想到的都在脑海里细致地刻画出来。

生活中什么事物常以“3”出现呢？有了，宝宝、妈妈、爸爸，就是一个幸福的三口之家，在墙上有3个按钮，家用电器的调节有3档等。

斯瑟蒂克的提示

准妈妈可以将“3”和前几天学的“1”和“2”联系起来比较。走出屋子，看到和“3”有关的事物都告诉胎宝宝，在生活中加深对这些数字的印象。

细节35 斯瑟蒂克胎教教程：胎宝宝学字母

在闪光卡片课程开始之前，准妈妈先充分放松自己，然后愉快地和胎宝宝开始今天的学习。

DEF

D是个开心的字母，它老是一副哈哈大笑的样子。准妈妈要集中注意力，看卡片上的字母，深深地将它沉入心底，让胎宝宝和你一起感知。同时用手指沿着卡片摹写这个“D”。

E像三根小棍儿横插在一支杆子上，还像三个小人儿排成一队。

F就是E下面缺了一横，就像一根竖棍，右边生出了一长一短两只小手。准妈妈可以闭上眼睛，想象一个大大的F，逐渐地“印在”自己的肚皮上，然后慢慢地传递给胎宝宝。

专家提示

在临摹字母的时候要准备发音，可以多重复几次。

学习的时候要特别用心，因为胎宝宝能通过你的眼睛和大脑来识别文字和数字，并且把它们记住。

细节36 斯瑟蒂克胎教教程：胎宝宝学图形

选择一天里精神最充沛的时候和胎宝宝一起开始学习吧！

准妈妈凝神注视卡片上的正方形，把这个图形映入大脑，将其视觉化之后传递给胎宝宝。

用手指沿正方形的四条边勾勒出正方形的形状。问问自己肚中的胎宝宝：“和卡片上的图形一样的东西在哪儿呀？”然后和胎宝宝一起在屋子里寻找：“有了，坐垫、桌子、杯垫”。

准妈妈把找到的正方形物件一个个拿在手里，一边讲“这是正方形”，一边用手描这个图形的轮廓，通过这种“三度学习法”进行胎教。

斯瑟蒂克的提示

图形的学习与数字的学习一样，重要的是将学习内容与生活紧密地联系在一起，也就是说等胎宝宝出生后，再用周围曾经用过的东西进行实物教学是最有效的。

10月胎教细节同步指南

第九章　孕8月胎教细节：让宝宝体验更丰富的情感

本月生活建议

■ 定期做产前检查。

■ 做好胎心监护工作，尤其在孕28周后，要每天计算胎动。

■ 为了避免开始阵痛时陷入慌张，应事先整理好住院用品。

■ 为了防止以后哺乳时发生乳头破裂，准妈妈应经常擦洗乳头，然后涂一些油脂。

■ 腹部应擦液体维生素E或油脂，以增加腹部皮肤的弹性，减少妊娠纹的出现。

■ 认识生产前征兆，避免过度劳累。

■ 减少出入公共场合、人多或过度拥挤的地方，以减少感染机会，并且还可避免准妈妈因情绪过度激动或受惊吓紧张而导致早产。

本月胎教重点提示

这个月的胎宝宝活动有力，听觉功能完善，对外界声音反应灵敏。所以，对话、朗读、音乐、唱歌等胎教显得越来越重要。孕晚期是胎教的巩固时期。此阶段，胎儿各器官、系统发育逐渐成熟，对外界的各种刺激反应更为积极。

■ 坚持各项胎教内容，胎教时不要三心二意。

■ 避开生活中的噪音，要多呆在静谧的地方。

■ 经常闻有益的香气，有助于提高胎宝宝的记忆力。

■ 切忌慵懒，随意打发日子，这样对培养胎宝宝的性格和行为习惯也很不利。

■ 增进与胎宝宝的互动，做好所有的准备，迎接胎宝宝的到来。

本月语言胎教要点

■ 呼唤胎宝宝的名字，给胎宝宝介绍准妈妈的成长故事以及未来的梦想。

■ 准妈妈应该经常给胎宝宝唱歌。

■ 给胎宝宝朗读可爱的童诗、唐诗以及优美、温馨的散文。

■ 结合实际生活内容，不断扩大对话胎教的内容和范围。

本月情绪胎教要点

■ 要为胎宝宝创造良好的宫内环境，应保持豁达乐观的情绪，有助于胎宝宝的健康发育，也有助于出生后活泼开朗性格的形成。

■ 要多与胎宝宝沟通，随时告诉胎宝宝一些身边有趣的事，并告诉胎宝宝“你快要出生了，你将降临在一个和谐、幸福的家庭，一个文明、昌盛的时代”。

■ 睡前潜意识祈祷：感谢美好的大自然，赐给我一个善良、健康、灵秀的孩子，他有如天使般带给我们全家无比的欢乐和幸福，他将成为我们生命的助手和知音！

本月运动胎教重点提示

■ 只可做一些轻松的家务事，其他如拖地、清洗浴厕、大扫除等，应该请人代劳。

■ 可适当进行运动，不宜长途远游。

本月营养胎教贴心建议

■ 此阶段容易发生妊娠高血压疾病和水肿，应尽量食用淡味食物，少吃或不吃太咸的食物，如泡菜、酱油、辣酱等。

■ 应适当多吃富含锰、铬的绿色蔬菜以及黑麦等有助于骨骼形成的食物。

■ 适当多吃柿子、西瓜、松子、西红柿等有利于感觉器官发育和预防早产的食物。

■ 应多摄取有助于消除水肿的蔬菜类、海藻类和豆类食物。

本月准爸爸胎教要点

■ 准爸爸应经常帮准妈妈按摩腿部。

■ 准爸爸应经常与准妈妈一起进行抚摸胎教。

■ 准爸爸应与准妈妈一同前往医院，陪伴准妈妈进行产前例行检查。

■ 经常对胎宝宝说话，告诉他你心中的愿望。

本月常有的不适症状

■ 可能会有出血、水肿等症状。

■ 可能会有心悸或淋巴腺疼痛等症状。

■ 可能会有乳晕部、外阴部等部位肌肤发黑的情况。

职场准妈妈胎教要点

■ 上班时也要抽出时间进行定期检查。

■ 不能因工作需要就伤害到宝宝。

■ 应该开始考虑请产假的问题了。

细节1 行为胎教：要注意预防便秘

增加蔬果、杂粮、白开水的摄取量

过于精细的饮食会造成排便困难，所以孕妈妈要适当吃些含膳食纤维的蔬菜、水果和粗杂粮，如芹菜、萝卜、苹果、香蕉、梨、燕麦、豆类、糙米等。孕妈妈的饮食要有规律，切勿暴饮暴食。平时要多喝水，每天清晨坚持喝一杯温开水。这样能刺激肠道蠕动，使大便变软易于排出。

定时排便

坚持定时排便，并在每天晨起或早餐后如厕。因为早餐后结肠推进动作较为活跃，易于启动排便，故早餐后一小时左右为最佳排便时间。不要忽视便意。不能强忍着不排便，如厕时间也不能过长，否则不仅会使腹压升高，还会给下肢血液回流带来困难。

保持身心愉快

职场孕妈妈要合理安排工作生活，保证充分的休息和睡眠，保持良好的精神状态和乐观的生活态度，这样可以有效防止便秘。另外，在家待产的孕妈妈因为运动少容易便秘，更要保持最佳的精神状态，降低发生便秘的可能性。

专家提示

水是最好的液体饮料

研究表明，白开水对人体有"内洗涤"的作用。孕妈妈清晨起床后应喝一杯新鲜的温开水。早晨空腹饮水能很快被胃肠道吸收进入血液，使血液稀释，血管扩张，从而加快血液循环，补充细胞夜间丢失的水分。

细节2 行为胎教：坚持记录胎动

感受胎动是孕程中最令孕妈妈高兴的事情，那么你有没有想过把每次胎动都记录下来呢？在孕晚期，记录下胎动的详细情况非常重要，因为这关系到胎宝宝在母体内是否健康。每次在做胎教时，孕妈妈可以把胎宝宝的反应详细记录下来，胎动的变化是怎么样的？增加还是减少了？胎宝宝是怎么动的？经过一段时间的记录和持之以恒的胎教训练，孕妈妈就可以知道胎教是否对胎宝宝有效，即胎宝宝是否对固定的胎教内容建立起固定的、有规律的反应。

数胎动的理论基于一个简单的想法，即认为好动的宝宝一定是健康的。不过这并不表示文静的孩子不如活泼的孩子健康。但是如果宝宝平时的活动习惯突然完全改变，就可能是早期征兆，提醒你的医生，宝宝可能出问题了。医生可能会进行一些检验，来确定胎动的改变是不是有异常。下面就是计算宝宝胎动的方法。

1.选择一段适合观察胎动的时间。对一般孕妈妈来说，最好的时间是晚饭后或睡前。左侧躺下，然后放松。

2.利用“从1数到10”的方法，算一算数到10次胎动需要花多少时间（只算大的动作，小的轻的都不能算）。像这样数一星期左右，你就可以得到宝宝的平均活动值。研究显示，感觉到10次胎动平均需要20分钟左右。

3.一般的原则是，如果在宝宝一天之中最喜欢活动的时间内，你连续1至2个小时没有感觉到任何胎动，你就该问问医生了。

简单的胎动记录表：

根据医生指示的方法和次数，记录宝宝的胎动。你的记录应该大致和下面这张表的数据相仿：

日期/时间	胎动	次数	时间
5月21日	20：00	10次	20分钟
5月22日	20：15	10次	22分钟
5月23日	19：45	10次	28分钟
5月24日	20：00	10次	18分钟

细节3 行为胎教：孕8月准爸爸应该怎么做

准爸爸要主动承担家务，还要注意保护孕妈妈的安全，避免孕妈妈遭受外伤。要做好家庭中的妊娠监护，以防早产。

到了本阶段，离分娩的日子越来越近了，一定要避免性生活。因为此时的子宫变得非常脆弱极易受伤或感染，再加上性兴奋会使子宫收缩造成早期破水。此时进行性生活很可能会令细菌潜藏在阴道中，为分娩埋下祸根。因为，在分娩过程中，产道会有损伤，同时子宫里胎盘剥离后有一个较大的创面，再加上分娩后产妈妈抵抗力降低，发生感染的可能性就会增大。调查研究发现，在分娩前3天内行过房的，发生感染的概率高达20%。在发生了产褥感染的产妈妈中，有近一半是在产前1个月内行过房的。另外，此时行房会给胎宝宝造成伤害，除了很可能造成早产外，还会增大新生儿的死亡概率。所以，为了胎宝宝和孕妈妈的健康，准爸爸要体谅孕妈妈，严格控制性生活。

准爸爸一定要和孕妈妈一起对胎宝宝进行教育。在婴儿的感觉器官基本形成的时候，与婴儿进行对话越多越好，最好每天进行至少3次对话。

准爸爸要为孕妈妈分娩做好经济上、物质上、环境上、知识上的充分准备，要和孕妈妈一起学习哺育、抚养婴儿的知识，检查孩子出生后用具是否准备齐全，不够的要主动补充上。

细节4 行为胎教：开始为宝宝布置婴儿房

小宝宝的房间也是要放很多东西的，从现在开始孕妈妈就可以开始准备了。首先要准备的就是宝宝的小睡床，要买床垫、棉被、小睡袋、蚊帐、床栏等。另外还要准备小衣柜、储藏盒、漂亮的窗帘、好看的画框。不要忘了准备玩具。但是孕妈妈和准爸爸在为小宝宝准备房间的时候有些问题也要注意一下。

在为宝宝选购房内物品时，一定要选择那些无毒无味的纯天然环保材料，如原木、彩棉等都是很好的选择，而且要选择透气性能好的材料。如果材料不安全会直接影响宝宝的健康。

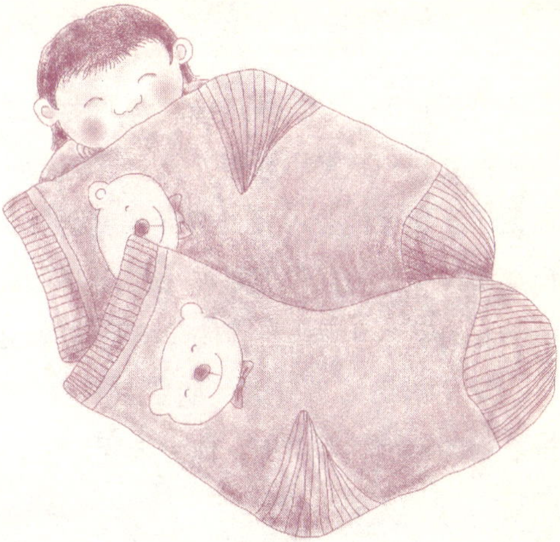

避免使用那些含有化学物质的物品，首先要注意的就是油漆，孕妈妈们可以选购那些用水溶性油漆涂刷的用品，因为这种油漆甲醇溶剂的含量比较低。

宝宝的小家具要选择那些耐用、承受破坏能力强、边角处有小圆弧的家具，以免利角碰伤宝宝。宝宝的小床不能放在靠窗和靠门的地方，也不要靠近家具，更不能靠近电源。

房间颜色要考虑孩子的喜好。不要使用图案夸张的壁纸，或把房间一概漆成淡蓝色或粉色，而应使用孩子不易厌倦的颜色，比如，女孩子的房间可以用黄色、橙色、绿色、淡紫色；男孩子的房间可以用深蓝色、红色或者鲜黄绿色。然后更换房间中的摆设，使房间变得别致。

选择家具要考虑能拆装重组的。使用能拆装重组的家具，可以让它们在孩子长大后仍然能用。比如，可以将婴儿床重新拼装成幼儿睡的床，使用可以改装成课桌的桌子。

柜子和桌子一定要固定牢。成长中的宝宝喜欢爬上爬下，因此不要在孩子房里放高的书架，并且将柜子推靠至墙边，以保证孩子爬上去后，它们不会翻倒。

家具、玩具的摆放要合理安全。将家具和玩具放在合理的位置上，以便你在夜里进入房间时不会被绊倒。屋内摆放的小地毯要有防滑的背面，或用双面胶固定，并保证边缘没有翘起。

不要把房间的装饰限制在单调的亚麻布制品中。宝宝的床围或床单，可以选择有图案的小毯子，房间中可以摆放一件艺术品，比如一张可爱的招贴画。不要忘记天花板。婴儿会花大量的时间望着天花板，因此要将你的天花板涂上鲜艳的颜色，并将它设计得独特一些。

细节5 情绪胎教：孕妈妈要避免情绪波动

在孕后期，孕妈妈的情绪对胎宝宝的影响更大。孕妈妈不良的精神状态给婴儿所造成的刺激常引起婴儿行为性格异常。特别是妊娠后期孕妈妈精神状态的突然改变会使血内去甲肾上腺素浓度增加至原来的100倍，心率增快，使每次心搏出血量减少，胎盘供血量亦因此减少而使胎宝宝缺氧，阻碍胎宝宝大脑发育。因此胎教的重要目的是必须使孕妈妈精神始终处于放松、愉快的状态之中。

孕妈妈情绪不安时，胎宝宝的身体运动增加，胎动次数可比平常多3～10倍。如胎宝宝长期不安，体力消耗过度，出生时的体重往往比一般婴儿轻0.5～1千克。

望云是一种解压的好办法，孕妈妈情绪不安的时候可以坐在窗口或是坐在公园的长椅上，抬起头来，看看天空中的云，看看它们像什么？像一只船？还是像只小熊？有资料说，这种形象的思维对开发右脑大有帮助，将来等宝宝出生了，也可以经常和他做这种简单的游戏。在晴朗的日子，我们可以去外面走一走，看看青青的草和蓝蓝的天，也可以坐在水边，看花儿开放，看鱼儿跃出水面。或是带着一本喜欢的书，随着书中的喜而喜、乐而乐。

细节6 情绪胎教：胎教也是自我教育

有些孕妈妈开始的时候不知道怎样进行胎教，恨不能把所有的知识都一股脑地灌输给胎宝宝，每天都听不同的音乐、读不同的书。在经过长时间的摸索和交流后，孕妈妈才知道，胎教需要循序渐进地进行。胎宝宝虽然还没有出生，却和已经出生的小宝宝一样，不喜欢死板的填鸭式教育。在得知这个情况后，孕妈妈都会调整自己的胎教策略，像给已经出生的小宝宝上课那样，用五花八门充满吸引力的方法，为胎宝宝上一堂丰富多彩的胎教课。

古人说，教学相长，这个道理在胎教中同样行得通。相信，已经进入孕8月的孕妈妈对这一点深有体会。现在距离宝宝的出生只有两个多月的时间了，孕妈妈要珍惜胎教最后的两个月，在与胎宝宝共同进步的同时，去体会更多的幸福和快乐。

细节7　营养胎教：铁的需求量达到高峰

健康专家指出，铁是人体生成红细胞的主要原料之一，孕期缺铁性贫血不但可以导致孕妈妈出现心慌气短、头晕、乏力，还可导致胎宝宝宫内缺氧、生长发育迟缓、低出生体重、早产、生后智力发育障碍，生后6个月之内易患营养性缺铁性贫血等。此外，还会影响到胎宝宝免疫系统的发育。孕30～34周对铁的需求量达到高峰，每日应保证摄入35毫克的铁。动物肝脏、动物血、瘦肉是铁的良好来源，含量丰富、吸收好。此外，蛋黄、豆类、某些蔬菜，如油菜、芥菜、雪里红、菠菜、莴笋叶等也可提供部分铁。水果和蔬菜不仅能够补铁，所含的维生素C还可以促进铁在肠道的吸收。因此，在吃富铁食物的同时，最好一同多吃一些水果和蔬菜，也有很好的补铁作用。例如，鸡蛋和肉同时食用，可提高鸡蛋中铁的利用率；或者鸡蛋和番茄同时食用，番茄中的维生素C可以提高铁的吸收率。

1.胡萝卜牛腩饭

营养分析：牛肉含铁丰富，是孕妇补铁的良好选择。

制作方法：（1）胡萝卜洗净，切块，南瓜洗净，去皮，切块待用。（2）将牛肉洗净，切块，焯水。（3）倒入高汤，加入牛肉，烧至牛肉八分熟时，下胡萝卜块和南瓜块，调味，至南瓜和胡萝卜酥烂即可。（4）饭装盆打底，浇上炒好的牛肉即可。

2.木耳枣豆羹

营养分析：木耳中铁的含量极为丰富，故常吃木耳能养血驻颜，令人肌肤红润，容光焕发，并可防治缺铁性贫血。枣中富含钙和铁，它们对防治贫血有重要作用，其效果通常是药物不能比拟的。此食谱可提供铁21毫克。

制作方法：将黑木耳、黄豆、红枣分别洗净，加水泡涨，然后一同置于锅内，加水适量，小火炖至熟烂，加精盐调味即成。

专家提示：做菜时尽量使用铁锅、铁铲，这些传统的炊具在烹制食物时会产生一些小碎铁屑溶解于食物中，形成可溶性铁盐，容易让肠道吸收铁。

3.咖喱牛肉土豆丝

营养分析：富含铁、维生素B_2、烟酸等，适合孕妇食用。

制作方法：（1）将牛肉自横断面切成丝，将团粉、酱油、料酒调汁浸泡牛肉丝；土豆洗净去皮，切成丝。（2）将油热好，先干炒葱、姜，再将牛肉丝下锅炒后，将土豆丝放入，再加入酱油、盐及咖喱粉，用旺火炒几下即成。

细节8 营养胎教：少食多餐，控制体重增长

孕8月，孕妈妈的胃部被不断膨大的子宫挤压，饭量受到影响，因而常有吃不饱的感觉。同时这个时期胎宝宝生长速度也达到最高峰。孕妈妈应该尽量补足因胃容量减小而减少的营养，实行一日多餐，均衡营养，防止胎宝宝发育迟缓。

此外，要保证热量的供给。除需大量葡萄糖供胎宝宝迅速生长和体内糖原、脂肪储存外，还需要有一定量的脂肪酸，尤其是亚油酸。此时也是大脑增殖高峰，大脑皮层增殖迅速，丰富的亚油酸可满足大脑发育所需。

为了减轻孕妈妈水肿和妊娠高血压综合征，在饮食中要少放食盐。同时，饮食不可毫无节制，应该把体重的增加限制在每周350克以下。

为了满足胎宝宝大脑发育的需要，在日常生活中应多使用植物油做菜，多吃核桃仁、鱼、虾、肉、蛋等食物。

所有孕妈妈都应首选糖含量相对较低的水果，如西瓜、苹果、梨、橘子、桃、葡萄等，孕妈妈每天吃水果别超过500克，而妊娠期糖代谢异常或是妊娠性糖尿病患者则要减半，想吃水果最好等血糖控制平稳后。另外，香蕉、菠萝、荔枝、柿子之类水果含糖量较高，如果孕妈妈喜欢吃这类水果，就一定要减量了。

糖尿病孕妈妈一定要计算好每天摄入的总热量，如果水果吃多了，就要相应减少主食，但不能用水果代替主食，因为吃了水果，会使血糖在短期内快速升高，而主食却恰恰相反。

孕妈妈吃水果的时机也很重要，最好选在两餐之间吃，这样既不会使血糖太高，又能防止低血糖的发生。

细节9 营养胎教：坚持给胎儿补脑

胎儿大脑发达必须具备三个条件：大脑细胞数目要多；大脑细胞体积要大；大脑细胞间相互连通要多。这三点缺一不可，根据人类大脑发育的特点，脑细胞分裂活跃又分为三个时限阶段：妊娠早期、妊娠中晚期的衔接时期及出生后的3个月内。

人的大脑主要由脂类、蛋白类、糖类、B族维生素、维生素C、维生素E和钙，这7种营养成分构成。其中脂质是胎儿大脑构成中非常重要的成分。胎儿脑的发育需要60%脂质。脂质包括脂肪酸和类脂质，而类脂质主要为卵磷脂。充足

的卵磷脂是宝宝大脑发育的关键。胎儿大脑的发育需要35%的蛋白质，能维持和发展大脑功能，增强大脑的分析理解及思维能力。糖是大脑唯一可以利用的能源。维生素及矿物质能增强脑细胞的功能。所以，在妊娠的晚期和出生后的3个月中，仍要注意给胎儿补脑。

细节10 营养胎教：孕8月禁忌的食物

热性调味料：八角茴香、小茴香、花椒、胡椒、桂皮、五香粉、辣椒等热性香料都是调味料，但孕妈妈不适宜食用这些调味料。孕妈妈体温相应增高，肠道也较干燥。而热性香料具有刺激性，会致使胃肠腺体分泌减少，造成肠道干燥、便秘等。孕妈妈用力解便，会引起腹压增大，压迫子宫内的胎宝宝，易造成胎动不安、发育畸形、羊水早破、早产等不良后果。

冷饮：孕妈妈多吃冷饮能使胃肠血管突然收缩，胃液分泌减少，消化功能降低，从而引起食欲不振、消化不良、腹泻，甚至引起胃部痉挛，出现剧烈腹痛现象。孕妈妈的鼻、咽、气管等呼吸道黏膜往往充血并伴有水肿，如果大量贪食冷饮，可致局部抵抗力降低，使细菌与病毒乘机而入，引起嗓子痛哑、咳嗽、头痛等。严重时能引起上呼吸道感染或诱发扁桃体炎。此外，胎宝宝不喜欢冷的刺激，胎宝宝受冷饮影响，会在子宫内躁动不安，胎动变频繁。

孕妈妈适当地改善饮食，增加营养，可以增强体质，促进胎宝宝发育。但若营养过剩，危害非浅，往往会引起妊娠高血压或巨大儿，造成难产、分娩期延长、产后大出血等不良后果。

细节11 环境胎教：用温馨的颜色布置居室

到了孕8月，孕妈妈几乎每时每刻都能感觉到胎宝宝的存在，而胎宝宝也在告诉孕妈妈自己就要来到人世了。此时，孕妈妈可以用不同的颜色布置居室，色彩对人的心理起着较强的暗示作用。

房间应该用淡黄色和白色为基调布置，它可以使孕妈妈回家后很快恢复体力和精力，神经得以松弛。如果孕妈妈在紧张、安静、技术性高的环境中工作，家中不妨用绿色或粉红色为基调来布置，可使孕妈妈从单调的色彩环境、紧张的工作状态中回到生机盎然、轻松悦目的环境中，让紧张的神经得到放松，使孕妈妈从物质到精神的生活都处于平和的氛围中，既利于孕妈妈的心境，也利于胎宝宝的发育。

到了孕晚期，随着母体腹壁逐渐变薄，胎宝宝更容易感知外界的光线。在这个时期，若是突然有强光进行照射，胎宝宝的心跳频率会急剧加快，1分钟至少增加15次以上。因此孕妈妈应避免接触强光照射在日常生活中，孕妈妈还要对照明情况格外留心。例如，与其在夜幕完全降临后打开室内灯，不如在傍晚时分开始就有意识地打开起居室的照明灯。另外，夫妻二人定期进行30分钟的胎教时，最好选择在明亮的灯光下进行，而且只用同一种灯。

细节12 运动胎教：有助于分娩的小动作

孕晚期由于身体的负担越来越沉重，下背部、臀部、腿部疼痛以及抽筋的状况也会经常产生，这时不妨每次花5分钟做一些伸展练习，可以有效地缓解腰背酸痛，增强腹肌张力，并拉伸髋、腿，为分娩做好准备。

- 身体保持直立，一足置于椅面，一手扶着椅背，尽量向后拉伸、伸展髋关节以及大腿内侧肌肉，保持30秒，左右交替。

- 跪坐，两膝尽量分开，双脚并拢，臀部尽量不要离开足跟，向前弯曲身体至前额触地，伸展腰背及髋关节，保持15秒。

- 趴在床上，两手与肩同宽，深深低着头，腰背部向上拱起成圆形；然后抬头挺腰，腰背伸直，重心前移。做时可配合呼吸，每天早晚做5～10次。这个动作可以帮助孕妈妈不费力地活动骨盆，还可使产道出口的肌肉弹性增加，同时增强腹部肌肉和背部的灵活性。

■ 坐式屈腿。坐下后双手贴床，双脚伸直；一边吸气一边把左脚向左大腿外侧弯曲，然后边呼气边把脚伸直。双腿左右交换，重复做10次。这套动作可以疏通下肢经络及气血，缓解静脉曲张。

■ 坐式合臂。孕妈妈挺直上半身，手臂在身体两侧平举，手肘弯曲，大臂与小臂垂直，吸气；一边吸气，一边让手肘保持向上，两手肘在脸的前方会合。以此动作重复30次。这套动作可强化腋下至胸部的肌肉，预防乳房向两侧松弛扩散。若在温水里练习效果更佳。

细节13 运动胎教：散步是调节身心的一味良药

散步对孕妈妈来说是一项非常好的运动项目，它不仅安全可靠，还可以提高孕妈妈和胎宝宝的健康状态。这是因为，散步的时候，孕妈妈的神经系统和心肺功能得到提升，有利于呼吸新鲜空气和排出废气。散步还可以加强孕妈妈肌肉的活动，使孕妈妈体内的氧气足够满足胎宝宝的需要。散步还可以加大血管的容量，促使肝和脾储存的血液流进血管，加速血液循环，促进营养在血液中的流传，对心肌有良好的营养作用。胎宝宝也可从孕妈妈的血液中获取生长所需的各种营养，促进成长和发育。

散步的正确方法

1.慢走法

散步的时候，节奏不宜过快，步伐不宜太大，自我感觉轻松舒适就好。双臂自然摆动，幅度不要太大。

2.快慢交替法

先慢走热身，10分钟左右即可；然后步伐稍微加快，1～2分钟即可；最后快步行走近似小跑，2分钟即可，反复4～5次。

专家提示

注意脚下安全

到了孕8月，大腹便便的孕妈妈不容易看清脚下的路。为了保持平衡，必须注意脚下的安全，不要走起伏不平的路，最好穿坡跟而平稳的鞋子，以防身体重心不稳而摔倒。

细节14 运动胎教：消除紧张情绪的自律训练

自律训练的目的是集中精神、安定身心。在训练前，先让自己紧张的身体松弛下来，可以用温水冲澡，换上宽松的衣服，找一个安静的地方冥想，消除紧张情绪。下面给大家介绍自律训练步骤。

第一步：坐在椅子上，或是平躺在床上，闭上眼睛，放松全身，使全身处于无力状态，采取腹式呼吸，先把气吸入腹部，再通过腹部呼出，反复2～3次。

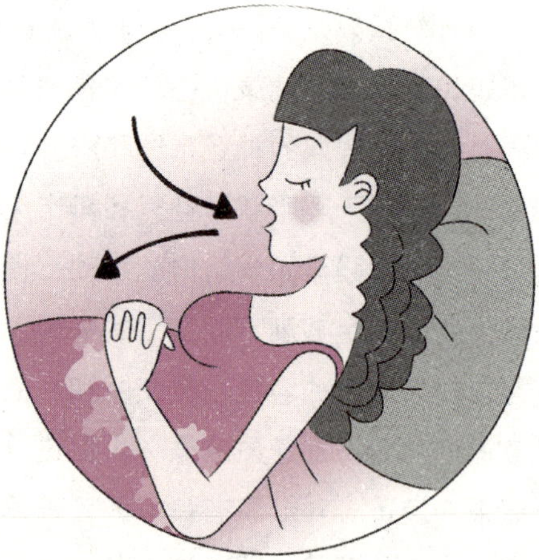

第二步：心中默念“内心平静、双臂沉重”，把意识集中于四肢，努力体会沉重的感觉。

第三步：各念两遍“内心平静、双臂沉重”和“双脚温暖、内心平静”，体会手脚温暖的感觉。

第四步：双臂前移，移动手指，将胳膊肘弯曲后再打开，然后伸个懒腰，冥想结束。

细节15 音乐胎教：名曲欣赏《小狗圆舞曲》

《小狗圆舞曲》也叫《一分钟圆舞曲》，是肖邦在1846年创作的。当时肖邦在巴黎与女友乔治·桑住在诺罕庄园。乔治·桑有一只小狗，特别喜欢飞快地转着圆圈追逐自己的尾巴。小狗这种有趣的动作使主人非常愉悦，于是，在女友的要求下，肖邦创作了这首圆舞曲。

乐曲以快速度进行，在很短的瞬间终了。因此，演奏本曲时，应使用平滑流畅的指尖技巧，才能感觉出此曲的趣味来。乐曲是三段式，4小节引子过后，出现快速的反复回转型，描写小狗飞快旋转追逐自己尾巴的样子。这段曲调健康活泼、诙谐有趣，把小狗的神态呈现在听众面前。第二段是优美抒情的圆舞曲主题，好像小狗奔跑了一段时间，躺下来休息片刻，悠然自得，懒散舒适。第三段又是快速的音型，就像小狗休息之后又开始追逐尾巴的游戏，一直到乐曲结束。

细节16 音乐胎教：欣赏《土耳其进行曲》

《土耳其进行曲》是莫扎特《A大调钢琴奏鸣曲》中的第三乐章，莫扎特钢琴奏鸣曲的代表作。熟悉土耳其音乐的人会感到这支曲子土耳其民族风味并不浓。但是，在当时来讲，它的风格已经破除了俗套，乐曲显得独特而别致，曲调流畅动听，技巧也不难，广泛受到人们的喜爱，是一首雅俗共赏的乐曲。

据说在200年多年前，土耳其国王访问欧洲时，总要带上一个乐队，使别具一格的土耳其音乐传入欧洲。当时欧洲的一些作曲家对写异国风情的音乐发生兴趣，喜欢将异国风情的音乐吸收到自己的作品中去，于是出现了“土耳其热”。

其实，莫扎特的《A大调钢琴奏鸣曲》第三乐章并没有很明显的土耳其音乐特点，真正的土耳其风格并不浓，由于莫扎特在这一乐章的开头注明曲趣为土耳其风，因而被后人称为《土耳其进行曲》。《土耳其进行曲》采用回旋曲式，因此也有人称为《土耳其回旋曲》。

细节17 音乐胎教：倾听海顿的《小夜曲》

《小夜曲》又名《如歌的行板》，弦乐四重奏曲，大约作于1762年。这首小夜曲色彩明朗，轻快的漫步节奏和娓娓动听的旋律，具有一种典雅质朴的情调，表现了无忧无虑的意境。在展开过程中的旋律进行，时而出现极其自然的大跳音程，使曲调更富于生气。

海顿（1732～1809），奥地利作曲家，1732年3月31日生于奥匈边境下奥地利的一个村镇，1809年5月31日卒于维也纳。喜爱音乐的父母使海顿自幼受到民间音乐和教堂音乐的熏陶，从孩提时代就显示了出众的才华。海顿一生创作了不下于104首交响曲。

细节18 音乐胎教：欣赏民乐《百鸟朝凤》

这是一首特别适合于孕妈妈在怀孕中、晚期以及给胎宝宝听的乐曲，因为它不仅描绘了大自然中百鸟和鸣的景象，有助于孕妈妈舒畅心情，还模拟了林中各种禽鸟的叫声，把人仿佛带入了大自然中。这种原声的模拟给胎宝宝听，能直接刺激胎宝宝的听觉，有助于胎宝宝的智力发展。孕妈妈在与胎宝宝共同欣赏这首乐曲时，若能一边听一边给胎宝宝描述林中百禽的叫声和欢快的场面，则对胎宝宝智力发展更有利。

《百鸟朝凤》是唢呐曲。它以热情欢快的旋律，生动描绘了百鸟和鸣、气象万千的自然景象，表现出人们对大自然的赞美和热爱之情。全曲共分8段，是一首循环体结构的乐曲。

1.山雀啼晓。在唢呐奏出清新、悠扬的乐句之后，随即模仿鸟叫声，笛子与之相对答呼应，互相竞赛，展现出山雀啼晓的意境。

2.春回大地。这是一段具有浓郁乡土气息和北方民间音乐粗犷、爽朗风格的曲调，优美而流畅。

3.莺歌燕舞。唢呐自由地模拟各种鸟叫声。

4.林间嬉戏。音乐开始显得活跃起来，犹如人们在山林中嬉戏的欢快情景。

5.百鸟朝凤。模拟各种禽鸟的叫声，惟妙惟肖地表现了百鸟争鸣的情景。

6.欢乐歌舞。当乐队戛然停止之后，唢呐出人意料地用花舌音发出蝉鸣声，非常真切喜人。特别有趣的是模拟蝉被捉住时，发出的阵阵挣扎声和最后长鸣一声远飞而去的一段，绘声绘色，充满了欢快热烈的气氛。

7.凤凰展翅。音乐进入高潮，之后出现唢呐的华彩段，它使得欢腾的情绪达到极点。

8.并翅凌空。音乐情绪越加热烈，再次出现百鸟齐鸣的场面。

细节19 语言胎教：欣赏朱自清的《歌声》

朱自清是我国现代作家、诗人、学者、民主战士。他的许多文学作品都受到了人们的一致好评。其中，散文集《歌声》更是让人回味无穷。

《歌声》对音乐意境的描写，文字细腻简捷，富于诗情画意。朱自清认为“作文便是以文字作画”。他笔下的音乐也是一幅画，是他独有的“缜密漂亮”的“白话美术文”，而通过《歌声》这篇散文，人们便可深深体会到朱自清以文作画的这一理念，他别具一格的表现方式，为人们描绘一幅优美的画卷，引人入胜的美景，令人久久不能忘怀。另外，《歌声》这篇散文以不苟同于别人的风格，强调了亲身体味，充分体现了朱自清的行文风格——别出心裁。

所以，今天，我们就与孕妈妈们一起来欣赏朱自清的这篇散文——《歌声》，建议孕妈妈用愉快、享受的心情大声朗读。

昨晚中西音乐歌舞大会里中西丝竹和唱的三曲清歌，真令我神迷心醉了。仿佛一个暮春的早晨，霏霏的毛雨默然洒在我脸上，引起润泽，轻松的感觉。新鲜的微风吹动我的衣袂，像爱人的鼻息吹着我的手一样。我立的一条白矾石的甬道上，经了那细雨，正如涂了一层薄薄的乳油，踏着只觉越发滑腻可爱了。

这是在花园里。群花都还做她们的清梦。那微雨偷偷洗去她们的尘垢，她们的甜软的光泽便自焕发了。在那被洗去的浮艳下，我能看到她们在有日光时所深藏着的恬静的红，冷落的紫，和苦笑的白与绿。以前锦绣般在我眼前的，现有都带了黯淡的颜色。——是愁着芳春的销歇么？是感着芳春的困倦么？大约也因那蒙蒙的雨，园里没了浓郁的香气。涓涓的东风只吹来一缕缕饿了似的花香；夹带着些潮湿的草丛的气息和泥土的滋味。园外田亩和沼泽里，又时时送过些新插的秧，少壮的麦，和成荫的柳树的清新的蒸气。这些虽非甜美，却能强烈地刺激我的鼻观，使我有愉快的倦怠之感。

看啊，那都是歌中所有的：我用耳，也用眼，鼻，舌，身，听着；也用心唱着。我终于被一种健康的麻痹袭取了。于是为歌所有。此后只由歌独自唱着，听着；世界上便只有歌声了。

细节20 语言胎教：经典童话故事《萝卜回来了》

雪这么大，天气这么冷，地里、山上都盖满了雪。小白兔没有东西吃了，饿得很。他跑出门去找。

小白兔一面找一面想：雪这么大，天气这么冷，小猴在家里，一定也很饿。我找到了东西，去和他一起吃。

小白兔扒开雪，嘿，雪底下有两个萝卜。他多高兴呀！

小白兔抱着萝卜，跑到小猴家，敲敲门，没人答应。小白兔把门推开，屋里一个人没有。原来小猴不在家，也去找东西吃了。

小白兔就吃掉了小萝卜，把大萝卜放在桌子上。

这时候，小猴在雪地里找呀找，他

一面找一面想：雪这么大，天气这么冷，小鹿在家里，一定也很饿。我找到了东西，去和他一起吃。

小猴扒开雪，嘿，雪底下有几颗花生。他多高兴呀！

小猴带着花生，向小鹿家跑去，跑过自己的家，看见门开着。他想：谁来过啦？

他走进屋子，看见萝卜，很奇怪，说："这是哪来的？"他想了想，知道是好朋友送来的，就说："把萝卜也带去，和小鹿一起吃！"

小猴跑到小鹿家，门关得紧紧的。他跳上窗台一看，屋子里一个人也没有。原来小鹿不在家，也去找东西吃了。

小猴就把萝卜放在窗台上。

这时候，小鹿在雪地里找呀找，他一面找一面想：雪这么大，天气这么冷，小熊在家里，一定也很饿。我找到了东西，去和他一起吃。

小鹿扒开雪，嘿，雪底下有一棵青菜。他多高兴呀！

小鹿提着青菜，向小熊家跑去；跑过自己的家，看见雪地上有许多脚印，他想：谁来过啦？

他走近屋子，看见窗台上有个萝卜，很奇怪，说："这是从哪来的？"他想了想，知道是好朋友送来给他吃的，就说："把萝卜也带去，和小熊一起吃！"

小鹿跑到小熊家，在门外叫："开门！开门！"屋子里没有人答应。原来小熊不在家，也去找东西吃了。小鹿就把萝卜放在门口。

这时候，小熊在雪地里找呀找，他一面找一面想：雪这么大，天气这么冷，小白兔在家里，一定也很饿。我找到了东西，去和他一起吃。

小熊扒开雪，嘿，雪底下有一只白薯。他多高兴呀！

小熊拿着白薯，向小白兔家跑去；跑过自己的家，看见门口有个萝卜，他很奇怪，说："这是从哪来的？"他想了想，知道是好朋友送来给他吃的，就说："把萝卜也带去，和小白兔一起吃！"

小熊跑到小白兔家，轻轻推开门。这时候，小白兔吃饱了，睡得正甜哩。小熊不愿吵醒他，把萝卜轻轻放在小白兔的床边。

小白兔醒来，睁开眼睛一看："咦！萝卜回来了！"他想了想，说："我知道了，是好朋友送来给我吃的。"

胎教小百科：给胎宝宝讲故事要注意方法

讲故事的方式：一种是由母亲任意发挥，讲随意编就的故事；另一种是读故事书，最好是图文并茂的儿童读物。内容宜短，宜轻快和谐。

讲故事的姿态：母亲应找一个自己感到舒服的姿势，精力要集中，吐字要清楚，声音要和缓，要防止平淡乏味的读书，应以极大的兴趣绘声绘色地讲述故事的内容。

讲故事方法：孕妈妈应把腹内的胎宝宝当成一个大孩子，娓娓动听地述说。亲切的语言将通过语言神经传递给胎宝宝，使胎宝宝不断接受客观环境的影响，在不断变化的文化氛围中发育成长。讲故事时既要避免高声尖音的喊叫，又要防止平淡乏味的读书。

那些容易引起孕妈妈恐惧和伤感，以及使人感到压抑的故事，如《灰姑娘》、《白雪公主》等就不要选用了。

细节21 语言胎教：品读苏轼的《水调歌头》

苏轼，字子瞻，又字和仲，号“东坡居士”，世人称其为“苏东坡”。北宋著名文学家、书画家、词人、诗人、美食家，唐宋八大家之一，豪放派词人代表。其诗、词、赋、散文均成就极高，且擅长书法和绘画，是中国文学艺术史上罕见的全才，也是中国数千年历史上被公认文学艺术造诣最杰出的大家之一。其散文与欧阳修并称欧苏；诗与黄庭坚并称苏黄；词与辛弃疾并称苏辛；书法名列“苏、黄、米、蔡”北宋四大书法家之一；其画则开创了湖州画派。

水调歌头

丙辰中秋，欢饮达旦，大醉，作此篇。兼怀子由。

——苏轼

明月几时有？把酒问青天。不知天上宫阙，今夕是何年。我欲乘风归去，又恐琼楼玉宇，高处不胜寒。起舞弄清影，何似在人间！

转朱阁，低绮户，照无眠。不应有恨，何事长向别时圆？人有悲欢离合，月有阴晴圆缺，此事古难全。但愿人长久，千里共婵娟。

全词运用形象的描绘和浪漫主义的想象，紧紧围绕中秋之月展开描写、抒情和议论，从天上与人间、月与人、空间与时间这些相联系的范畴进行思考，把自己对兄弟的感情，升华到探索人生乐观与不幸的哲理高度，表达了作者乐观旷达的人生态度和对生活的美好祝愿、无限热爱。

细节22 语言胎教：经典童话故事《露珠与绿叶》

野花丛中，有一座小小的彩色玻璃房子，房子里住着美丽的露珠姑娘。露珠姑娘特别怕晒太阳，可是她的房子是玻璃的，一点儿也挡不住太阳光。露珠姑娘只好请求狗尾巴草，她说："狗尾巴草，请你帮我的玻璃房子遮遮阳光好吗？"狗尾巴草此时正同一朵漂亮的雏菊正在热恋中，雏菊娇滴滴地说："哎，天真热。"狗尾巴草赶快弯下腰说："来，我给你扇扇。"他卖力地挥动叶片给雏菊扇风。听见露珠姑娘的请求，狗尾巴草头也不抬地说："哎，真对不起哦，我很忙，没法儿帮你遮太阳，你最好找鸢尾草姐姐帮忙吧。"露珠姑娘只好去找鸢尾草，鸢尾草姐姐正在化妆，等会儿蝴蝶小姐要来拜访她，蝴蝶小姐是尊贵的客人，她没工夫来帮助露珠姑娘。

太阳光越来越强烈，露珠姑娘的玻璃房子被晒得发烫。哎呀，不好啦，露珠姑娘住在发烫的玻璃房子里呼吸困难起来，她脸儿烧得通红，浑身抽搐。

紫花妹妹透过玻璃房子看见露珠姑娘的模样，她着急地举起自己全部的叶子为露珠姑娘遮挡阳光，可是紫花的叶子太纤细，遮挡不了太阳，她只好对狗尾巴、鸢尾和其他花草喊："别光顾你们自己呀，快帮忙伸出你们的叶片吧！"花儿草儿们听见喊

声，猛然醒悟过来，纷纷伸出一片绿叶，把叶片密密麻麻地盖在玻璃房子上，一片浓密的绿阴遮住了骄阳！露珠姑娘得救了，她缓过气来，感激地说："谢谢，谢谢大家！"从此，露珠姑娘的玻璃房子上有了一片绿阴，它由野花丛中不同的绿叶组成。

细节23 语言胎教：不断扩大对话的内容和范围

妊娠到8个月，不仅可以在7个月的基础上继续有计划地进行对话，还可结合实际生活中出现的各种事情，不断扩大对话的内容和对话的范围。

准爸爸妈妈可以把每个愉快的生活细节讲给胎宝宝听，通过和胎宝宝共同生活、共同感受，增进准爸爸妈妈与胎宝宝之间的感情，并且为今后智力发展打下基础。使胎宝宝对准爸爸妈妈和其他人有信赖、安全感，增强他适应生活的能力，使他感到幸福。

此外，孕妈妈面对即将来临的分娩，可以主动和胎宝宝进行沟通。比如可以告诉胎宝宝："我的小宝宝，不久以后你就要出来了，妈妈好盼望这一天。你一定很想见妈妈了，是吗？"或者与准爸爸一起对胎宝宝说："爸爸妈妈已经做好了迎接你诞生的准备，外面的世界很美丽，你一定会喜欢的！"等等。

对话胎教法的好处在于能够将你的情绪、思想、语言传达给腹中的胎宝宝，所以建议你多去关爱胎宝宝，多思考、多学习、多与他说说话，千万不要懒惰或经常情绪不好。否则，你将来的宝宝会有可能是一个怠惰散漫、思考能力差、脾气暴躁的小宝宝。

细节24 语言胎教：给胎宝宝读《飞不走的蝴蝶》

妈妈，蝴蝶是飞不走的，你的斜条纹的衣裙，没有洒上我们伊里亚那人梦中的香水，但是，妈妈，蝴蝶是不会飞走的。

你的慈爱是圣那安露一片低缓的谷地上，静默开放着的天竺花，当风吹来又逝去的时候，你就只有沉默了；当一群黄莺匆匆忙忙地摇振翅翼，你就只有孤独了；而当一只有油画颜色的蝴蝶飞进你的柔情，妈妈，你的眼睛像风岛上明亮的灯光。

你曾对父亲说，要给所有的人以爱，他纠正说：不，是慈爱。那以后不久，你就拥有一位带着克朗镇风味的女儿。

记得你叫过我猫咪，我叫一声就跑开了；你还叫过我法绒犬，后来，我真的像犬一样地独自在家园外遥远的路途上逡巡。

妈妈，那一次的外出好险呵，我刚刚读完一篇《为爱喝彩》，结果，在傍晚，你和父亲几乎和夕阳一道找遍整个地球。

深夜，你又重新唱起了歌，“飞走的蝴蝶呵，留下一片花园在悲怆。”

妈妈，想起因年轻而萌发的草率，即使你不是温馨的花园，我却已经是一只懂事的蝴蝶，一只再也飞不走的蝴蝶。直到你枯萎，直到我变成空气中一粒微不足道的尘埃，我也是伊里亚那那一座叫做安妮的花园里一只飞不走的蝴蝶。

——玛丽·格丽娜（美国）

细节25 语言胎教：品读徐志摩的《再别康桥》

“悄悄的我走了，正如我悄悄的来；我挥一挥衣袖，不带走一片云彩。”《再别康桥》是一首优美的抒情诗，宛如一曲优雅动听的轻音乐。

1928年秋，作者再次到英国访问，旧地重游，勃发了诗兴，将自己的生活体验化作缕缕情思，融化在所抒写的康桥美丽的景色里，也驰骋在诗人的想象之中。孕妈妈今天的胎教内容就是为胎宝宝读这首抒情的诗。

全诗以“轻轻的”、“走”、“来”、“招手”、“作别云彩”起笔，接着用虚实相间的手法，描绘了一幅幅流动的画面，构成了一处处美妙的意境，细致入微地将诗人对康桥的爱恋，对往昔生活的憧憬，对眼前的无可奈何的离愁，表现得真挚、浓郁、隽永。诗人闻一多20世纪20年代曾提倡现代诗歌的“音乐的美”、“绘画的美”、“建筑的美”，《再别康桥》一诗，可以说是“三美”兼备，堪称徐志摩诗作中的绝唱。所以，在胎教选文中，此文是最佳读本之一。

细节26 语言胎教：讲给宝宝听《牡丹仙子的传说》

很久以前，东海龙王有位漂亮的四公主，四公主很想给家乡做点好事。她听说王母娘娘栽有牡丹花，就想去学栽花，将来好让父老乡亲都能看到牡丹花。老龙王觉得女儿很有志气，就带她到天上去见王母娘娘。哪晓得，王母娘娘说牡丹是仙花，不能给凡人栽。要学栽牡丹也可以，学会后只能留在天庭。四公主想了想，就留下来了。

在护花神的监视下，四公主来到牡丹园。一位老花工看她聪明好学，就仔仔细细地教她种牡丹。转眼两年过去了。四公主已学会了怎样栽种、照看牡丹了。一天，她不顾王母娘娘的禁令，趁护花神打瞌睡的时候，偷偷带着牡丹花种子，溜出南天门。她驾着祥云，刚降到天彭门上空，忽然看到从鹞子岩上栽下去一个人。她急忙赶去轻轻托住他。很巧，栽下岩的就是天彭外关口场上的种花郎金娃。原来金娃听说牡丹花很好看，只是天上有，地上没有。他不相信，就翻山越岭到处找，不小心踩滑脚从鹞子岩上栽下。四公主说："金娃哥，不要找了，我就是专门送牡丹花种来的呀。"金娃一听，又惊又喜，两人很快开出块地，种上牡丹。种好后，只见四公主用水袖一扇，牡丹一下就发了芽；两扇，立即长了一尺多高；三扇，竟开出了一朵朵瓢样大红的、黄的、白的、紫的、黑的、碧绿和天蓝色的花来。后来，这座山就叫做丹景山，这块地就叫牡丹坪，这些花就叫天彭牡丹花了。

护花神醒来一看，四公主不见了。吓得赶紧跑去找王母娘娘，娘娘脸都气白了，叫人把四公主抓回来打入冷宫。金娃知道四公主回不来了，忍着悲痛，花了几年时间，在山上栽种牡丹花，圆了四公主的心愿，从此，天彭牡丹便在民间传种开了。

细节27 美育胎教：向胎宝宝传达美的感受

到这个月份，胎宝宝初步的意识萌动已经建立，所以，对胎宝宝心智发展的训练可以以比较抽象、立体的美育胎教法为主。

这个月的美育胎教要求孕妈妈通过看、听、体会生活中一切的美，将自己的美的感受通过神经传导输送给胎宝宝。孕妈妈要阅读一些优秀的作品，欣赏优美的图画。要选择那些立意高、风格雅、个性鲜明的作品阅读，尤其可以多选择一些中外名著。孕妈妈在阅读这些文学作品时一定要边看、边思、边体会，强化自己对美的感受，这样胎宝宝才能受益。

多听美妙的音乐，经常和邻居朋友聊天，多帮助别人，多和品行好的人接触，让胎宝宝体会人们之间的和谐、友爱与温馨。

如果孕妈妈本身就对美术感兴趣的话，此时还可以看一些著名的美术作品，比如中国的山水画、西方的油画，在欣赏美术作品时，调动自己的理解力和鉴赏力，把美的体验传递给胎宝宝。

细节28 美育胎教：适合胎教的绘画作品

不要选择难以理解的抽象画，最好选择便于欣赏的风景画，或者色泽温和明快、内容健康向上的绘画作品。不规则、模糊的线条给人以不安感，应该尽量避开。“印象主义画派”的作品基本上满足了胎教绘画的要求。莫奈、马奈、雷诺阿、尚塞、德加等印象派画家的作品具有色彩明亮、光线充足的共同特征。这些绘画作品不仅能使胎儿拥有丰富的情感，还能有效地刺激胎儿的视觉。

令人心绪平和、宁静的作品：如拉斐尔的《西斯廷圣母》，毕加索的《母爱》和《梦》，雷诺阿的《少女画像》，以及运用艳丽的色彩和丰富的想象力描述故乡、家庭和睦的夏加尔的作品。

珍爱家庭的作品：如表达对妻子深情的伦勃朗的《犹太新娘》、慕里略的《神圣家庭》。

颂扬母爱的作品：如莫莉索的《摇篮》，描述维纳斯诞生瞬间的神秘与美丽的波提切利的作品《维纳斯的诞生》。

细节29 美育胎教：观赏不朽的经典《天鹅湖》

美丽的公主奥杰塔在森林湖畔嬉戏，一个本是怪鸟变成的魔王罗特巴尔特，施展魔法将公主奥杰塔变成了一只天鹅。王子齐格弗里德的成年之日，母后要为王子举行选妃舞会，王子闷闷不乐，忽见一群白天鹅掠过天空，王子随即持弓尾随来到湖畔，正要向一只头戴皇冠的白天鹅举弓射击，奥杰塔缓缓地站起掸理着羽翼向王子哀诉委屈。在小提琴与大提琴交替重奏的抒情乐曲中，奥杰塔与王子跳起了大段慢板的双人舞，王子对公主深表同情并产生了爱情。王子向公主起誓，要以纯真的爱情战胜魔法，让公主恢复人形。在选妃的舞会上，各国来宾相继跳起了各国民族舞蹈。魔王为了破坏王子与奥杰塔的誓约，将自己的女儿变成黑天鹅，假冒公主闯进宫来，以妖媚的舞蹈诱惑王子，两人跳起了著名的黑天鹅双人舞。魔王以为王子已经中计，一阵狞笑。霎时间天昏地暗，奥杰塔绝望地从窗外天空飞过，王子方知受骗，不顾一切与魔王展开了殊死的搏斗。最终，纯真的爱情战胜了邪恶，魔王被诛，公主和所有变成白天鹅的姑娘都恢复了人形，与王子欢欣起舞，迎着晨曦庆幸新生。

细节30 美育胎教：欣赏书法《上阳台帖》

《上阳台帖》为李白书自咏四言诗，也是其唯一传世的书法真迹。孕妈妈可以在许多书法集粹上看到它的影踪。李白生活于盛唐，有诗仙的美誉。他为人洒脱飘逸，正谓字如其人，《上阳台帖》用笔纵放自如，快健流畅，于苍劲中见挺秀，意态万千。结体亦参差跌宕，顾盼有情，奇趣无穷。

帖后有宋徽宗赵佶一跋，跋文为："太白尝作行书，乘兴踏月，西入酒家，可觉人物两望，身在世外……字画飘逸，豪气雄健，乃知白不特以诗鸣也。"元代张晏跋曰："谪仙（李白）尝云：欧、虞、褚、陆真奴书耳。自以流出于胸中，非若他人极习可到。观其飘飘然有凌云之态，高出尘寰得物外之妙。尝遍观晋、唐法帖，而忽展此书，不觉令人清爽。"由此可知，"诗仙亦有传世作，诗书双绝留人间"。

看着如此飘逸的作品，孕妈妈是否可以感受到浓浓的书卷气息扑面而来，那么，此次胎教的目的就达到了。

细节31 光照胎教：调节胎宝宝昼夜节律

孕8个月应该继续对胎宝宝进行光照胎教，当胎宝宝醒觉（胎动）时，用手电筒的微光一闪一灭地照射孕妈妈腹部，以调节胎宝宝昼夜节律（夜间睡眠，白天觉醒），促进胎宝宝视觉功能及脑的健康发育。光照胎教可选择在每天早晨起床前与每晚看完新闻联播及天气预报之后进行，以便日后养成孩子早起床、晚学习的好习惯。

只要胎教方法得当，完全能够生出一位智力非凡的宝宝。但并非光线刺激胎宝宝，就一定会生出聪明的孩子。对胎宝宝而言，他最喜欢的亮度为透过母亲腹壁进入子宫的微弱光线。因此，在晴朗的日子到公园散步，既使得孕妈妈和胎宝宝吸收了足够的氧气，又为胎宝宝做了一次光照胎教，一举两得。

对将要出生的胎宝宝来说，适量柔和的光线和母亲温柔的声音，是一种极为舒服的刺激。

细节32 斯瑟蒂克胎教教程：胎宝宝学图形

胎宝宝现在要学的内容真不少呀！准妈妈不但要保持充分的精力，更要有蓬勃的学习兴致，因为你肚子里的宝宝，对新事物充满了期待呢！

今天要学习的是长方形。

准妈妈要将精力集中在图形上，同时正确读出“长方形”的音，重复多次，并用手指描摹图形的边缘。

将新学的图形视觉化并传递给胎宝宝之后，再和胎宝宝一起搜寻“长方形”的物品，“长方形的桌子”、“书本”、“卧室的门窗、“漂亮的包装盒”，可以将它们都找出来，用手一一感受，也可以闭上眼睛，用头脑回忆，重现相应的物品形象。

斯瑟蒂克的提示

给胎宝宝准备一套积木吧，既方便开展图形胎教，又能让宝宝在出生之后玩。

用积木做图形胎教的时候，可以把积木衬在浅颜色的纸上面，突出颜色对比，加强图形的视觉感受。

10月胎教细节同步指南

第十章　孕9月胎教细节：即将分娩，胎教不懈怠

本月生活建议

- 做一些有助于顺产的体操和呼吸法。
- 安排产前检查。
- 不要单独外出，若必须外出，则务必向家人交代行踪及一切联络事宜，并随身携带健康手册与卫生巾，以便发生紧急情况可以直接入院。
- 备妥住院生产所需用品及重要的证件，如健康手册、夫妻二人的身份证、社保卡等。
- 若发生不正常出血或早期破水，应马上前往医院待产，切莫拖延。
- 禁止出远门或者外出旅游。

本月胎教重点提示

预产期越来越近，孕妈妈不免会感到焦虑和紧张，主要是担心自己和胎宝宝会出现各种不测，以及害怕分娩。这个时期的胎教，准爸爸的角色特别重要，应加强对妻子的呵护，注意妻子的情绪，和她一起学习分娩知识，以平常之心来迎接分娩。

- 这是胎教的巩固时期，和前几个月相比，胎教内容可适当增加，胎教时间可适当延长。
- 帮助胎宝宝运动，和胎宝宝一起欣赏音乐。
- 继续坚持以往各项胎教内容。
- 呼唤胎宝宝，给他介绍每位亲人与朋友。
- 期盼新生儿的降临，以轻松的心态面对分娩。
- 临近分娩，准妈妈难免紧张和担心，此时不妨做一些放松身心的活动，比如唱歌、绘画、看电影等，这样既能消除消极情绪，又能起到胎教的作用。
- 不要劳累过度，为分娩保存体力。

本月运动胎教重点提示

- 每天至少散步20～30分钟。
- 若情况许可，可经常上下楼梯，以锻炼会阴部肌肉弹性及收缩力，有助产程顺利进行。
- 严格禁止性生活。

本月营养胎教建议

- 适当摄取富含B族维生素、维生素C、维生素E、维生素K的食物，有助于分娩。

- 准妈妈应少吃多餐，以多营养、高蛋白为主，限制动物脂肪和盐的过量摄入，多吃富含微量元素和维生素的食物，多喝水。
- 宜多吃蔬菜、水果、低盐及高蛋白食物。
- 睡前尽量避免饮用含咖啡因的饮料，如汽水、咖啡、茶，而且也不要喝过多的水或汤，晚饭要少吃，有利于睡眠，补充充足的精力。
- 海藻类是富含无机盐的低热量食物，如海苔、海带、裙带菜和羊栖菜，应适当多吃。
- 饮食要荤素搭配，适当补充碳水化合物。

本月准爸爸胎教要点

- 这个时期的胎教，准爸爸的角色特别重要，应加强对妻子的呵护，注意妻子的情绪，和她一起学习分娩知识，以平常之心来迎接分娩。
- 经常抚摸准妈妈的腹部，告诉胎宝宝外面世界的各种新奇事物。
- 此时的准妈妈容易懒散，不爱动，准爸爸要调动准妈妈运动的积极性，不妨陪她多散步。
- 准爸爸要在准妈妈的心理上有所支持，不要给准妈妈生男生女的压力。

本月常有的不适症状

- 可能会出现腹胀、出血、水肿。
- 可能会出现妊娠中毒症等症状。
- 可能会出现漏尿现象。
- 可能会出现阵痛、宫缩、破水、见红等分娩征兆。

职场准妈妈胎教要点

- 准备休产假。
- 把自己的工作处理完。
- 做好工作交接。
- 产假期间与公司保持正常联系。

本月胎教禁忌

- 临产前的胎教也很重要，千万不能放松，生活起居还是要有规律。
- 端正身心，注意平时的看、坐、听、站、睡、吃等各方面的行为。

细节1 行为胎教：将胎教进行到底

孕晚期，孕妈妈动作常常会很笨拙、行动上也不方便。许多孕妈妈因此而放弃孕晚期的胎教训练，这样不仅影响到对胎宝宝前期训练的效果，而且影响孕妈妈的身体与生产准备。因此，在孕晚期孕妈妈不要轻易放弃自己的运动以及对胎宝宝的胎教训练。因为，适当的运动既可以减轻自己分娩的困难，又可以促进胎宝宝的运动平衡功能，增强胎宝宝体质。为了巩固胎宝宝在孕早期、孕中期对各种刺激已形成的条件反射，孕晚期更应坚持各项胎教内容。

胎教的方法前文已经介绍了很多，希望孕妈妈和准爸爸能继续坚持。对于夫妻双方或孕妈妈来说，从始至终坚持胎教都不是件容易的事情。但有理由相信，每对计划要小孩的夫妻，都会为了自己的孩子付出爱、耐心与时间，别人能做到的事情，你们也一定能做到。

孩子的聪明与智慧与怀孕时的胎教有关，但这不是唯一的因素！您若认可并接纳胎教的理论、内容与方法，就应该坚持下去。

细节2 行为胎教：暂时和性爱说再见

经历了好几个月的孕育，妊娠到了最后的关键时刻，这个时期也是宝宝容易发生危险的时期，怀孕晚期的性生活也成了一个值得关注的问题。

在孕8个月以后，孕妈妈的肚子突然膨胀起来，腰痛，身体懒得动弹，性欲减退。此阶段胎儿生长迅速，子宫增大很明显，对任何外来刺激都非常敏感。夫妻间应尽可能停止性生活，以免发生意外。若一定要有性生活，必须节制，并注意体位，还要控制性生活的频率及时间，动作不宜粗暴。这个时期最好采用丈夫从背后抱住孕妇的后侧位。这样不会压迫腹部，也可使孕妇的运动量减少。

尤其是临产前1个月或者3星期时必须禁止性交。因为这个时期胎儿已经成熟。为了迎接胎儿的出世，子宫已经下降，子宫口逐渐张开。如果这时性交，羊水感染的可能性更大。经调查证实，在产褥期发生感染的妇女，50%在妊娠的最后1个月性交过。如果在分娩前3天性交，20%的妇女可能发生严重感染。感染不但威胁着即将分娩的产妇安全，也影响着胎儿的安全，可使胎儿早产。而早产儿的抵抗力差，容易感染疾病。即使不早产，胎儿在子宫内也易受到母亲感染疾病的影响，使身心发育受到影响。

对于丈夫来说，目前是应该忍耐的时期，只限于温柔地拥抱和亲吻，禁止具有强烈刺激的行为。为了不影响孕妇和胎儿的健康，夫妻间不但要学会克制情感，而且最好分床睡，以免不必要的性刺激。

专家提示

假性宫缩别紧张

如果孕妈妈长时间用同一个姿势站或坐，会感到腹部一阵阵地变硬，这就是假宫缩。假宫缩也叫迁延宫缩，无规律，每次持续的时间也不尽相同，几分钟到十多分钟都有可能。尤其在孕妈妈感觉疲劳或兴奋时，更易出现这种现象，在产前2～3周内会时常出现，是临近分娩的征兆之一，但与真正的产前有规律的宫缩不同，所以也称之为假宫缩。而在临产前，由于子宫下段受胎头下降的牵拉刺激，假宫缩的情况会越来越频繁。如果上述症状仅是偶尔出现，并且持续时间也不长，也没有阴道流血的现象，就不必紧张，多为正常。如果上述现象频繁出现，间隔时间较短，并且出现明显的腹痛、阴道流血等现象，就要及时到医院就诊，以免发生意外。

细节3 行为胎教：坚持每周体检一次

越到临产，检查越频繁，大约一周一次。这时孕妈妈的心要细致再细致，密切观察，随时注意自己的身体有什么“风吹草动”。

从怀孕第37周开始，孕妈妈每周要做一次胎心监护，借助仪器记录下瞬间的胎儿心率变化，这是了解胎动、宫缩时胎心反应的依据，同时可以推测出宫内胎儿有无缺氧。仪器的屏幕上有胎心和宫缩的相应图形显示，孕妈妈可以清楚地看到自己宝宝的心跳。另外还有一个按钮，当孕妈妈感觉到胎动时可以按压此按钮，机器会自动将胎心记录下来。如果孕妈妈有合并症或并发症，最好从怀孕第28～30周开始做胎心监护。

通常情况，孕妈妈需要选取一个让自己最舒服的姿势，比如半卧位或是坐位进行胎心监测，胎心监护进行20分钟，如果20分钟内胎动次数超过3次，每次胎动时胎心加速超过15次/分，并且没有太过频繁的宫缩出现，表明胎宝宝很健康。胎心过快或过慢都是有问题的表现，但是一般性的伴随胎动的胎心过快不能说明胎宝宝出现了什么问题，往往是胎心过慢的风险更大，提示胎宝宝在宫内的储备减少，面临缺血缺氧的危险，需要医生及时予以处理。

在提供了静脉血、指血之后，孕妈妈还得贡献出一点耳血，以检测其体内激素水平是否在正常范围内，从而间接地了解胎盘功能是否正常。

确认胎位是临产前很重要的一项检查，医生会告诉你胎儿是头位（头先露）、臀位（臀先露），还是其他异常胎位。这是确定孕妈妈自然分娩还是手术助产的重要依据。

在38周以前，如果阴道有流水现象，哪怕是一点点的水也不正常，这说明羊膜破裂羊水流出，就是俗称的“早破水”。通常，“早破水”后胎儿在12～24小时左右就会出生。如果阴道断断续续地有少量的水流出，持续几天或更长时间，胎儿在失去了完整的羊膜保护的状态下，受感染机会较多，脐带也容易脱垂，死亡率较高。所以，一旦出现这种情况，要平躺并立即上医院。

孕妈妈对胎动异常要特别警觉。一般从怀孕第28周开始数胎动，直至分娩。正常状态下，12小时胎动应在20次以上。假如少于这个数目，或晚上1小时的胎动数少于3次，表明胎儿可能会有情况。12小时胎动数少于10次，或晚上1小时内无胎动，表明胎儿在子宫内有可能缺氧。在最初感觉缺氧时，小宝贝会在妈妈子宫里拼命挣扎，胎动数剧烈上升，随着缺氧的继续，胎儿活动强度明显变得越来越弱，数量越来越少。这些都是危险的信号，无论出现哪种症状，都应立即去医院检查。

细节4　行为胎教：亲手为宝宝做件肚兜

传说中，肚兜是天地混沌初开之时，女娲和伏羲兄妹二人在漫天洪水以后通婚，生儿育女，创造的人类最初的服饰，是用来遮掩人体之羞的。

小孩肚兜的外面用料多为红布，成人多为黑布，里子多用白布。肚兜的布料以丝品居多，正、背面的布料颜色大多一致，颜色有白、红、粉红、蓝、浅蓝、浅绿、浅黄、黑等。肚兜的面上常有图案，有印花有绣花，印花流行的多是蓝印花布，图案多为"连生贵子"、"麒麟送子"、"凤穿牡丹"、"连年有余"等吉祥图案。绣花肚兜较为常见，刺绣的主题纹样多是中国民间传说或一些民俗讲究。如刘海戏金蟾、喜鹊登梅、鸳鸯戏水、莲花以及其他花卉草虫，大多是趋吉避凶、吉祥幸福的主题。

1.用家里废弃的T恤衫或者是旧衬衫，最好是纯棉的质地，这样宝宝穿上之后不会不舒服。拆下衣服的后半片，把它剪成一个正方形，边长大约等于宝宝肩膀到膝盖的距离。如果宝宝比较胖，可以剪得再大一点。

2.把其中的一个角折下来，让这个角的顶点恰好落在布片的中心点。然后在新折出的边上两端的位置缝上两根丝带。

3.在与缝有带子的一边相邻的两条边的中点再分别缝上两条带子。

4.用剪刀从与刚刚折过的角相对的一个角的中间剪开，剪到正方形中心的位置。再把剪开的这个角的两部分分别与它们相邻的两个角相对起来缝上。

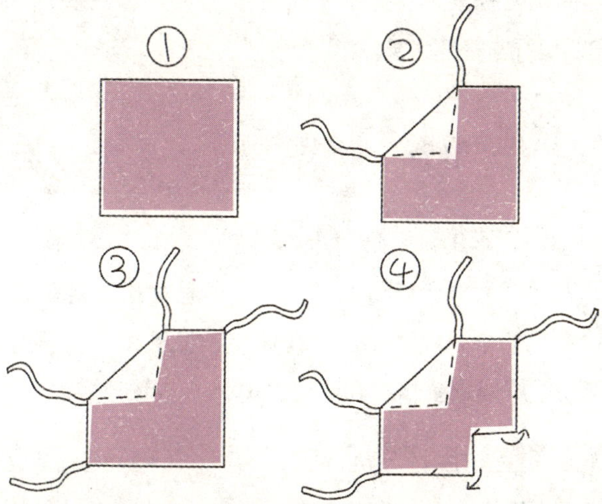

细节5 情绪胎教：孕妈妈的心理体操

体操第1节：布置一个温馨的环境。你可适当添一些婴儿用的物品，让那些可爱的小物件随时提醒你，一个生命即将来到你的身边。

体操第2节：通过语言传递心声。每天你只要花几分钟的时间同胎宝宝说几句悄悄话，比如“宝贝，我爱你”，“你知道吗？我是你的妈妈”等等。

体操第3节：接受音乐的洗礼。我们都知道音乐不仅能促进胎宝宝的身心发育，对孕妈妈本身也能起到一定的放松作用。每天花二十分钟静静地接受音乐的洗礼吧。

体操第4节：与幽默亲密接触。笑是人生极大的生活享受。你不妨多多为自己创设能使自己开怀大笑的机会。欣赏喜剧，看一些幽默、风趣的散文和随笔，你还可以收集一些幽默滑稽的照片，每天欣赏一次。

体操第5节：记心情日记。每天都写上一段日记，记录一下你每天的心情，这是一份长久的纪念。

准爸爸帮孕妈妈一起做心灵体操，效果才更好！例如：准爸爸有意识地收集一些笑话、好玩的趣闻，在餐桌上发挥一下他的喜剧才华，让孕妈妈经常开怀大笑。

细节6 情绪胎教：准爸爸给孕妈妈心理支持

准爸爸要知道，孕9月距预产期越来越近，孕妈妈既有宝宝即将出世时的兴奋和愉快，又有即将面对分娩时的紧张。准爸爸如果发觉孕妈妈在情绪上有这方面的倾向，就要帮助孕妈妈，让她始终保持一种平和、欢乐的心态。下面介绍一下准爸爸在帮助孕妈妈调整情绪和心理的时候，应该注意的两个问题。

准爸爸要调整好自己的心态

分娩不只是孕妈妈一个人的事情，也和准爸爸息息相关。有些准爸爸没有做好自己即将成为新爸爸的心理准备，结果在孕妈妈临产前和分娩的时候手忙脚乱，不但不能给孕妈妈有效的心理支持和安慰，反而加大了孕妈妈的心理压力，让孕妈妈烦恼、担心不已。所以，准爸爸一定要学习有关临产的知识，让自己对孕妈妈即将临产时会出现哪些状况，及应对办法有个基本的了解，以便在孕妈妈真正临产的时候冷静地处理各种可能出现的问题，给孕妈妈最大的心理支持。

让孕妈妈了解产痛的意义

准爸爸要利用自己掌握的有关分娩的知识，让孕妈妈了解产痛的意义，消除产痛对孕妈妈的负面影响。

专家提示

女性怀孕时，由于体内激素和内分泌的变化，会使脸上斑点的色素加深或长出斑点。此时，孕妈妈不宜使用祛斑产品。因为有些祛斑产品中含有汞，对皮肤的伤害较大，长期使用对神经、消化等系统有严重危害。汞还可以通过胎盘对胎宝宝的健康产生危害，导致胎宝宝中枢神经系统发育异常。这些斑点分娩后大部分可以自行消退。因此，建议等生完孩子，体内激素分泌正常以后再用祛斑产品也不迟。

细节7 情绪胎教：做好分娩的心理准备

“十月怀胎，一朝分娩”。孕妇此时的心情是十分复杂的。既对即将到来的分娩和即将迎来的小生命感到十分的好奇和惊喜，又对马上要面对的漫长的产程、难忍的产痛、可怕的出血以及产程中可能出现的问题感到恐惧和不安，并且对自己能否顺利地度过产程、新生儿是否健康等抱怀疑的态度。凡此种种，均是不良的心理状态。分娩前是否具有充分的、正确的心理准备，是关系到能否顺利地分娩、生育健康的新生儿、避免分娩损伤的大事，应做好以下几点：

参加产前学习班，掌握分娩常识

如果条件允许，夫妇双方应共同参加医院举办的孕妇学校。一起学习分娩的相关知识，了解临产的征兆，分娩的全过程，分娩的不同方式，缓解疼痛的方法，分娩中紧急情况的处理，新生儿的特点及护理等知识。这对于缓解分娩前的紧张和恐惧是很有帮助的。

学习班中还会讲授实用的分娩中的呼吸运动、体位调整以及减轻疼痛的方法。并且，现今的孕妇学校，已有别于老式的单纯讲课的模式，有些孕妇学校可以让孕妇及其家属参观住院病房、待产室、产房、新生儿沐浴室等，使得孕妇更早地熟悉医院的环境，尽快适应，以消除紧张情绪。

充分相信医生、医院，树立分娩信心

有些孕妇担心分娩时疼痛，也害怕宝宝不能顺利出生，就盲目要求剖宫产，这是不必要的，应该认识到阴道分娩是一个正常的生理过程，而剖宫产仅仅是应付难产的补救措施。如果孕妇骨盆大小正常、胎儿大小适中、胎位正常、无产科并发症和其他疾病，阴道分娩是完全可行的。应当消除不必要的顾虑，放下年龄的包袱，坦然地面对分娩的考验，树立必胜的信心。同时也要认识到分娩中的风险和困难，应充分地信任医院设施和条件及医生的医德和医术，与医生充分地沟通，密切配合，就一定能够使母婴平安。

积极调整心态，主动配合分娩

分娩是一个艰难而又痛苦的历程，只有抱有积极、乐观的心态，主动与医生、助产士、儿科医生配合，才能顺利度过漫长的产程。在产程刚开始的时候，要注意休息，努力进食，避免喊叫，为接下来的产程积蓄能量，保存体力。在第二产程中，要主动屏气用力，配合宫缩，顺利娩出胎儿，避免产道损伤。在第三产程中，配合宫缩，娩出胎盘，避免产后出血。

细节8 情绪胎教：树立自然分娩的信心

分娩是人类繁衍过程中的一种正常生理过程，是人类的一种本能行为，母亲和胎儿都具有天生的潜力主动参与并完成分娩过程。从受精卵开始胎儿在母体内经历280天的生长发育逐渐成熟，而孕妇的身体结构也逐渐地发生变化，变得更有利于分娩，尤其是生殖系统的变化更为突出，为胎儿的降生做好充分的准备。比如骨盆各骨的关节活动度增大，韧带松弛，各骨会有轻度的移位，骨盆的容积增加，临产后子宫下段逐渐拉长、变薄，子宫颈管逐渐消失，宫颈口逐渐扩张，阴道变薄，阴道黏膜皱襞增多，极富伸展性。胎儿在分娩过程中也会主动参与，

比如胎儿在通过产道时，为适应骨盆各个平面不同的形状会做出一系列适应性的转动，以最小的径线通过产道。另外我们常会看到自然分娩的小婴儿头颅都拉长变形，有的头顶上边还有1～2个小包，医学上叫做产瘤，这些都是由于受产道的挤压胎头的颅骨变形，头皮水肿而形成的。也是胎儿为适应产道所做的努力，这样就使得大部分产妇都可以自然分娩。如果产妇妊娠已过期，胎儿头颅骨变硬，产程中不易变形，则有可能增加难产的机会。而准妈妈们也不必担心婴儿的这种头颅变形或水肿，出生几天后就会自然消退。

知道了以上这些母亲和胎儿天生的本领还不够，准妈妈们还要了解阴道分娩对自己和胎儿有哪些好处。如分娩过程中子宫有规律的收缩能使胎儿肺脏得到锻炼，使胎儿肺泡得到扩张，促进胎儿肺成熟，出生后很少发生肺透明膜病；胎头受宫缩和产道挤压，头部充血，可提高脑部呼吸中枢的兴奋性，有利于新生儿娩出后迅速建立正常呼吸；受宫缩和产道的挤压，胎儿呼吸道内的羊水和黏液被排挤出来，使新生儿患吸入性肺炎的机会大大减少；此外，母体内免疫球蛋白在自然分娩过程中可传给胎儿，剖宫产的胎儿缺乏这一获取抗体的过程，因而自然分娩的新生儿具有更强的抵抗力。而对母亲来说，自然分娩产后子宫复原更快，并且减少了产后出血。

细节9 环境胎教：家庭其他成员也有胎教责任

胎教不仅仅是未来父母的责任，家庭的其他成员，尤其是孩子未来的爷爷、奶奶、外婆、外公等人也将在胎教中起到重要作用。

一些老人，尤其是爷爷、奶奶往往希望生一个小孙子，而不想要孙女。这样，就给孕妈妈带来了一定的精神压力，甚至造成心理障碍，以至影响母腹中胎宝宝的发育。

还有一些老人，往往是孕妈妈的母亲或婆婆，总是滔滔不绝地介绍自己当年的亲身感受和经验。甚至把一切说得困难而又痛苦。这对于孕妈妈来说无疑是一种不良刺激，甚至使她产生条件反射，从而导致一场痛苦而又沉闷的妊娠和分娩。这同样会给胎宝宝造成极为不利的影响。

此外，还有一些老年人，认为孕妈妈现在变得又懒惰又娇气，这对于孕妈妈来说是一种不良刺激，往往是给孕妈妈原本就烦躁不安的情绪火上浇油，甚至发生口角，进而殃及胎宝宝。

家庭其他成员应共同努力为孕妈妈营造一个宽松的生活环境，多体谅、关心孕妈妈，使胎宝宝在祥和的气氛中健康地成长。

细节10 环境胎教：安排好坐月子的家居环境

对孕妇来说，除了安全的分娩外，产后的“月子”也是非常重要的。“坐月子”在中国历来十分受重视，并认为如果在“月子”中落下病，一辈子都好不了。虽然这样的说法过于夸张，但足以说明产后恢复与新生儿护理的重要性，而这其中，环境是非常重要的因素。因此应注意以下几点：

“坐月子”的房间最好朝南，应避免朝北

因为南向的房屋一般阳光充足，温暖而不潮湿，这对于产后母亲的伤口恢复、身体的调养、钙质的吸收、防止产后抑郁和避免新生儿佝偻病都很有好处。产后妇女体质一般比较虚弱，并且由于分娩后体内激素水平的突然降低，使得情绪非常不稳定，甚至可能患产后抑郁症。而阳光充足、温暖、舒适的房间会使妇女产后心情愉快，加快体力的恢复和伤口的愈合。此外阳光中的紫外线还可使皮肤中的脱氢胆固醇转化为维生素D，促进钙、磷的吸收和利用，有预防产后骨质疏松和新生儿佝偻病的作用。

“坐月子”的房间以楼房为宜，应避免平房

一般来说，楼房相对条件较好，比较清洁、干燥，卫生条件较好，有很好的空气流通。这对产后母亲的身体恢复，伤口的护理，避免母婴感染和交叉感染很有益处。此外，楼房多有独立的淋浴间，可提供产后母亲和新生儿沐浴的条件。孕妇生产后因要排出体内于孕期潴留的水分，加之产后体质虚弱，哺乳时的体力消耗，出汗非常多。而且，产后恶露要延续很长时间，因此经常的淋浴是必不可少的。对于新生儿来说，脱离了母体熟悉的环境以及为了表达他的生理需求，会经常哭闹，并且，新生儿新陈代谢旺盛，因此会有很多的汗液、呕吐物、代谢物混积在身上，如不及时清洗，会刺激婴儿娇嫩的皮肤，甚至有可能造成严重的感染。因此，新生儿更应每日洗澡。

环境的布置应温馨舒适，色彩明快。产妇分娩后精神和身体都已经很疲惫，而温馨舒适的环境，明快的色彩，会使产妇心情愉快，得到放松，对新生儿也有安定的作用。

细节11 环境胎教：与海豚成为好朋友

海豚属哺乳纲、鲸目。齿鲸亚目之海豚科，目前世界上共有近62种，分布于各大洋系。海豚喜群聚生活，有着惊人的听觉和超声波回声定位系统，具有高超的游泳和潜水本领。海豚的大脑，是迄今所有动物中除人类外最为发达的大脑。

海豚声音有益胎宝宝大脑发育

据研究发现，海豚能发出2千~10万赫兹（甚至30万以上）不等的高频超声波，这种声波能大大激活人脑中处于“休眠状态”的神经元细胞，这对于处在发育期的胎宝宝的中枢神经系统来说，都具有良好的促进作用和医疗价值。另外，据秘鲁科学家发现，海豚发出的超声波叫声能够刺激胎宝宝的脑部发育，元气十足的海豚会借着超声波叫声刺激胎宝宝发育，尤其是还在子宫里的胎宝宝，脑部运动会因此而更灵活。不仅如此，海豚还可以感知到肚子里的胎宝宝，甚至还能辨别胎宝宝的性别呢。不仅海豚的声音招胎宝宝喜爱，而且海豚的样子也非常可爱，再加上又聪明有灵性，对人类特别友善、耐心、容易接近，因而很多人都喜欢到海洋馆去看海豚表演。

如何进行海豚胎教

准妈妈理想的海豚胎教疗法，应当是让海豚贴近准妈妈的肚皮，听其发出的悦耳的叫声，或一起与海豚共游、嬉戏、玩耍。海豚喜欢而且能跟胎宝宝进行心灵沟通，因为海豚是一种极聪明和具有高等思维能力的动物。准妈妈可以在准爸爸的陪同下去海洋馆里参观海豚表演，如跳跃、钻套圈、芭蕾舞等，以及听海豚们“唱歌”，和可爱的海豚进行友好的互动，如伸手抚摸海豚的吻端和皮肤，这些都是非常好的胎教法。

细节12 营养胎教：多吃海洋食物

在这个月里，建议孕妈妈多吃一些营养丰富的海洋食物。它们富含脂肪、胆固醇、蛋白质、维生素A和维生素D，胎宝宝的眼睛、皮肤、牙齿和骨骼的正常发育与此密切相关。海鱼中含有大量的鱼油，这种鱼油具有利于新陈代谢正常进行的特殊作用。海鱼还可以提供镁、铁、碘等丰富的矿物质，它对促进胎宝宝生长发育有良好的作用。

除此之外，海洋动物食品还具有低热量、高蛋白的特点。对于高脂肪的海洋动物食品，多吃是有益无害的。

细节13 营养胎教：孕9月禁忌的食物

孕妈妈怀孕期间，饮食也是有所禁忌的，其中一项就是忌随意进补。人们总喜欢食用一些热性食物和补品，如羊肉、狗肉、老母鸡、桂圆、人参等。但事实上这些食物并不适合给孕妈妈大量进补。中医认为“产前宜凉，产后宜温”，因为大部分女性在怀孕后阴血偏虚，内热较重，如过多食用性温、大热的食物，容易出现“火上加火”的情况，严重者会出现见红、腹痛等先兆流产和早产的症状。因此，孕妈妈在选择补品时，应根据自身的体质，切勿盲目进补。

临产时，产妇应进食高能量易消化的食物，如牛奶、巧克力糖及自己喜欢的饭菜，如果实在因宫缩太紧很不舒服，不能进食时，也可通过输入葡萄糖、维生素来补充能量。

细节14 营养胎教：饮食宜荤素搭配

到了孕9月，有些孕妈妈已经发现自己的体重增长过快，于是就拒绝吃荤菜。实际上，这种控制体重的方法并不科学，对胎宝宝的生长发育也是不利的。

吃荤菜有助于维生素的摄入

荤菜中油脂含量丰富，还能有效摄取维生素A、维生素D、维生素E、维生素K等，对维持孕妈妈体内的营养平衡大有好处。如果孕妈妈只吃素食，将影响人体对脂溶性维生素的吸收，造成人体维生素的缺乏，对健康十分不利。

食用荤菜可以补充牛磺酸

如果孕妈妈牛磺酸的摄入量过低，也会严重影响胎宝宝的视力发育。荤菜中大多含有一定量的牛磺酸，再加上人体自身也能合成少量的牛磺酸，因此正常饮食的人不会缺乏牛磺酸。但对于那些只吃素食不吃肉食的孕妈妈来说，由于需要牛磺酸的量比常人多，人体本身的合成能力又有限，加上全吃素食，极有可能缺乏牛磺酸。这就要求孕妈妈适量吃些荤食，以补充机体对牛磺酸的需求量。当然，我们提倡孕妈妈多吃素食，但是要注意荤素搭配，这样对胎宝宝的健康发育才能起到促进作用。

专家告诫那些只吃素食的孕妈妈，为了自身健康以及胎宝宝的正常发育，应适应食用些鲜鱼、鲜肉、鲜蛋、小虾、牛奶等含牛磺酸的荤食。

专家提示

吃饭时要细嚼慢咽

孕妈妈应尽可能地多咀嚼，做到细嚼慢咽，使唾液与食物充分混合。这样做能有效地刺激消化器官，促使其吸收更多的营养素，为孕妈妈及胎宝宝提供充足的营养成分。胎宝宝牙齿的质量与孕妈妈咀嚼节奏和咀嚼练习关系很大。因此，如果孕妈妈吃饭时习惯于“速战速决”，那么，为了自己和胎宝宝的健康，为了让胎宝宝摄取更多营养，从现在开始就要改变这个习惯，养成细嚼慢咽的好习惯。

细节15 音乐胎教：欣赏风格多样的轻音乐

音乐胎教的主要作用是通过悦耳怡人的音响效果对孕妈妈和胎宝宝听觉神经器官进行刺激，促使母体分泌出一些有益于健康的物质。而在孕9月，胎宝宝听觉器官发育得很完善了，音乐胎教除了能较好地增强胎宝宝大脑皮层及神经系统的功能，还能促进母体和胎宝宝产生共鸣，对胎宝宝全身各器官的活动形成有益的影响。

本月不妨听些轻音乐。轻音乐是一种赏心悦耳的音乐种类，让人轻松、舒服是它的主旨。它的曲目包罗万象：著名电影的主题曲和主题音乐、欧美各国的流行音乐、拉丁美洲和西班牙的爱情歌曲、法国歌曲、俄罗斯名曲、夏威夷的吉他曲、肖邦的音乐、日本风情的乐曲、圣诞乐曲乃至甲壳虫乐队的歌曲等。

细节16 音乐胎教：欣赏《f小调音乐瞬间》

《f小调音乐瞬间》是舒伯特1828年出版的《音乐瞬间》六首乐曲中的第三首，于1827年在格拉茨之旅归来后创作。

关于《f小调音乐瞬间》，流传着这样一个传说：有一天，舒伯特去一个朋友家做客。他看到了钢琴旁有一份乐谱，就顺手拿了起来。弹奏之后，对乐曲赞叹不已。后来他才知道，他弹奏的乐曲正是朋友记下的他本人即兴弹奏过的作品。

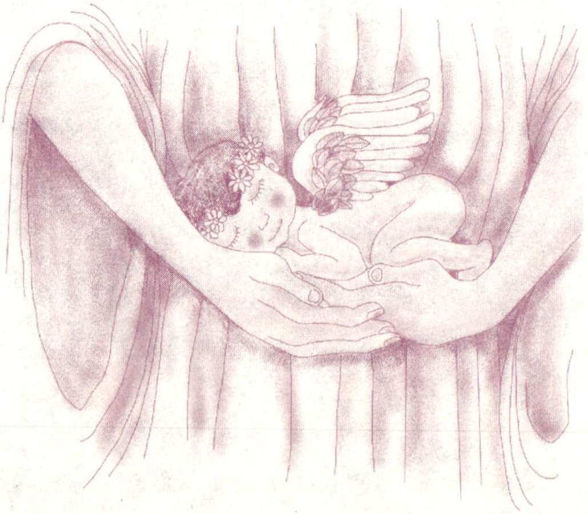

《f小调音乐瞬间》是一首天真纯洁、令人欣喜的曲子，曲风中带着民间舞曲的轻快活泼。总共有54小节，音乐形象比较单一。但在舒伯特巧夺天工的处理下，整首乐曲透露出宛若天成的自然美，可以称得上是玲珑剔透，精致小巧。

细节17 音乐胎教：学唱儿歌《打花巴掌》

《打花巴掌》是一首说唱风格的北京儿歌。歌曲为2/4拍，一段体，五声商调式，旋律欢快、流畅，有着浓郁的河北民歌的音调。

打花巴掌的，一月一，我们从小爱学习。提着篮子去采花，茉莉花呀海棠花，江西腊那个野菊花，采朵玫瑰花呀，采朵牡丹花牡丹花。

打花巴掌的，二月二，我们从小爱画画。提着篮子去采花，茉莉花呀海棠花，江西腊那个野菊花，采朵玫瑰花呀，采朵牡丹花牡丹花。

打花巴掌的，三月三，我们从小爱爬山。提着篮子去采花，茉莉花呀海棠花，江西腊那个野菊花，采朵玫瑰花呀，采朵牡丹花牡丹花。

打花巴掌的，四月四，我们从小爱写字。提着篮子去采花，茉莉花呀海棠花，江西腊那个野菊花，采朵玫瑰花呀，采朵牡丹花牡丹花。

……

孕妈妈可以和准爸爸一起边唱边做这个游戏，歌词可以随机编唱，为宝宝营造一个愉快欢乐的氛围。

细节18 音乐胎教：孕9月适合的乐曲

本月的胎教音乐，应选择轻松、柔和、舒缓、充满希望的音乐，以舒展孕妈妈的紧张情绪、减少孕妈妈的焦虑情绪，帮助孕妈妈做好生产的准备。

其中德国著名作曲家罗伯特·舒曼的钢琴套曲《童年情景》之《梦幻曲》、《让世界充满爱》、《我将来到人间》等，都是非常适宜这个月欣赏的胎教音乐曲目。

《梦幻曲》是《童年情景》中最脍炙人口的一支乐曲。它旋律柔美、浪漫，各声部完美的交融以及充满表现力的和声，刻画了一个梦幻般美丽的世界，表现了儿童天真、纯洁的幻想。

孕妈妈欣赏《梦幻曲》的时候，可以充分发挥自己的想象力，随着柔美平缓的音乐，进入到编织的美丽梦境中，“看见”期盼许久的可爱小宝宝向您走来，你可以“尝试”走上前去，拥抱他（她），亲吻他（她），向他（她）述说你的期盼，表达你和准爸爸无限的爱……

准爸爸可以牵着孕妈妈的手，一起去音乐厅或剧院听一场音乐会，进行音乐胎教。

细节19 音乐胎教：给胎宝宝唱《可爱的家》

宝宝就要来到人间了，你会体会到家的更深层的含义。

家是一种温馨，家是一种宁静。家不是房子的代名词，而是住在房子中的你、我、他相互之间的关心和牵挂。那么，就让爱天天住在你的家中，多一些宽容、理解，多一些关心、爱护。用爱精心打造的家，会让歌声围绕着家中的每个人。

听一听这首关于爱和家的歌吧！

“我的家庭真可爱，幸福美丽又安详，无论我在哪里，都怀念我的家。好像天上降临的声音，向我亲切召唤，我走遍海角天涯，总想念我的家。可爱的家，可爱的家，我走遍海角天涯，总想念我的家。”

这是一首英国的著名歌曲，歌曲中包含着对家的无限祝福。

唱这首歌时，需要注意气息的连贯，这样唱出的歌才能表达出那种意味深长的爱，那种爱不需要夸张和渲染，在悠扬的歌声中就能体会得到。

拿出爸爸妈妈儿时的照片，给胎儿讲讲儿时的趣闻和家里的亲人，让爸爸妈妈的爱感染胎儿。

细节20 音乐胎教：唱一唱《幸福拍手歌》

现在进入怀孕第9个月了，下个月，小天使就要来到人间跟你见面了。这个月结束时，胎宝宝将完全发育成熟。因此，你和准爸爸还有其他家人在这段时间都要围绕准备分娩这件事了。不过除了音乐外，建议你不要做过于复杂和劳累的工作。在这个时候，还是不要忘了和胎宝宝的互动和交流，《幸福拍手歌》是最合适不过了。

“如果感到幸福你就拍拍手（拍手），如果感到幸福你就拍拍手（拍手），如果感到幸福你就赶快拍拍手，我们大家一起拍拍手（拍手）。

如果感到幸福你就跺跺脚（跺脚），如果感到幸福你就跺跺脚（跺脚），如果感到幸福你就赶快跺跺脚，我们大家一起跺跺脚（跺脚）。”

如果感到幸福，你就唱起这首歌，如果感到幸福，你就感激腹中的胎儿吧，是他让你成为母亲，让你领略世间最美妙的情感。

越是临近分娩，音乐胎教的效果越好，所以，如果在离产期的最后10天依然坚持进行的话，你很可能会获得一个特别聪慧的宝宝，因为，胎儿的大脑在这段时期发育更快，音乐会唤醒他生命中的精灵。而且，音乐会让你气息平稳，心率更规则，有利于顺利分娩。

细节21 音乐胎教：欣赏《水上音乐》

《水上音乐》由著名作曲家亨德尔所作，以优美的旋律、轻巧的节奏而流传于世。音乐中有碧波荡漾的泰晤士河的韵味，朴实优美，富有个性。音乐虚实相辉，意境深远，节奏明快，旋律清晰，具有豪爽自信的气质。中间部分柔美抒情，木管和弦乐主奏，弦乐器清淡的音色与前后形成鲜明的对比。而在曲目的最后，又给人一种坦然自若、逍遥自在的感觉。

这首乐曲特别适合孕妈妈在疲劳时听，它虚实相辉的音乐和意境深远的画面能使工作了一天的孕妈妈尽快消除疲乏，充分体验轻松柔美的音乐境界。

细节22 语言胎教：经典童话故事《乌鸦喝水》

既然胎宝宝已经长大到可以聆听和感受到孕妈妈的声音和感情了，那不妨在这段时间多进行与宝宝听觉有关的语言胎教。孕妈妈睡觉之前躺在床上，或者平时坐在椅子上休息时，可以平静一下心情，让身心都处于宁静的状态，开始给胎宝宝讲故事，你可以想象着自己的胎宝宝在腹内津津有味地听自己讲故事。

在这种轻松的状态下，孕妈妈可以用娓娓动听的声音讲《乌鸦喝水》的故事：一只乌鸦口渴了，到处找水喝。乌鸦看见一个瓶子，瓶子里有水。可是瓶子里水不多，瓶口又小，乌鸦喝不着水。怎么办呢？乌鸦看见旁边有许多小石子，想出办法来了。乌鸦把小石子一个一个地放进瓶子里，瓶子里的水渐渐升高，乌鸦就喝着水了。

这样的小故事短小精悍，孕妈妈一边讲还可以一边问胎宝宝小问题，以达到沟通和互动的效果，把胎宝宝当作就站在你身旁的小人儿一样对待，相信，胎宝宝一定有兴趣听孕妈妈讲的故事。

细节23 语言胎教：经典童话故事《蚂蚁和蟋蟀》

在炎热的夏天，蚂蚁们仍辛勤地工作着，每天一大早便起床，紧接着一个劲儿地工作。蟋蟀呢？天天“叽哩叽哩、叽叽、叽叽”地唱着歌，游手好闲，养尊处优地过日子。每一个地方都有吃的东西，满山遍野正是花朵胜开的时候，真是个快乐的夏天啊！

蟋蟀对蚂蚁的辛勤工作感到非常奇怪。“喂！喂！蚂蚁先生，为什么要那么努力工作呢？偶尔稍微休息一下，像我这样唱唱歌不是很好吗？”可是，蚂蚁仍然继续工作着，一点也不休息地说：“在夏天里积存食物，才能为严寒的冬天做准备啊！”“我们实在没有多余的时间唱歌、玩耍！”蟋蟀听蚂蚁这么说，就不再理蚂蚁。“啊！真是笨蛋，干嘛老想那么久以后的事呢！”

快乐的夏天结束了，秋天也过去了，冬天终于来了，北风呼呼地吹着，天空中飘着绵绵的雪花。蟋蟀消瘦得不成样子，到处都是雪，一点食物都找不到。“我若像蚂蚁先生，在夏天里贮存食物该多好啊！”蟋蟀眼看就要倒下来似的，蹒跚地走在雪地上。一直劳动着的蚂蚁，冬天来了也不在乎。积存了好多食物，并且建好了温暖的家。

当蟋蟀找到蚂蚁的家时，蚂蚁们正快乐地吃着东西呢！“蚂蚁先生，请给我点东西好吗？我饿得快要死了！”蚂蚁们吓了一跳。“咦！你不是在夏天里见过面的蟋蟀先生吗？你在夏天里一直唱着歌，我们还以为你到了冬天会是在跳舞呢！来吧！吃点东西，等恢复健康，再唱快乐的歌给我们听好吗？”面对着善良亲切的蚂蚁们，蟋蟀忍不住留下欣喜的眼泪。

细节24 语言胎教：为胎宝宝读儿歌

此时，胎宝宝的听觉已经发育得很好了，对外界的声音也能做出反应。所以，此时孕妈妈给胎宝宝讲一些有意思的儿歌，对胎宝宝的语言发育非常有益，还能促进胎宝宝形象思维的发展。下面就为孕妈妈推荐几首简单易学，又对胎教有益的儿歌。

一二三四五，　松鼠有几只，
上山打老虎，　我来数一数，
老虎没达到，　数来又数去，
打到小松鼠，　一二三四五。

孕妈妈念这首儿歌，既能培养胎宝宝对数字的记忆能力，还能激发胎宝宝的语言发育潜能，为今后学习数学奠定基础。

排排坐、吃果果，
你一个、我一个，
宝宝不在留一个。

这首儿歌合辙押韵，还讲述了做人的道理，既可以刺激胎宝宝语言发育的潜能，又蕴含着品德教育。孕妈妈可一边给胎宝宝读儿歌，一边问胎宝宝“为什么给宝宝留一个。”然后再耐心地告诉胎宝宝：“每个人都能分到苹果，但宝宝不在就要留一个，等宝宝出生长大后再吃。”

天上雪花飘，
我把雪来扫。
堆个大雪人，
头戴小红帽。
安上嘴和眼，
雪人对我笑。

这首儿歌，可在下雪的时候给胎宝宝讲。孕妈妈在讲的时候，要将为什么会下雪、雪花是什么样子的等一系列信息对胎宝宝解释清楚。孕妈妈还可以对胎宝宝说：“宝宝快快长，等你长大后，妈妈也陪你一起堆雪人。”

细节25 语言胎教：说说绕口令

捉兔

一位爷爷他姓顾，
上街打醋又买布。
买了布，打了醋，
回头看见鹰抓兔。
放下布，搁下醋，
上前去追鹰和兔。
飞了鹰，跑了兔，
打翻醋，醋湿布。

白石塔

白石白又滑，
搬来白石搭白塔。
白石塔，
白石塔，
白石搭白塔，
白塔白石搭。
搭好白石塔，
白塔白又滑。

小花猫

小花猫爱画画，
先画一朵腊梅花，
又画一个小喇叭，
带着腊梅花，吹着小喇叭，
回家去见妈妈，
妈妈见了笑哈哈。

刘小牛和柳小妞

刘村有个刘小牛，
柳村有个柳小妞。
刘小牛去放牛，柳小妞种石榴。
刘小牛让柳小妞骑牛牛，
柳小妞让刘小牛吃石榴。

蚕和蝉

爬来爬去是蚕，
飞来飞去是蝉。
蚕常在桑叶里藏，
蝉藏在树林里唱。

细节26 语言胎教：经典胎教故事《想要独自生活的小灰兔》

老橡树脚下住着一个大家庭：灰兔爸爸、灰兔妈妈、七个兔宝宝，还有他们的叔叔、阿姨和二十五个表兄妹。

一个美丽的早晨，小灰兔很不高兴地起床了。“大家庭真没意思，”他一边看着哥哥姐姐们在草地上打滚，一边低声埋怨着，“每天就是出去给其他人找吃的，太累了！我要一个人生活，我要一个人生活，我要做我想做的事情，再也不用照顾其他人了。”说到做到，他溜进树林，沿着一条小路，飞快地跑着。

小路的尽头，有一个被丢弃的窝。“呵，太好了。”小灰兔说，“我要建造一个属于我一个人的家。”洞的入口被尘土覆盖了几乎一大半，可小灰兔对他的工作充满信心。他把走道打扫干净，然后在卧室里铺上一层苔藓。这就是他的家了。

“我饿了，”小灰兔想，“我要去找我最爱吃的卷心菜。”他向田野走去，学着叔叔的样子，开始咬卷心菜的茎。可这次没人像往常那样替他托住摇摇晃晃的卷心菜……砰！小灰兔的头被卷心菜砸了一下，砸得他晕晕乎乎的，泄气极了。最后，他不得不放弃了吃卷心菜的念头。

“实际上，我也是很喜欢吃苜蓿的。”他说道。天色已经晚了。他匆忙地去采了些苜蓿叶子和粉红色的小花，然后回到自己的家里，坐在门槛上嚼了起来。

一个人在这样的黑夜里，小灰兔觉得有点伤感。吃完了三片叶子后，他不再觉得饿了。在铺着苔藓的卧室里，小灰兔怎么也睡不着。他真想念以前和大家一起住在温暖的窝里的时光。夜里，洞外各种奇怪的声音让他非常害怕。他口渴极了，但是他不敢在黑夜里一个人走到溪边喝水。在这属于他一个人的小屋里，小灰兔难过极了。

醒来的时候，他觉得饥肠辘辘的，于是决定去田野里找点胡萝卜吃。只是，他还是有点怕那只大狗，他可只有一个人呀！

刚摘下一根胡萝卜，他就听见了大狗的叫声。快，快跑！他飞快地跑进树林，也顾不上胡萝卜了。就差一点点，大狗就要咬到他白色的小尾巴了。小灰兔的心砰砰地直跳，他老觉得大狗就在他后面，于是就不停地跑啊跑啊，一直跑到了自己的大家庭。

“快来吃饭吧，”妈妈对他说，“你来得正好，爷爷要开始讲故事了。”所有人都很高兴。小灰兔啃着一片特别大的卷心菜叶子，挤在哥哥姐姐们中间，满足地舒了口气。他对自己说，一只小兔子，可真不适合一个人生活啊……

——选自《给我讲故事》系列

细节27 语言胎教：孕妈妈读书时间《请回答我，七月》

这是艾米莉·狄金森（1830～1886）关于七月的一首诗。如果五月和七月对话，他们会说什么呢？他们一定会非常好奇对方的世界是什么样的，也一定想知道，自己的季节里生长的事物，到了另一个季节会怎么样？不用担心啊，这世上生存的万物，都被四季好好地收藏。

请回答我，七月
哪里是蜜蜂
哪里是干草
哪里是羞红的面孔
啊，七月说
哪里是种子
哪里是蓓蕾
哪里是五月
请你，回答我

哦，五月说
让我看看雪飘
让我看看风铃
让我看看小鸟
小鸟他也在问
哪里是玉米
哪里是迷雾
哪里是浆果
年说，都在这里

细节28 语言胎教：阿凡提的故事《闻味儿与听声儿》

阿凡提骑着他的小毛驴去赶集。在热闹的集市上转了半天，肚子有些饿了，便找到一家饭店，把小毛驴拴在外面，走了进去。

一进门，他看见饭店掌柜的正扯着一个穿着破烂衣服的穷汉大声喝道：“你这穷小子，不留下钱就走，没那么便宜！”穷汉也不示弱：“凭空就想掏人的腰包，也没那么便宜！”阿凡提是个爱管闲事，好打抱不平的人。他走上前去，指着那个穷汉问掌柜的：“他为什么应该给你钱？”掌柜的看了阿凡提一眼，说：

"他在这儿坐了半天，饭菜的香味他都闻去了。他还带了一个饼来，等我的饭菜香味都跑到他的饼里去了，他才吃，吃完就想走。你说，还能白闻味儿吗？"

阿凡提问那个穷汉："是这么回事吗？"穷汉说："我本来想在这里吃顿饭，钱不够了，就坐这儿指望能讨点剩饭剩菜吃，可运气不好，没有讨着，只好眼巴巴地吃掉自己带来的饼。就这样，掌柜的非要我给他闻味的钱不可，哪有这种道理！"掌柜的蛮横地说："不能闻了白闻！"

阿凡提对掌柜的说："让我跟他说，他会把闻味的钱给你的。"转身又对穷汉说："你把手里的钱都给我，我会让你们都满意的。"穷汉迟疑地把钱交给了阿凡提。阿凡提把接过的钱握在两个手中，举到掌柜的耳边使劲地摇晃，问："听见了吗？听到钱的声音了吗？"掌柜的对钱的碰击声特别爱听，满脸堆笑地说："听见了，听见了。"接着，阿凡提把钱还给那个穷汉，并说："你可以走了。""你凭什么把他放走？"掌柜的气哼哼地说，忙拦住穷汉，"不给钱就休想走出店门！"

阿凡提说："你俩两抵了，他怎么就不可以走？""怎么'两抵'了？"掌柜的丈二和尚摸不着头脑。阿凡提说："他闻了你饭菜的香味，他不给你钱；你听了他钱的声音，你也不用给他钱，这不'两抵'了吗？"掌柜的一听，傻眼了，只好让穷汉走了。

细节29 语言胎教：读《爸爸的花儿落了》

《爸爸的花儿落了》（林海音著，节选）

新建的大礼堂里，坐满了人；我们毕业生坐在前八排，我又是坐在最前一排的中间位子上。我的襟上有一朵粉红色的夹竹桃，是临来时妈妈从院子里摘下来给我别上的，她说："夹竹桃是你爸爸种的，戴着它，就像爸爸看见你上台时一样!"

爸爸是多么喜欢花。每天他下班回来，我们在门口等他，他把草帽推到头后面抱起弟弟，经过自来水龙头，拿起灌满了水的喷水壶，唱着歌儿走到后院来。他回家来的第一件事就是浇花。那时太阳快要下去了，院子里吹着凉爽的风，爸爸摘一朵茉莉插到瘦鸡妹妹的头发上。陈家的伯伯对爸爸说："老林，你这样喜欢花，所以你太太生了一堆女儿!"我有四个妹妹，只有两个弟弟。我才12岁……

是我唱了五年的骊歌，现在轮到同学们唱给我们送别："长亭外，古道边，芳草碧连天。问君此去几时来，来时莫徘徊!天之涯，地之角，知交半零落，人生难得是欢聚，惟有别离多……"

我哭了，我们毕业生都哭了。我们是多么喜欢长高了变成大人，我们又是多么怕呢!当我们回到小学来的时候，无论长得多么高，多么大，老师!你们要永远拿我当个孩子呀!

做大人，常常有人要我做大人。

宋妈临回她的老家的时候说："英子，你大了，可不能跟弟弟再吵嘴!他还小。"

兰姨娘跟着那个四眼狗上马车的时候说："英子，你大了，可不能招你妈妈生气了!"

蹲在草地里的那个人说："等到你小学毕业了，长大了，我们看海去。"

虽然，这些人都随着我的长大没有了影子了。是跟着我失去的童年一起失去了吗?

爸爸也不拿我当孩子了，他说："英子，去把这些钱寄给在日本读书的陈叔叔。"

"爸爸!"

"不要怕，英子，你要学做许多事，将来好帮着你妈妈。你最大。"

于是他数了钱，告诉我怎样到东交民巷的正金银行去寄这笔钱——到最里面的台子上去要一张寄款单，填上"金柒拾元也"，写上日本横滨的地址，交给柜台里的小日本儿!

我虽然很害怕，但是也得硬着头皮去——这是爸爸说的，无论什么困难的事，只要硬着头皮去做，就闯过去了。

"闯练，闯练，英子。"我临去时爸爸还这样叮嘱我。

……

我把小学毕业文凭放到书桌的抽屉里，再出来，老高已经替我雇好了到医院的车子。走过院子，看那垂落的夹竹桃，我默念着：爸爸的花儿落了。我已不再是小孩子。

细节30 抚摸胎教：坚持抚摸胎教和胎宝宝进行沟通

妊娠9个月后由于胎宝宝的进一步发育，在孕妈妈的腹壁上便能清楚地触到胎宝宝的头部、背部和四肢。可以轻轻地抚摸胎宝宝的头部，有规律地来回抚摸胎宝宝的背部，也可以轻轻地抚摸胎宝宝的四肢。当胎宝宝可以感受到触摸的刺激后，便会做出相应的反应。触摸顺序可由头部开始，然后沿背部到臀部至肢体，要轻柔有序，有利于胎宝宝感觉系统、神经系统及大脑的发育。

抚摸胎教最好定时做，可选择在晚间9时左右进行，每次5～10分钟。

在抚摸时要注意胎宝宝的反应，如果胎宝宝是轻轻的蠕动，说明可以继续进行；如胎宝宝用力蹬腿，说明你抚摸得不舒服，胎宝宝不高兴，就要停下来。请记下每次胎宝宝的反应情况。

细节31 美育胎教：欣赏波提切利的《维纳斯的诞生》

《维纳斯的诞生》是波提切利的代表作，当时是为佛罗伦萨统治者梅第奇的一个远房兄弟绘制的。此画表现女神维纳斯从爱琴海中浮水而出，风神、花神迎送于左右的情景。

构图比较简单，全画以裸体的维纳斯女神为中心。画面上人物的体态和衣纹表现十分出色，人物与自然背景也达到巧妙的统一和谐，维纳斯是那样无动于衷地以羞怯和幽怨的感情在对待一切，她对于未来的生活不是充满乐观的信心，而是感到惆怅和迷惑，这也是波提切利矛盾的世界观的反应。

此画中的维纳斯形象虽然仿效希腊古典雕像，但风格全属创新，强调了秀美与清纯，同时也具有含蓄之美。

细节32 斯瑟蒂克胎教教程：胎宝宝学字母

喝口水，做下深呼吸，必要的话小睡一会儿，为下一步的学习做准备。

尽量让自己保持平稳宁静的心情，只有准妈妈心态良好，胎宝宝才能学进更多的东西。准备好了，就开始吧！

G怎么那么像我们以前学过的一个字母呢？想想看，哦，原来是像C！不过这个G，还有点小尾巴，宝宝，是不是觉得它像刚发芽的豆芽？它念做G——

H多像一架梯子啊！不过，它只有一节脚踏板儿。准妈妈还可以用双手比划出“H”的造型，方便胎宝宝加深记忆。

I相对简单一些，但是准妈妈同样要用心对待，因为所有这些，都是胎宝宝初次接触的，让我们和以前的学习一样，专注地把它记在脑子里，一边描摹它一边念出它的发音，然后告诉胎宝宝，这个字母像个站立的人，如果它大写的话，就是“我”的意思。

细节33 斯瑟蒂克胎教教程：胎宝宝学图形

闭上眼睛，休息10分钟，睁开眼睛，是不是感觉很清爽呢？好了，现在又到胎宝宝学图形的时间了。

可以先和胎宝宝说：“今天这个图形，和以前的正方形、长方形都不一样，这不是方的，注意看，它是这样子的。”然后准妈妈将注意力集中在图形的色彩上，深深地记住图形，再一边用手指临摹图形的边缘，一边告诉胎宝宝：“它叫三角形。”

反复正确发音，保持平静的心情，集中注意力，然后闭上眼睛，用头脑把三角形的形状反复描绘。

准妈妈告诉胎宝宝：“有三条边三个角的图形就是三角形，我们把生活中的三角形找出来看看吧！”

想一想生活中有什么是三角形的呢？晾衣架、三角尺、一块馅饼等，用眼睛在你周围搜索三角形的物品，再在脑海里把所想的物品一一浮现。

斯瑟蒂克的提示

准妈妈可以给胎宝宝讲由三角形组成的图形：比如五角星，就是由几个三角形组成的；比如菱形，可以切分为几个三角形等，帮助胎宝宝去认识生活中更多的包含相同图形的事物。

细节34 联想胎教：想象一下宝宝什么样

也许平时的你总是忙忙碌碌，很少有时间静下心来独处。那么，从现在开始，你不妨每天利用10分钟时间与胎儿“独处”一会儿，让自己纷繁的思绪完全沉静下来，享受一下宁静带给你的释然与超脱吧。

放松的姿态

以舒服的姿势让整个身体放松下来，自由地深呼吸，想象你的整个身体都是新鲜的。慢慢地呼气，把紧张、压力与不快统统吐出去，你会进入更放松的状态。然后，想象最令人愉悦和安宁的场景，想象一下你的宝宝，在这时候，胎儿还只是小小的嫩芽儿。没关系，你照样可以想象他的模样。他长得像谁？他的性格是什么样的？你希望他将来成为一个什么样的人？当那些想象中的画面一一浮现时，你身上的每一个细胞都会变得兴奋而充满活力。

夫妻共同联想

从受孕开始，夫妻就可以共同为将出生的孩子做形象设计：取各人相貌中最理想而具有特点的部位加以组合，想象未来小宝宝的可爱形象；或找一张最喜爱的婴儿画像挂在卧室里，经常看看。有些科学家认为在母亲怀孕期间，如果经常设想宝宝的形象，则这种设想的形象在某种程度上与将要出生的宝宝较相似。因为母亲与胎儿具有心理与生理上的相通，从胎教的角度来看，孕妈妈的想象是通过母亲意念构成胎教的重要因素，并转化渗透在胎儿的身心感受之中。同时母亲在为胎儿形象的构想中，会使情绪达到最佳状态，促进体内具有美容作用的激素增多，使胎儿面部器官的结构组合及皮肤的发育良好，从而塑造出自己理想中的胎儿。

千万不要小看“心理图像”的神奇力量，这些“心理图像”会给你带来更多美好的体验，让你在孕期所遇到的一切困难都变得容易克服。

10月胎教细节同步指南

第十一章　孕10月胎教细节：出生后要继续巩固胎教成果

本月生活建议

■ 数阵痛的时间间隔，以确定是否要分娩。假如阵痛由每15分钟1次慢慢变成每10分钟1次，表示这已经是生产前的阵痛现象了。

■ 出现规则的腹胀或疼痛、出血（带茶色的少量出血）、破水等，要紧急联络医院。

■ 不要太急着住院，等有分娩征兆时再住院也不迟。

■ 在准备住院时，应简单地洗个澡，吃些东西。

■ 将在分娩时可能需要的联络电话，粘贴在电话机旁，以方便随时联络。

■ 在预产期的前后1周出生的宝宝，皆是“足月生产”，若于预产期2周后仍未出现产兆，应马上就医检查，以免“过期生产”。

■ 尽量选择自然分娩。

本月胎教重点提示

■ 在各项胎教活动正常进行的同时，准妈妈应适当了解一些分娩知识。

■ 在即将分娩的时刻，不要紧张，不要恐慌，照常做好胎教内容，静候那一刻的来临。

■ 新生儿离开母体独立生活，应继续坚持之前的部分胎教内容，以免胎教效果消失。

本月情绪胎教要点

■ 当阵痛很痛的时候，请想着自己很快就能见到胎宝宝了，这样能让自己轻松一点，而且也可以缓解紧张情绪。

■ 准妈妈不要为最后的几天而着急，要安心地度过最后几天的孕期生涯。

■ 消除害怕心理，保持企盼、愉快的心态。

■ 产后应维持身心的安定，不要想太多，以免发生产后抑郁症。

本月语言胎教要点

■ 在孕期的最后一段日子里，教一教宝宝出生后该做的事，给胎宝宝讲一讲他将要看到的大千世界。

■ 告诉胎宝宝，父母很爱他，呵护他，会给他以安全和保障，父母在殷切地等待他的安全降临。

- 给宝宝朗诵一些关于母爱的散文、诗歌。

本月营养胎教贴心建议

- 应适当多吃有助于胎宝宝膀胱发育的食物，如肝脏、栗子、豆类和海藻类等。
- 应每日都适当摄取富含维生素C的食物，如柑橘、猕猴桃、西红柿等。
- 应适当多吃富含维生素B_{12}的食品，这类食物可使母乳分泌旺盛。
- 为了确保顺产，应充分摄取富含维生素K的食物，有助于防止产后大出血。
- 住院前不要吃得太饱。
- 分娩后不要禁食来减肥，应继续保持规律饮食。
- 产后可食用益母草粥，有助于排出子宫内的代谢废物，消除淤血、调节经脉。

本月准爸爸胎教要点

- 准爸爸为应对准妈妈突如其来的分娩，要时时刻刻与准妈妈保持密切的联系，最好不要出差。
- 随着分娩日愈来愈近，准爸爸应与准妈妈一起预习分娩流程及练习呼吸法。
- 每天呼唤胎宝宝，告诉他你多么期待他的降临。

本月常有的不适症状

- 可能会出现分泌物增多的情况。
- 胎动减少。
- 腰或耻骨疼痛。
- 不规则的腹胀。
- 分娩征兆。
- 产后可能会发生崩漏。

本月胎教禁忌

宝宝出生后，胎教也不能停止，要继续巩固孕期的胎教成果，并引入一些早期教育理念，对新生儿进行继续教育，开发宝宝的情商和智商。

细节1 行为胎教：欢迎胎宝宝的到来

即将临产，孕妈妈要保持轻松愉悦的心情，此时胎教的任务还没有完成。一定要振奋精神，将胎教进行到底。

孕妈妈要常在心里祈求母子平安和顺产，而不要对生产充满焦虑。孕妈妈可以常对胎宝宝：“我的宝宝，妈妈好盼望这一天。你一定很想和妈妈见面了，是吗？”，“爸爸妈妈为了迎接你的到来，已经等了十个月”，“你不知道你在爸爸妈妈心中是多么重要”，“爸爸妈妈很爱宝宝，现在时机马上成熟了，爸爸妈妈好希望宝宝喜欢外面的世界”，“要好好和妈妈配合，乖乖地诞生”等等，这些充满爱的交流可以促进母子、父子之间情感的建立和心灵的沟通。

细节2 情绪胎教：用胎教来放松心灵

孕晚期，孕妈妈时常出现焦虑情绪，建议孕妈妈用各种胎教方法来缓解这种负面情绪，让心灵得到放松。

听音乐：在你感到情绪焦躁不安的时候，不妨借助音乐来使心灵恢复平静祥和。采取一种你觉得最舒服的姿势，躺在床上，或者靠墙而坐，静静地聆听自己喜欢的音乐，让自己的情感充分融入音乐的美妙意境中去。

倾听自然之声：每天清晨，在睁开眼睛之前，先聆听下窗外的声音：风声、鸟鸣，又或是雨点敲打窗棂的声音，这些来自大自然的天籁会彻底放松你的心情。

想象：这也是一种很好的消除紧张的方法，当然，前提是你要想象一些“美好的事情”，或是“美好的事物”。比如，想象一下“宝宝”未来的样子；你和老公恋爱时快乐温馨的场景等等。

唱歌：俄罗斯的科学家们就鼓励孕妇大声唱歌，他们认为歌声不仅能平复心中的焦虑，而且对于胎宝宝来说也是很好的胎教。

在听音乐时，要拒绝那些声音嘈杂，节奏太快的音乐，它们既不适合你冥想，消除焦虑的情绪，也不受胎宝宝的欢迎。你可以选择那些安静、悠扬，帮助你遐想的曲目。

胎教小百科：国外孕妈妈的精神放松法

日本的孕妈妈：日本的孕妈妈会选择插花，或是有关盆景制作的胎教课程。孕妈妈们在上课之前会在一间灯光柔和的房间里放松自己，使自己的精神达到稳定的状态。这些手工胎教课程是用来协调和舒缓孕妈妈的情绪心境的。借此使孕妈妈的身心愉悦，促进胎宝宝健康成长。

俄罗斯的孕妈妈：俄罗斯的孕妈妈把要给宝宝说的话，唱成歌曲给宝宝听。歌曲韵律大多取材于一些俄罗斯著名诗人充满童真的诗歌。

秘鲁的孕妈妈：秘鲁孕妈妈纷纷挺着大肚子前来与海豚“亲密接触”，让胎宝宝听海豚的叫声。“海豚胎教”成为了秘鲁孕妈妈的胎教新潮流。

细节3 营养胎教：有利于分娩的营养饮食

这个时期，保证足够的营养，不仅可以供给宝宝生长发育的需要，也有利于孕妈妈顺利的分娩。如果营养不足，不仅对婴儿的成长不利，而且孕妈妈自身也容易发生贫血、骨质软化等营养不良症，这些病症会直接影响临产时正常的子宫收缩，容易发生难产。孕妈妈应多吃些富含铁的蔬菜，如菠菜、紫菜、芹菜、海带、黑木耳等。

在这段关键时间内，建议孕妈妈每天早餐吃一碗清汤的牛肉，这可能是帮助胎宝宝摄取营养的较好选择。当然，也可以换着口味吃一点其他清淡的食物。到了孕后期，宝宝吃得多，妈妈也就容易饿，所以时常备一些小点心很重要。比如，吃一碗红豆莲子汤，放一些冰糖。莲子也是很好的安胎食品。中医认为：“将产时，宜食白粥，勿令饥渴，已乏气力。”就是说，一碗白粥也是比较适于这个时期的孕妈妈的饮食选择。

细节4 营养胎教：孕10月禁忌食物

辛辣食品：如辣椒，容易伤津耗气损血，加重气血虚弱，并容易导致便秘，进入乳汁后对婴儿也不利。

刺激性食品：如浓茶、咖啡、酒精，会影响睡眠及肠胃功能，亦对婴儿不利。

酸涩收敛食品：如乌梅、南瓜等，以免阻滞血行，不利于恶露的排出。

冰冷食品：如雪糕、冰淇淋、冰冻饮料等，不利于消化系统的恢复，还会给产妇的牙齿带来不良影响。

过咸食品：过多的盐分会导致浮肿。

细节5 营养胎教：临产前要少吃多餐

这时候，保证足够的营养，不仅可以供给宝宝生长发育的需要，还可以满足自身子宫和乳房的增大、血容量增多以及其他内脏器官变化所需求的"额外"负担。

如果营养不足，不仅所生的婴儿常常比较小，而且孕妇自身也容易发生贫血、骨质软化等营养不良症，这些病症会直接影响临产时正常的子宫收缩，容易发生难产。

因为此时孕妇胃肠受到压迫，可能会有便秘或腹泻。所以，应坚持少吃多餐的饮食原则，一定要增加进餐的次数，每次少吃一些，而且应吃一些容易消化的食物。越是临产，就应该多吃些含铁质的蔬菜（如菠菜、紫菜、芹菜、海带、黑木耳等）。

细节6 营养胎教：宫缩期进食技巧

一般情况下，初产妇因宫颈口较紧，扩张较慢，仅第一产程就需12～16小时之多。而产妇摄取的营养，既要满足自身呼吸、心跳、排泄等基础生命活动的消耗，又要为胎儿生存提供必需的养分，还要为子宫收缩所需提供大量的能量。所以，产妇在分娩过程中必须进食些富含高能量、易消化的食物。但由于临产时阵发性的宫缩疼痛，常常会影响产妇的食欲，因此，产妇要学会宫缩期进食的技巧。比如，可以根据自己的喜好，选择进食如蛋糕、面汤、稀饭、牛奶、藕粉、巧克力、水果、饮料等。注意不要过于饥渴，也不能暴饮暴食；千万不可在临产前一次就吃好几个鸡蛋，这样会增加胃肠负担，引起腹胀、呕吐等后果。

细节7 音乐胎教：欣赏《春之歌》

《春之歌》选自门德尔松的钢琴独奏曲集《无词歌集》。门德尔松是德国作曲家，与舒曼同为德国浪漫主义音乐的杰出代表。这支曲子是门德尔松创作的所有无词歌中最为著名的曲子，不仅用于钢琴独奏，还被改编成管弦乐曲以及小提琴和其他乐器的独奏曲而广为流传，深受世界人民喜爱。

这首被冠以《春之歌》标题的无词歌具有流水般轻柔的浪漫旋律，使听众沉醉于快乐的气氛中。曲式虽单纯，但十分巧妙地应用了装饰音，从而利用钢琴创下了前所未有的漂亮效果，由此我们不得不对门德尔松的天才发出赞叹。在伴奏与踏板的关系中，也显示出浪漫主义时代的钢琴音乐特色。

它们与传统奏鸣曲完全不同，都是即兴式的、无拘无束的短曲，最短的不到一分钟，最长的也不过4分钟。它们集中体现了门德尔松的浪漫主义气质，首首精致典雅、隽永含蓄，旋律清新优美，手法简洁精练，充满诗情画意，像是一朵朵月光下盛开的小花，清香宜人，完全可以当作小品听。

细节8 音乐胎教：避免强节奏、强刺激音乐

合适的音乐也可以改善孕妈妈的心情，当孕妈妈心情不好时，听一些音乐可以转换孕妈妈的心情，对胎宝宝也很有好处；或者在不想听某些使自己感到焦虑或生气的事情时，也可以听听适合的音乐来转移自己的注意力。只要孕妈妈不受自己负面情绪的干扰，心境上轻松、愉悦，胎宝宝自然会受到良性刺激。

本月孕妈妈听的胎教音乐以轻柔安宁、带来愉快心情、获得丰富优美联想为主，要避免强节奏、强刺激和传递悲伤的音乐。此类音乐可以根据孕妈妈自己的需要，选择听的时间和长短。

欣赏音乐时，不要长时间躺着，以免增大的子宫压迫下腔静脉，导致胎宝宝缺氧。最好半卧在沙发或躺椅上。听音乐时，应随乐曲产生美好的联想，对胎宝宝加以深切的期望和倾注全部的爱。此外，给胎宝宝听的音乐不宜太多太杂。

细节9 音乐胎教：和胎宝宝一起做音乐SPA

音乐胎教的形式多种多样，准爸爸妈妈和胎宝宝还可以一起做个音乐SPA，具体有以下三种做法。

聆听法：有歌曲讨论，音乐回忆，音乐同步，音乐想象，音乐引导想象。准爸爸妈妈用音乐引导自己进入想象中的佳境，伴随音乐的旋律，展开丰富的联想，乐声停后，一起探讨所聆听的音乐，回忆听音乐时的不同心理感受。

主动法：参与简单的演唱、演奏，或音乐技能的学习，称为“音乐操作”，亲自感受音乐的律动，把身心融入音乐中去，激起活力，触发情感。

即兴法：即兴演奏式，选择简单的打击乐器，包括能演奏旋律的音条乐器（木琴、铝板琴等），家庭成员一起参与随心所欲的演奏，互动式地反映情绪，改善情绪。

音乐在孕妈妈分娩时也能起到神奇的作用，它可以调整产妇情绪和精神状态，消除产妇的紧张，减轻烦躁不安情绪，使呼吸、血压、心跳保持平稳，肌肉放松。使孕妈妈的注意力转移到音乐的旋律、节奏、音高及快慢上，因而分散对产痛的感应力。

细节10 音乐胎教：欣赏《茉莉花》

好一朵美丽的茉莉花，好一朵美丽的茉莉花，芬芳美丽满枝丫，又香又白人人夸，让我来把你摘下送给别人家，茉莉花，茉莉花。

这是一首著名的民歌小调，被意大利作曲家普契尼用作歌剧《图兰朵》的一个主题曲，因此，《茉莉花》也算是来自中国的世界名曲了。

英国的心理学家奥尔兹建议孕妈妈要经常听音乐，音乐作品生动活泼，其中有小鸭子、小鸟、花和草等音乐形象，作曲家把这些形象都通过简短的歌曲和乐曲表现出来了。结果发现，胎儿的心律总是会随着音乐的变化而变化，并且在出生后一听到这些熟悉的旋律，情绪马上就会变得欢快起来。同时，能够很快地形成进食、睡眠及排泄的生物规律，进行胎教的宝宝出生后大多结实、健康、不易生病。

因此，请你哼唱这首《茉莉花》吧，茉莉花开似白雪，惹人喜爱。品一杯茉莉香茗，更让爱由心生，心情舒畅。试想身处百花园中，驻足于茉莉花前，回想你的恋爱故事，品尝爱情的滋味，体会幸福的感受。

细节11 音乐胎教：减轻分娩疼痛的音乐疗法

音乐在分娩时也能起到神奇的作用，如果你在产前挑出一首最喜欢、最熟悉，并且能唤起你愉悦情绪的音乐，这将对缓解分娩疼痛非常有好处。

音乐疗法能镇痛：国内外都有在产房放音乐来缓解分娩疼痛的尝试，音乐疗法能使呼吸、血压、心跳保持平稳，肌肉放松，进而调整精神状态，使注意力转移到音乐的旋律、节奏、音高及快慢上，因而分散对分娩疼痛的感应力。不过音乐疗法要提前进行训练，以便及早挑出最喜欢、最熟悉、最能唤起愉快情绪的音乐，起到最佳的镇痛效果，你可以单纯地听音乐，也可以把音乐跟其他活动结合起来。

音乐疗法配合身体运动：在听音乐的时候，你可以在音乐的节奏中，把身体各个部位活动开，依次轻拍大腿、腰部、手臂、手腕，这同时也有助于你对分娩怀有主动和积极的心态。

音乐配合腹式深呼吸：跟着音乐的旋律和节奏，一边想象一边放松身体，然后进行腹式深呼吸，先慢慢用鼻吸气入腹部，小腹凸出；然后再慢慢张嘴吐出，小腹收回，这可以帮助你进入到一种舒适的状态。

细节12 音乐胎教：《D大调第三管弦乐组曲G弦上的咏叹调》

相关研究显示，孕晚期的胎教音乐，应选择感情丰富、舒缓、充满希望的音乐，以舒缓孕妈妈的紧张情绪、减少焦躁和不安的负面情绪，帮助孕妈妈做好迎接天使降生的准备。而巴赫所作的《D大调第三管弦乐组曲》则充满生活的情调，适合用作音乐胎教。

这组曲由5个乐章组成。第1乐章序曲，气势庄严、雄壮；第2乐章咏叹调，旋律质朴，富于歌唱性，带有巴洛克后期的夜曲风格；第3乐章《加沃特舞曲》和第4乐章《布列舞曲》都表现出一种活泼愉快的情绪；第5乐章吉格舞曲，是一首以双簧管和小提琴演奏为主的华丽舞曲。

这首组曲由2支双簧管演奏，其中第2乐章咏叹调只由弦乐队演奏。后来这个咏叹调被人改编成多种乐器的独奏曲，其中德国小提琴家威廉密1871年改编的小提琴曲最为著名。由于他将原曲的D大调改为C大调，使乐曲的主旋律能够完全在小提琴的G弦上演奏，因此被称作《G弦上的咏叹调》。

《G弦上的咏叹调》全曲分2个部分，第1部分是6小节的乐段，这段曲调质朴而深情，音乐从极弱而慢慢渐强的长音开始，抒发着深思的心绪，而伴奏声部弦乐器的拔奏，更衬托出这种情感。

第二部分共12小节，情绪起伏较前一部分更加显著，在哀怨缠绵的情调中流露出激情。这也是一首典型的巴洛克后期的音乐作品。在乐曲中，抒发了作者的各种感情。孕妈妈在听这首乐曲时，主要以感受抒情性为主。

细节13 语言胎教：《3只小猪盖房子》

猪妈妈有3个孩子，一个小黑猪，一个小白猪，还有一个小花猪。

有一天，猪妈妈让小猪们各自去盖一间房子。3只小猪高兴地接受了任务走了。走着，走着，看见前面一堆稻草。小黑猪忙说：“我就用这稻草盖草房吧。”小白猪和小花猪一起向前走去，走着，走着，看见前面有一堆木头。小白猪连忙说：“我就用这木头盖间木房吧。”小花猪还是向前走去，走着，走着，看见前面有一堆砖头。小花猪高兴地说：“我就用这砖盖间砖房吧。”于是，小花猪一块砖一块砖地盖起来。不一会儿，汗出来了，胳膊也酸了，小花猪还不肯歇一下。砖房盖好啦！小花猪乐得直笑。

山后边的大灰狼听说来了3只小猪，便来到草房前，叫小黑猪开门。小黑猪不肯开，大灰狼用力撞一下，草房就倒了。小黑猪急忙逃向木房，木房里的小白猪听见呼救，连忙打开门，让小黑猪进来，又把门紧紧地关上。大灰狼来到木房前，叫小白猪

开门。小白猪不肯开。大灰狼用力撞一下，小木房摇一摇。大灰狼又用力撞了一下，木房就倒了，小黑猪、小白猪急忙逃向砖房，砖房里的小花猪听了，连忙打开门，让小黑猪和小白猪进来，又紧紧地把门关上。

大灰狼来到砖房前，叫小花猪开门。小花猪不肯开。大灰狼用力撞一下，砖房一动也不动，又撞一下，砖房还是一动也不动。大灰狼用尽全身力气，对砖房重重地撞了一下，砖房还是一动也不动。大灰狼头上撞出了3个疙瘩，四脚朝天地跌倒在地上。大灰狼看到房顶上有一个大烟囱，就爬上房顶，从烟囱里钻进去。3只小猪忙在炉膛里添了许多柴，把炉火烧得是旺旺的。大灰狼从烟囱里钻进去，跌进了大炉膛，被炉火烧死了。

细节14 语言胎教：通过儿歌提高宝宝的认知能力

儿歌旋律优美、节奏和谐、情感真挚，可以给孕妈妈美的享受，从而使胎宝宝得到熏陶。另外，儿歌中的大量作品，都是以某方面的知识为题材，可以形象有趣地帮助胎宝宝认识自然界，认识社会生活，启迪引发胎宝宝的思维和想象能力，待胎宝宝出生及长大后，适应能力、语言表达能力、思考能力都比未进行过此项胎教的孩子要好。下面这两首儿歌，孕妈妈不妨常读给胎宝宝听。

风不吹，树不摇，鸟儿也不叫，
好宝宝要睡觉，眼睛闭闭好。

这首儿歌适合在晚上即将睡觉时为胎宝宝讲，这样一方面能让胎宝宝了解黑夜与白天的不同，另一方面有节奏变化的韵律能让胎宝宝安静快速入睡。

小白兔，白又白，两只耳朵竖起来，
爱吃萝卜和青菜，蹦蹦跳跳真可爱。
小松鼠，尾巴大，轻轻跳上又跳下，
我帮你，你帮他，采到松果送回家。

这些关于动物的儿歌简短、形象，十几个字，就将动物的特征说出来了。当你给胎宝宝讲述这些儿歌时，不妨拿着相应的画册，一边讲述儿歌，一边指着画册上的儿歌对胎宝宝说：“宝宝你看到了吗，公鸡就是这个样子”，或者“宝宝，你看，小白兔和小松鼠的生活习性不一样，小白兔爱吃萝卜，小松鼠爱吃松果”，胎宝宝虽然不能看到小白兔、小松鼠究竟长得什么样，但对此也会存在一定的记忆，出生后当妈妈再次说起这些儿歌时，宝宝会做出令你意想不到的反应。

细节15 语言胎教：说说绕口令

1.瓜瓜笑娃娃

金瓜瓜，银瓜瓜，
瓜棚上面结满瓜，
瓜瓜落下来，打着小娃娃，
娃娃叫妈妈，娃娃怪瓜瓜，瓜瓜笑娃娃。

2.河边两只鹅

河边两只鹅，白鹅与灰鹅，
哦哦爱唱歌，唱得渴又饿，
昂首吸飞蛾，飞蛾啄不住岸边去找窝。
草窝暗又矮，只得去过河，
河里真暖和，有吃又有喝，
不能再挨饿，遨游真快活，安心唱爱歌。

3.蜂和凤

峰上有蜂，峰上蜂飞蜂蜇凤；
风中有凤，风中蜂飞凤斗蜂。
不知到底是峰上蜂蜇凤，
还是风中凤斗蜂。

4.牛郎恋刘娘

牛郎恋刘娘，刘娘念牛郎。
牛郎年年恋刘娘。刘娘年年念牛郎。
郎恋娘来娘念郎。
念娘恋娘，念郎恋郎，念恋娘郎。

细节16 语言胎教：欣赏《飞鸟集》

在孕晚期，语言胎教是沟通母子感情的一种重要方式。孕妈妈的心情不同，选择的书也不一样。而文学和音乐一样，容易对人的情绪产生影响。孕妈妈心情好，就会选择优雅的文学作品，然后以柔和的语言传达给胎宝宝。相应的，优雅的文学作品也能影响孕妈妈的心境。优秀的文学作品能激发孕妈妈的爱子之情，也能提高自己的修养，同时体会到优美的意境和宁静的情韵。

读书能优化胎内环境，让胎宝宝出生后性格良好，情绪稳定。今天，我们就为孕妈妈们推荐大诗人泰戈尔的作品欣赏《飞鸟集》中的几首小诗，希望孕妈妈在诗中能得到一些启发，缓解分娩造成的紧张、恐惧情绪。

夏天的飞鸟，飞到我的窗前唱歌，又飞去了。
秋天的黄叶，它们没有什么可唱，只叹息一声，飞落在那里。

世界对着它的爱人，把它浩瀚的面具揭下了。
它变小了，小如一首歌，小如一回永恒的接吻。

有一次，我们梦见大家都是不相识的。
我们醒了，却知道我们原是相亲相爱的。

有些看不见的手，如懒懒的微飘的，正在我的心上奏着潺的乐声。

细节17 语言胎教：向胎宝宝介绍家庭成员

宝宝就要出生了，提前和推后的时间如果不是很长，都属于正常范围，所以，孕妈妈要抓紧时间来为宝宝介绍家庭成员，让宝宝感受一下大家庭的温暖。

孕妈妈可以一边轻轻抚摸肚子里的宝宝，一边对他说："我可爱的宝宝!妈妈给你介绍一下我们这个和睦幸福的大家庭成员：慈祥的爷爷、奶奶——他们是爸爸的父母。和蔼的姥姥、姥爷——他们是妈妈的父母，还有最热切盼望你到来的爸爸和我。总之，我们大家都在等待宝宝你的到来，你很幸福，有这么多人爱着你，关心着你，希望你健康快乐地来到我们中间!"孕妈妈还可以根据不同情况，把每个人介绍得再具体些，可以包括职业、性格、外貌等。

细节18 语言胎教：品读泰戈尔小诗《开始》

做母亲的感觉是怎么样的？是期盼？是幸福？还是有些激动或者是有些莫名地感到不安？也许你早已习惯了做妈妈的女儿，却没有想到自己有一天也成了母亲，那复杂的情绪一起涌起，一时间也表达不出自己的心情。一起来分享一下印度著名诗人泰戈尔的一首诗吧，也许你能从中找到答案。

开始

“我是从哪儿来的，你，在哪儿把我捡起来的？”孩子问他的妈妈说。

她把孩子紧紧地搂在胸前，含泪微笑着回答——“你曾被我当作心愿藏在心里，我的宝贝。”

“你曾存在于我孩童时代玩的泥娃娃身上；每天早晨我用泥土塑造我的神像，那时我反复地塑了又捏碎了的就是你。”

“你曾活在我所有的希望和爱情里，活在我的生命里，我母亲的生命里。”

“当我做女孩子的时候，我的心的花瓣儿张开，你就像一股花香似地散发出来。”

“你的软软的温柔，在我的青春的肢体上开花了，像太阳出来之前的天空上的一片曙光。”

“上天的第一宠儿，晨曦的孪生兄弟，你从世界的生命的溪流浮泛而下，终于停泊在我的心头。”

“当我凝视你的脸蛋儿的时候，神秘之感淹没了我，你这属于一切人的，竟成了我的。”

“为了怕失掉你，我把你紧紧地搂在胸前。是什么魔术把这世界的宝贝引到我的手臂里来呢？”

细节19 运动胎教：帮助顺利分娩的拉梅兹呼吸法

进入孕10月，孕妈妈每天都在倒计时。除了常规的音乐胎教、语言胎教、情绪胎教外，还有相对来说更重要的胎教需要实施——即学习并掌握拉梅兹呼吸法。在最后的冲刺阶段，孕妈妈掌握了拉梅兹呼吸法，对分娩无疑是大有裨益的。

拉梅兹呼吸法指的是以胸式呼吸为基础的拉梅兹分娩法，就是可以帮助孕妈妈顺利分娩的一种方法。进入孕晚期后，孕妈妈可以在准爸爸的帮助下进行拉梅兹呼吸法的训练，效果会很好。

拉梅兹呼吸法根据分娩的流程分为4步，以下将逐一进行介绍。

1.阵痛开始时

操作步骤：当分娩的前兆——阵痛开始后，孕妈妈要先做一次深呼吸，接着以胸式呼吸为基础，呼气和吸气保持相同的频率，每分钟各进行12次左右即可。

注意事项：孕妈妈要学习随着子宫收缩就开始吸气、呼气，反复进行。

2.宫口张开打到6～8厘米

操作步骤：孕妈妈取仰卧位，双手自然平放于身体两侧，吸气、呼气频率相同。呼气和吸气要采用短促的胸式呼吸，频率最好控制在每隔2秒钟呼吸1次，即用鼻子吸气1秒钟，用嘴呼气1秒钟即可。

注意事项：孕妈妈要让自己的身体完全放松，同时眼睛注视着一个点不动。

3.宫口全开

操作步骤：孕妈妈将两腿张开，双手放在同侧膝窝下。深深吸口气然后憋住呼吸，模仿排便的动作往下用力协助胎宝宝娩出。过15～20秒钟后，在憋不住呼吸时用力呼气。

注意事项：这个时候的呼吸感就像在吹气球，产妈妈可以根据子宫收缩的程度适当调节呼吸的速度。

4.胎头露出时

操作步骤：当从阴道口可以看到胎头后，孕妈妈要立即停止腹部用力。接着改用大口向外呼气，并进行快速的呼气，同时使身体放松。

注意事项：此时，产妈妈的下巴要前缩，略抬头，完全放松骨盆肌肉。产妇要控制好呼吸的节奏。

细节20　美育胎教：画出心中宝宝的模样

孕妈妈选择一个天气晴朗，空气清新的日子，坐在一个舒适的地方，铺开纸笔，静心地为腹中的胎宝宝画像，边画边说：“宝宝，你感觉到了吗？妈妈用温暖慈爱的手在抚摸你，抚摸你的头、你的小屁股、你的小手、小脚丫！”

用彩笔认真地画，投入地画：圆圆的脑袋，明亮的眼睛，翘翘的鼻子，弯弯的小嘴，肉肉的小手，肥肥的屁股，红红的脸蛋，光光的小脚；画胎宝宝笑的模样，哭得模样，吸吮乳汁或手指的模样等等，按你喜欢的意向去画，去描摹，还可以在画完后，和胎宝宝说说话或唱唱歌。

倾注全身心的爱去画你理想中的宝宝，在画的过程中，你可以同时对胎宝宝说说话。

细节21 斯瑟蒂克胎教教程：母子共同体验生活

除了给胎宝宝读幼儿画册和讲故事外，家庭中的日常琐事，诸如：爸爸为什么刮胡子，妈妈为什么化妆，肥皂为什么起泡沫，洗澡做饭时感到的水温及锅烫的手感等，总之，从早上醒来到晚上睡觉，斯瑟蒂克或她的家人做了些什么，想了些什么，有什么感想，说了些什么话……所有这些她都用自己的语言讲给胎宝宝听，甚至这个月的煤气用多了，或邻居家的猫生了4只小猫等这类事，也成了斯瑟蒂克胎教的内容。她认为对胎宝宝来说，一切都是陌生的，绝不能把给孩子讲解一件件事情看做是负担而懒得去做。况且这也是一般常识课，可以让胎宝宝预先掌握生活中的智慧和一般常识，以便出生后对日常生活中的事物更加感兴趣，同时这也是母子共同体验生活的一种方法。

外出散步进行胎教时，需要一个良好的环境。有时候，从播放的电视节目中传达来的不够高雅的对话、笑语，或从收音机里传出的震耳的响声，都可能直接影响胎宝宝领会准妈妈的声音。在有汽车和摩托车的嘈杂声及人们吵嚷声干扰的地方，也不可能进行有效的胎教，也就是说，要为敏感的胎宝宝找一个安静的场所。为此，斯瑟蒂克常坐在离家不远的公园的长椅上，有时会到热闹季节已过的海滨，有时则在播放着莫扎特音乐的安静的茶室，或者选择色调和谐、环境幽雅舒适的饭店大厅，翻看画册、阅读品质高雅的书籍。

细节22 斯瑟蒂克胎教教程：出生后继续巩固胎教成果

胎教让早教变得更容易

孩子出生了，并不意味着胎教的任务就彻底完成了。胎教的主要目的，除了通过妊娠期间的各种方法刺激和促进胎宝宝健康地发育之外，更重要的是，为了

胎宝宝出生后学习更多的知识做储备，也就是为将来的早教创造一个好的开端。

斯瑟蒂克的做法

在孩子出生后第三天，我就用手指教她数数，在喂奶时也好，抱着逗玩时也好，都不忘对她讲话。在别的母亲看来，对连眼睛都没有完全睁开的新生儿讲话也许是件很可笑的事情。但是因为我相信她们还未出生时，就已经对她们的素质进行了培养，因此，我对自己的做法丝毫不感到怀疑。

斯瑟蒂克的发现

最初的一个月，孩子们一天的大部分时间都是在睡眠中度过的。当她们睁开眼睛时，我总是像她们还未出生时一样轻声地对她们讲话，给她们唱歌，十分珍惜这短暂的交流时间。刚出生后不久的孩子们，对我那充满爱的声音和对她们的照顾，表现出十分满足的样子。

可能有人会说；“出生只有两三个月的宝宝，是不可能听懂大人讲话的。”我要对你说：“请你不要轻易说出这样的结论，因为在我对她们讲话，为她们读书时，确实常常看到她们是那么专注入神地听着，并露出愉快、安谧的表情。”

斯瑟蒂克的提示

胎宝宝是有记忆的，你在妊娠期间给他的那些知识，教他认识的那些东西，以及你曾经给他讲过的故事、念过的童谣、唱过的歌，还有听过的音乐，都会在他的大脑中留下记忆。

在宝宝出生后，你所要做的就是继续这种学习，用熟悉的东西唤起胎宝宝的记忆。如果你这样做了，你会发现，早教在你孩子的身上变得很容易，而且他会将他在胎儿期内学习到的内容逐渐反馈回来，并将做出令你吃惊的反应。

细节23　胎教是新生儿教育的前驱

电视节目中介绍过日本和美国婴儿出生时的情况。出生后，婴儿立即睁开眼睛看周围，一旦同母亲的视线碰在一起，婴儿就会目不转睛地注视着母亲。不一会儿，他就会找到母亲的乳房，并开始吃奶。出生还没有几分钟，母亲和婴儿的视线就交织在一起，看到婴儿的这种反应，连协助拍摄电视节目的医生都为之吃惊。

由此可见，从生命孕育开始，胎儿就在感受着母亲的内外环境的“教化”。所以说，新生儿教育的前驱就是胎儿教育，而新生儿教育则是胎教的延续和胎教成果的展现，每一天，都不要忽视对新生儿的优质教育。

细节24 重视胎儿期与0岁期

许多母亲认为胎儿期、0岁期的孩子什么也不懂，根本不想与孩子进行心灵的沟通。虽然这样做有点麻烦，但是一定要重视这个时期，多抽出时间给孩子，这样会使以后的育儿工作变得轻松和顺手。

如果孕妈妈每天与胎儿心意互通，对胎儿说话以传送感情，孩子出生后母亲也经常凝视婴儿对他说话，就能提高孩子的智商和情商。很多孩子长大后之所以不灵活，无法与朋友玩，就是因为母亲在这个时期忽略孩子造成的。父母一定要好好称赞0岁期的婴儿，多鼓励、多陪伴孩子游戏，以促进孩子智能的发展。如果只对孩子进行喂奶或换尿布等日常生活照顾，则孩子天生的优点就会消失。

细节25 新生儿的教育

新生儿（出生直至生后28天）已经是一个有能力的人了。新生儿已经具有了一定的视听能力，它的嗅觉、味觉的发育也很完善。他对周围环境还很敏感。新生儿具有很大潜力，通过适当教育训练，这些潜力可以提早发掘。在这一时期新生儿的早期教育应注意三点：

1.使新生儿感到爱抚和关怀。作为父母要经常抱抱新生儿，并尽量及时地对他的哭做出反应。

2.帮助新生儿发展特定的技能。每天让新生儿俯卧几次，有助于他抬头。如果总让新生儿仰卧，就不能练习这个技能，由于这时婴儿总想睡觉，所以他的视力受到限制，使他发生兴趣的视野只限于一个狭窄的空间。因此，应经常把他抱起来，为了适应各种位置的变换，他的身体对各方面的反应可能受到锻炼。

3.激发婴儿对外界环境的兴趣。新生儿已表现出简单的与人交往的迹象。第一，他从出生第一周开始就会看抱他的人的眼睛。第二，当他看人脸或人的照片和图片时，他会露出微笑。

为了发展新生儿的探究兴趣，鼓励他的好奇心，最好在新生儿摇篮周围放一些玩具，或一天变换几次新生儿位置的办法，给他换换景物。

细节26 听觉、嗅觉能力

听觉：胎宝宝在子宫内已能听到母亲心脏跳动的节律性声音。通过胎宝宝心跳记录装置可看出6个月的胎宝宝当听到外界周围环境声音时心律会加速，说明此时听觉器官已经形成。平时孕妈妈讲话的声音胎宝宝也能听到，例如新生儿哭泣，当听到妈妈呼唤他的声音时，他就会安静下来，因为在子宫内对妈妈的声音已经很熟悉了。生后喂奶时，新生儿的一只耳朵贴近母亲胸壁，再次听到他熟悉的心律时会很安静地吸吮乳汁。

嗅觉：当妈妈解开衣服，新生儿已经闻到乳香的气味，就积极地寻找乳头。如果房间内有奇臭的味道，新生儿就皱起眉头。以上事实说明新生儿出生后已有嗅觉，而且还相当灵敏。

此外，新生儿一出生就已具有了视觉能力，0～1个月的新生儿对光刺激的反应已相当敏感，2周的新生儿已能区别爸爸和妈妈脸的外形。

细节27 经常和宝宝聊天

婴儿辨认语言的能力事实上比我们想象的要强。胎宝宝在妈妈子宫的时候，就能够辨认出妈妈的声音。婴儿出生后，就特别喜欢妈妈的声音，对环境中最常使用的母语有明显敏锐的反应。

对婴儿说话声调要轻柔、清晰，这样能够吸引他的注意力。你随时都可以和婴儿说话，但最好在他心情好的时候，可以对他说："喔，换尿布喽，哇，宝宝你看，这是奶奶新裁的呢。""宝宝你知道吗，窗户外面好漂亮啊。你看……"

在和宝宝聊天的时候，你会发现宝宝在听你说话时神情很专注，他会很仔细倾听，等你说完，还会咿咿呀呀地发声、兴奋地踢腿摆手。

整天在宝宝耳边叽叽喳喳，什么事都说给宝宝听（注意要说一些能使人心情愉快的事情），通过这样的教育，宝宝可以很快地领略语言。

和宝宝说话，是亲子之间建立沟通与亲密感的开端。在父母和孩子的对话中，宝宝也渐渐感觉到，语言是怎么一回事。对宝宝而言，可以从中逐渐建立对爸爸妈妈的了解和信任。听和说之间，父母与宝宝之间，就是这么开始渐渐理解的。

细节28 养成规律的生活习惯

培养良好的睡眠习惯：睡眠对于婴儿很重要，父母要给婴儿创造一个安静的睡眠环境，减少外来的干扰，以免影响婴儿入睡；尽量培养婴儿自己入睡，而不是以拍、摇、晃、抱着走等方式使他入睡，因为一旦养成习惯，以后很难改了。

饮食习惯要合理有规律：这时期的婴儿生长发育迅速，必须供给充分的营养素。母亲应让婴儿安静地吃奶，不受外界干扰，养成专心吃奶的好习惯；满月后即可训练婴儿用奶瓶吮吸温开水、菜汤、果汁等。3个月时可以训练婴儿习惯用小茶匙进食，先学喝水或喂奶，到4～6个月就可以逐步学吃蛋黄、蒸蛋羹、菜泥、果泥、鱼泥、粥等。此外还要注意添加食品的时候要由稀到稠，由淡到浓，由细到粗，由一种到多种。

排便习惯要培养：若是婴儿仅吃奶不排便，就会感到不舒畅，身体健康就要受到影响。婴儿出生第一个月，大小便次数多，无需培养排便习惯。2～3个月时，母亲可观察婴儿每天排尿及排便的次数和时间，以便掌握排尿和排便的规律，并把婴儿的排便规律记录下来。从4个月左右就可以开始用固定的“嘘嘘”声刺激排尿，用“嗯嗯”声刺激排便。

清洁习惯也要培养：婴儿对疾病的抵抗力很弱，易感染各种疾病。从小培养婴

儿爱清洁的好习惯，可以使婴儿少生病，保持身体健康。要给婴儿勤换衣服、勤换尿布、勤洗澡、勤洗手脸、排便后洗臀部等。

在婴儿睡前，一定要使其情绪稳定下来，以利于入睡。避免婴儿过度兴奋、哭闹、发脾气，因为情绪不好难以入睡。若遇到情绪不好时，父母可以低声哼唱催眠曲或播放舒缓乐曲，促使婴儿情绪稳定，获得安慰，以利入睡。

细节29 亲亲阳光好身体

新生儿出生3～4周左右，可以抱到户外晒太阳，开始的时间要短，只晒一部分，慢慢增加时间和扩大范围。头及脸部不要直接照射，可置于阴凉处或戴帽子。

新生儿晒太阳可按下面的顺序进行：最初2～3天，可以从脚尖晒到膝盖，约5～10分钟即可。然后，将范围从膝盖扩至大腿根部。除去尿布，可连续2～3天晒到肚脐，时间约15～20分钟。最后，可增加晒背部约30分钟。

细节30 视觉训练

1.经常和新生儿面对面地谈话、唱歌，让他注视你的脸，然后你的头慢慢移动位置，想办法让新生儿的视线追随你移动。

2.看红色绒线球，一般距新生儿15～20厘米，慢慢抖动红球，以引起新生儿注意，再慢慢移动红球，让新生儿追视。

3.看红光，方法是准备一个手电筒，外面包一块红布，距离20厘米左右给孩子看红光，上下左右慢慢移动电筒，速度以每秒移动3厘米左右，大约1分钟摇动12次，每次距离为30～40厘米，让新生儿的目光追随和捕捉红光。

4.把印有黑白脸谱、条纹及同心圆图形的卡片，放在新生儿床边，距离新生儿视线约15～20厘米的距离，这样可以促进其视觉分辨能力，同时还可以观察新生儿注视每个图形的时间，了解他更比较喜欢看哪一种图形，一般来讲会更喜欢看人的脸谱。

由于新生儿很容易疲劳，因此一般每次视觉训练的时间都不要太长，以1～2分钟左右为宜。

细节31 味觉训练

1.母乳或代乳品是婴儿出生后第一个给予他味觉刺激的食物，如果不及时给予其他的味觉刺激，将会引起婴儿偏食、拒食。建议妈妈在婴儿1个半月时，可以稍微喂他些橘子汁，在婴儿3个月左右时，可以用筷子蘸各种菜汤让婴儿尝味儿。

2.用奶粉喂养的婴儿，应3～5个月换一种奶粉，这些不断变换的食品可以给予婴儿充分的味觉刺激，对婴儿味觉能力的发展起到促进作用。

3.婴儿6个月以后，给他尝一些甜的、酸的、咸的饮料，准备上小碗、小勺、小托盘，爸爸妈妈和婴儿一起品尝这些饮料。告诉婴儿“这是甜的”，“这是酸的”，“这是咸的”等。

4.准备一些可口的水果（如香蕉、橙子、苹果等），让婴儿每一样都尝一尝，告诉婴儿香蕉是甜的，橙子、苹果是酸甜的，再问问他哪种味道他喜欢吃。

要使婴儿的味觉得到良好的发育，应该特别重视婴儿断奶期的味觉体验。婴儿的味觉、嗅觉在6个月到1岁这一阶段最灵敏，因此是添加辅食的最佳时机，婴儿通过品尝各种食物，可促进对很多食物味觉、嗅觉及口感的形成和发育，也是婴儿从流食——半流食——固体食物的适应过程。

细节32 触觉训练

新生儿的触觉是他探索认识外界的重要途径，爸爸妈妈要充分利用这一特性，应用各种方法刺激宝宝的触觉，以促进他心智的发展。这里向大家介绍四种新生儿触觉训练法：

主动找奶水：妈妈给新生儿喂奶时，可以将奶头在他的口边晃动，让他主动寻找奶水，以锻炼宝宝主动探求事物的能力。

抚摸头和四肢：等给新生儿喂完奶或他睡足之后醒来时，要经常抚摸新生儿的头、四肢及身体其他部位。

勾拉手指：让新生儿的手握住爸爸或妈妈的食指，爸爸或妈妈用手指勾拉新生儿的手掌，以训练新生儿手掌的抓握能力。

活动手掌：爸爸妈妈要经常按摩宝宝的手指、手掌和手背，轻轻用力勾拉五指，让宝宝手掌得到充分活动。

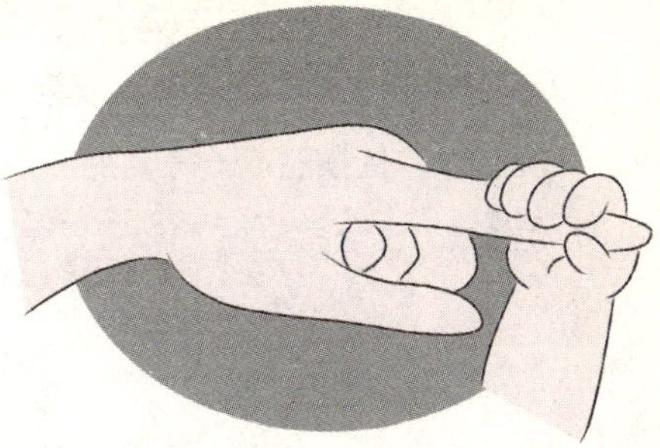

新生儿的触觉器官最大，他皮肤的触觉能力最为灵敏，能感知舒适、冷热、疼痛等各种感觉；新生儿喜欢躺在妈妈温暖的怀抱里，也喜欢接触质地柔软的物品。

细节33 新生儿抚触与按摩

每天帮宝宝清洗或者按摩，无论是对宝宝的发育和成长，还是爸爸妈妈与宝宝之间的交流，都具有不可替代的重要意义。按摩时应注意以下细节：

头部按摩：用双手按摩宝宝的头顶部，轻轻画圈，避开囟门。接着按摩侧面脸、前额。

脖子、颈部、肩膀按摩：先从宝宝的颈部向下抚触，慢慢移至肩膀，由颈部向外按摩。

胸腹部按摩：轻轻沿着宝宝肋骨的曲线向下抚触宝宝的胸部。在宝宝的腹部用手指画圈揉动，从肚脐向外做圆周运动，以顺时针方向逐渐向外扩大。

胳膊按摩：让宝宝仰面躺着，拿起一只胳膊，首先从腕到肘，再从肘到肩膀。然后，从双臂向下抚触、滚揉。最后按摩宝宝的手腕、小手和手指。

腿部、脚和脚趾按摩：从宝宝大腿向脚踝方向轻轻抓捏宝宝的腿，轻轻摩擦宝宝的脚踝和脚，然后分别按摩每根脚趾。

后背按摩：轻轻地把宝宝翻过来呈俯卧式，手掌从宝宝的腋下向臀部方向按摩，同时用拇指轻轻挤压宝宝的脊骨。

接受按摩的婴儿大部分能安然入睡，而且也比较少哭闹，不安情形大幅减少。此外需要注意，不要在婴儿吃得不饱或过饱的时候进行，否则在抚摸时容易造成孩子腹部不舒服。

附录1 准妈妈一日胎教计划模版

以下计划表考虑了胎教基本要素：运动胎教、音乐胎教、情绪胎教、语言胎教、环境胎教、抚摸胎教、美育胎教。准妈妈可以之作为参考。

时间	胎教内容
7：00	起床
7：00～7：30	户外散步
8：00～9：00	吃早餐、饭后休息
9：00	进行音乐胎教：听音乐的内容可根据自己的实际情况作上午和下午两个胎教音乐方案：上午适合听一些舒经活络的音乐，比如民族音乐《江南好》、《春风得意》；再听些开发胎宝宝大脑的音乐，比如莫扎特的《莫扎特弦乐小夜曲》、《摇篮曲》、贝多芬的《献给爱丽丝》。如果下午天气比较燥热，可能心情会烦躁，可以选择抒情性很强的民族音乐《春江花月夜》、《平沙落雁》还有莫扎特的《幻想曲》、《摇篮曲》以及巴赫&古诺的《圣母颂》
9：30	休息喝水、吃水果零食等
10：00	进行语言胎教。具体内容：听一个童话故事，或者朗诵一首古诗，阅读图画美丽的幼儿画报，向胎宝宝问好
11：00	上网，随意浏览，获取信息
12：00～13：30	做午饭，吃午饭
14：00	午休
15：00	起床，喝水吃零食水果
15：30	进行音乐胎教
16：00	阅读报纸、书籍半小时
17：00	准备晚饭
18：00	户外散步半小时
19：00	吃晚饭
20：00～21：00	户外散步
21：00	看电视或与家人聊天
22：30	洗澡准备睡觉
23：00	准时睡觉，同时进行抚摸胎教。这个时候胎动时间长，适合抚摸胎教

附录2　每月胎宝宝发育状况与胎教重点

每个月宝宝都在妈妈的肚子里成长，伴随着胎宝宝的发育，准妈妈、准爸爸采取的胎教方式也要相应调整，选择适时的胎教，从而达到事半功倍的效果。

时间	胎宝宝状态	胎教重点	胎教情况
1个月	胎宝宝尚无什么能力，但脑、脊髓、眼、耳、鼻、皮肤等开始萌芽形成，正在培育着能力的基础	优境胎教。即给胎宝宝提供一个优良的环境，而胎宝宝所生活的环境包括母亲的身体、父母的生活环境	准妈妈要端正心态，以积极的态度制定胎教计划表。这个时期准妈妈未必会发现胎宝宝的存在，但也要戒掉香烟、酒精、咖啡等，然后再开始胎教。准妈妈可以制造浪漫的情调，与准爸爸设想宝宝来临的各种美好情景，把心中对宝宝的憧憬和渴望当做最初的胎教
2个月	各种脏器、器官、内分泌腺等重要部分在这个时期逐渐形成。胎宝宝的指甲已长至指尖，皮肤淡红，并变得光滑起来，皮下脂肪日渐增多	情绪胎教。始终保持平和、宁静、愉快和充满爱的心理，是整个孕期胎教计划的主要内容。保持健康心情，对母子的身心将起到极好的调节作用	在妈妈稳定的心情下，胎宝宝才最能吸收准妈妈提供的营养，可刺激胎宝宝的脑部发育。可以开始听轻松的音乐，来舒缓怀孕的紧张心情。也可以开始记录孕期日记，从怀孕的最初到10月怀胎中的每一个细微的变化、感受、胎教方法、胎宝宝的反应等等，一点一滴地写下来，让它成为你孕育生命的最好记录
3个月	脑组织开始出现皱缩样，大脑皮质已很发达，虽然还是生活在黑暗的子宫里面，但大脑已经能够通过准妈妈的生活感知昼夜的变化	抚摸胎教。胎宝宝受到母亲双手轻轻地抚摸之后，会引起一定的条件反射，从而激发胎宝宝活动的积极性。有规律的抚摸胎教，就像是准妈妈与胎宝宝的对话一样，可以形成良好的反应与互动	准妈妈此时开始吸收营养的食物，同时要活动自己的身体，活动可以刺激胎宝宝皮肤的感觉，帮助脑部发育。可以双手从上至下，从左至右，轻柔缓慢地抚摩胎宝宝。反复10次后，用食指或中指轻轻抚压胎宝宝，然后放松

时间	胎宝宝状态	胎教重点	胎教情况
4个月	胎宝宝的脑部等各重要器官逐渐完成，脑部负责记忆的部分开始启动，此时胎宝宝已经能够感知准妈妈的想法和情感	对话胎教。这个时期胎宝宝对声音已相当敏感，能分辨和听到各种不同的声音，并能进行“学习”，形成“记忆”，坚持跟胎宝宝对话，不但会使胎宝宝认识你的声音，还能成为培养他语言能力的途径	准妈妈不妨多对胎宝宝说话，准妈妈可以带着愉悦的心情朗读一些优美的散文、诗歌，选择些好听的故事讲给胎宝宝听，宝宝出生后这些故事依然是他喜欢听的呢！另外，散步可以促进胎宝宝头脑发育所需的神经递质的生成。准妈妈应把散步生活化、常态化，当做每日必做的功课
5个月	此时要多注意胎宝宝头脑的发育。另外，胎宝宝的情感也开始迅速发达。开始吮吸手指，并能自由活动身体	运动胎教。孕5个月胎动已经比较明显了，这时是进行运动胎教的最好时机。有计划有意识地对胎宝宝提供有益且适当的刺激，可促使胎宝宝对刺激做出相应的反应，从而刺激胎宝宝大脑功能、躯体运动功能的生长发育	准妈妈可以根据自身的特点，选择柔韧性和灵活性较强的锻炼方法，如健美操、瑜伽、游泳、慢跑等。运动时听点音乐可以提高兴趣，将锻炼坚持下去。准妈妈可以通过水上有氧运动、散步等给胎宝宝一些新鲜的刺激
6个月	大脑发育迅速，接近成人的脑部构造。听觉逐渐发达，可以分辨准妈妈的声音和周围的响声。胎动更频繁。胎宝宝可以直接感受到准妈妈的思想和情感	知识胎教。这一时期是宝宝大脑发育的高速时期，准妈妈一定要以身作则，保持旺盛的求知欲，使胎宝宝不断接受刺激，促使大脑神经和细胞的发育	可以为胎宝宝讲故事。准妈妈一定要勤于动脑，读一本好书，看一篇好的文章，使精神上获得一次净化，还能让人心情开朗。有条件的话，准妈妈可以看一些美术作品，去美术馆也是不错的选择。在准妈妈理解和鉴赏的过程中，美的体验同时也传达给了腹中的胎宝宝

时间	胎宝宝状态	胎教重点	胎教情况
7个月	感情开始萌芽，能够感觉声音的节奏，对外部的声音、气味，甚至光线的刺激都可透过胎动来做出反应	光照胎教。这个时期的胎宝宝能够区分外部的明暗，间接体验准妈妈的视觉感受。胎宝宝的脑神经已经发达起来，有了思维、感觉和记忆功能。通过外界光照，可促进胎宝宝视网膜光感受细胞的功能发育	准妈妈每天可定时在胎宝宝觉醒时用手电筒（弱光）作为光源，照在自己腹部胎头的方向，每次5分钟左右。为了让胎宝宝适应光的变化，结束前可连续关闭、开启手电筒数次，以利胎宝宝的视觉健康发育。晚上睡前再以手电筒的微光一闪一灭地照射3次。这样可训练胎宝宝的昼夜节律
8个月	对日常生活中的各种声音都会有反应，突如其来的声音会令胎宝宝吓一跳。视觉开始形成，也有味觉	性格胎教。准妈妈的修养、兴趣、爱好、职业，以及与准爸爸的融洽关系，都能影响胎宝宝的性格。胎宝宝在子宫内如果感到温暖、和谐、慈爱的气氛，心灵将感到生活的美好和欢乐，可逐渐形成热爱生活、活泼外向等优良性格的基础	规律的活动，着重刺激胎宝宝的五感。准妈妈每天把生活中愉快的事情讲给胎宝宝听，让他意识到等待他的世界是美好的，通过和胎宝宝共同生活、共同感受，培养他热爱生活、果断自信、活泼外向等优良性格，使母子、父子间的纽带更牢固
9个月	胎宝宝的视觉、听觉、味觉、触觉和痛觉等感觉与脑干紧紧相连，大脑的脑干机能也相当发达，对外来刺激能够反应	音乐胎教。运用音乐可达到很好的胎教效果。让胎宝宝在准妈妈体内就接受音乐的熏陶，不但可以促进胎宝宝的大脑发育，可尽早开发他的音乐潜能，对其性格培养也有重要作用。实践证明，受过音乐胎教的胎宝宝，出生后喜欢音乐，反应灵敏，性格开朗，智商较高	无论是休息还是做家务时，准妈妈都可以打开音乐，每天多次欣赏音乐名曲。准妈妈还可以每天哼唱几首去子，最好选择抒情歌曲，经常聆听父母的歌声，会使胎宝宝精神安定，母与子心音谐振，为胎宝宝出生后形成豁达开朗的性格打下良好的心理基础。但选择胎教音乐时一定要注意频响范围，不要让音乐变成噪声

时间	胎宝宝状态	胎教重点	胎教情况
10个月	随时准备出生	联想胎教。日渐临近的分娩使准妈妈感到忐忑不安甚至有些紧张，联想胎教可以帮助准妈妈提高自信，最大限度地激发胎宝宝的潜能，对克服孕期抑郁症也很有效果。准妈妈沉浸在美好的想象之中，以其博大的母爱关注着胎宝宝的变化。通过感官得到这些健康的、积极的、乐观的信息，这就是胎教最好的过程	准妈妈可以设想自己宝宝的形象了，把美好的愿望具体化、形象化。仔细观察你和准爸爸的相貌特点，进行综合，想象宝宝会有什么样的相貌、什么样的性格、什么样的气质等等，在头脑中形成一个具体的美好形象，以“我的宝宝就是这样子”的坚定信念传递给胎宝宝，还可以把自己的想象通过语言、动作等方式传递给腹中的胎宝宝，保持愉悦的心情，潜移默化地影响着他